On lit dans le quatrieme des anecdotes sur la maniere dont *Louis XIV* disgracioit ses ministres, sur la méthode de *Louis XV* à cet égard, & sur le renvoi du chancelier, de l'abbé *Terrai*, de M. *de Boynes* sous *Louis XVI*.

Le cinquieme chapitre contient un dialogue entre le comte de *Maurepas* & M. *le Fevre d'Amecourt*, conseiller de grand'chambre, sur la rentrée du premier dans le ministere.

Au sixieme, on raconte quelques anecdotes relatives à l'intérieur de *Louis XVI*, qu'on met dans la bouche d'un nommé *Duret*, espece de garçon de la chambre.

Le septieme roule sur les émeutes de 1775.

Dans le huitieme, digression sur l'abbé *Galiani*.

Petite historiette dans le chapitre neuf, narrée d'une maniere assez piquante sur une mystification de *Poincinet*, à qui l'on avoit fait accroire que S. M. l'avoit nommé son *Ecran*, & qu'ici l'on transporte à un seigneur navarrois.

Le chapitre dix roule sur les fêtes des taureaux en Espagne. Le onzieme traite de l'administration de M. *de Laverdy*: anecdote singuliere d'un serrurier mis à Vincennes, & dont M. *Baudouin*, emprisonné, a reconnu le sort funeste & ignoré.

Au douzieme, mystification du bal de l'opéra, anecdote du banquier *Reixotto* avec Mad. *d'Ervieux*.

Le treizieme est sérieux & traite d'économie politique.

Le quatorzieme est un recueil de petites pieces de vers, les unes connues, les autres assez plates, & en général peu intéressantes.

Le quinzieme contient quelques anecdotes & traits détachés, entr'autres le fragment d'une lettre singuliere de *Diderot*, à l'impératrice des Russies, & un petit éloge de M. Turgot, ministre d'état, prononcé dans la société royale d'agriculture d'Orléans, le vingt-deux mars 1781.

Au seizieme chapitre, on a inséré *avis aux Hessois* & autres peuples d'Allemagne, vendus par leurs princes à l'Angleterre. Il parut à Amsterdam lorsque le prince de Hesse amena ses sujets dans les vaisseaux anglois. On l'a traduit en cinq langues, mais il n'est point connu en France.

Au dix-septieme, facétie sur le même sujet, distribuée dans le même temps.

Le dernier chapitre est une notice des maîtres des requêtes & intendants, assez vraie en général, où ces messieurs sont apréciés à leur valeur, très-petite communément, & par un confrere connoisseur.

Le style de ce pamphlet est négligé, vicieux; mais cependant on y trouve quelquefois une tournure originale & piquante, sentant l'homme de bonne compagnie & le persifleur de cour.

L'Espion dévalisé, dont on prétend qu'il y a eu quelques exemplaires achetés un prix fou, commence à se répandre beaucoup, & beaucoup plus que ne le desireroit le gouvernement; mais le moyen de mettre un frein à la cupidité des colporteurs !

1 *Janvier*. On compte aujourd'hui jusqu'à soixante-cinq ex-jésuites compris dans la banqueroute du prince de Guimené. Il vient d'en mourir trois : on ignore s'ils en grossissoient la liste.

Le premier est le pere *Berthier*. En 1762 lors de l'expulsion des jésuites, il avoit été nommé garde de la bibliotheque royale & adjoint à

MÉMOIRES
SECRETS
POUR SERVIR A L'HISTOIRE
DE LA
RÉPUBLIQUE DES LETTRES
EN FRANCE,

DEPUIS MDCCLXII JUSQU'A NOS JOURS;
OU
JOURNAL
D'UN OBSERVATEUR,

CONTENANT les Analyses des Pieces de Théatre qui ont paru durant cet intervalle ; les Relations des Assemblées Littéraires ; les notices des Livres nouveaux, clandestins, prohibés ; les Pieces fugitives, rares ou manuscrites, en prose ou en vers ; les Vaudevilles sur la Cour ; les Anecdotes & Bons Mots ; les Eloges des Savants, des Artistes, des Hommes de Lettres morts, &c. &c. &c.

TOME VINGT-DEUXIEME.

. . . . *huc propius me,*
. . . . . . *vos ordine adite,*
Hor. L. II. Sat. 3. ℣. 81 & 82.

A LONDRES,
CHEZ JOHN ADAMSON.

M. DCC. LXXXIV.

MÉMOIRES
SECRETS

POUR SERVIR A L'HISTOIRE DE LA RÉPUBLIQUE DES LETTRES EN FRANCE, DEPUIS MDCCLXII JUSQU'A NOS JOURS.

ANNÉE M. DCC. LXXXIII.

1 *Janvier* 1783. LE premier chapitre de *l'Espion dévalisé* renferme un conte assez plaisant, d'un homme qui avoit acheté une charge dans la maison du roi, dont la fonction devoit être de crier *à boire au roi*.

Dans le second, on trouve plusieurs anecdotes du feu roi, relatives à l'élévation de *Silhouette* au contrôle général.

Dans le troisieme, autres anecdotes sur le chevalier *Turgot*, nommé gouverneur de Cayenne l'éducation de S. M., & de *Monsieur*, frere du roi. La vie de la cour ne lui convenant point, & incapable de renier une société dont il étoit toujours membre dans le cœur ; pour se souftraire aux persécutions en 1764, il s'étoit retiré à Bourges, où il a expiré le 15 décembre dans sa soixante-dix-neuvieme année. Occupé d'abord à *l'Histoire de l'Eglise Gallicane*, où il a éclairci en même temps par des recherches savantes plusieurs points de notre histoire politique, il passa ensuite au *Journal de Trevoux*, qu'il dirigea pendant dix-sept ans, avec un ton de critique toujours sage, impartiale & ferme. C'étoit un homme simple & de mœurs fort douces. Le chapitre de la métropole a rendu un hommage public à ses vertus & à ses talents, en lui donnant une sépulture distinguée dans son église. La derniere assemblée du clergé venoit de le gratifier à son insu d'une pension.

Le second est le pere *Corset*, connu par son talent rare pour la chaire, ainsi que par ses travaux apostoliques. Il étoit mort avant le pere Berthier, le 17 octobre, à la maison royale de l'Enfant-Jesus, dans la quatre-vingt-unieme année de son âge. Il avoit été désigné pour remplacer au college de Louis le Grand, le célebre pere Porée ; mais il préféra de se vouer aux missions de la Basse-Bretagne, & ses talents lui ont mérité depuis, les chaires les plus distinguées du royaume.

Enfin, le troisieme est le pere *Geoffroy*, professeur de rhétorique au college de Louis le Grand, lors de la dissolution de l'ordre ; c'étoit un homme de beaucoup d'esprit, mais qui en usoit trop, ou plutôt en abusoit quelquefois, & souvent, ainsi qu'il est aisé d'en juger par ses ouvrages imprimés.

1 *Janvier*. M. le nonce ayant reçu de Rome les langes bénits que le souverain pontife est dans l'usage d'envoyer au roi à la naissance d'un dauphin, doit en faire la présentation mardi prochain à Versailles. La cérémonie se remplira *in fiocchi*. Le prélat a préparé à cet effet une livrée très-brillante, & l'on assure que le baudrier seul de son suisse coûte 3,000 livres de broderie. Quoique les entrées d'ambassadeurs soient supprimées, il y en aura une pour cette occasion extraordinaire, & les badauds auront de quoi se repaître les yeux d'un spectacle qu'ils n'avoient pas vu depuis long-temps.

Il paroît assez bizarre que ces langes arrivent lorsque le prince, prêt à sortir des mains de la nourrice, semble n'en avoir plus de besoin; mais tout cela est étiquette pure. Du reste, M. le nonce montre aux curieux cette parure de la plus grande magnificence.

2 *Janvier*. Extrait d'une lettre de Besançon, du 27 décembre 1782...... Notre premier président, après avoir passé quelques jours ici à tâter le terrein, à chercher à intimider ou séduire les membres que redoute la cour, est parti sans avoir réussi : comme on n'a pas voulu communiquer avec lui hors du palais, il n'a pu intriguer beaucoup.

La cour a pris enfin le parti de mander une députation, qui doit être composée de deux présidents, non compris le premier, de quatre conseillers des plus anciens de la grand'chambre, & de deux de chacune des autres chambres, du greffier en chef, chargé d'apporter les registres contenant tout ce qui s'est passé depuis le mois de septembre, & des gens du roi. Il s'agit sans doute d'y annuller nos arrêtés. Mais qu'y gagnera-t-on ? Nous avons établi nos principes, qui sont tous ceux de la saine magistrature, & dont nous ne pouvons nous départir.

Ce qui a sur-tout irrité la cour, c'est de voir que nous avons les premiers déclaré que les parlements ne reconnoissoient pas cet édit de 1774, dont on voudroit ériger en loi pour nous les dispositions tyranniques & subversives de la liberté des suffrages, parce qu'elle craint que les autres ne profitent de la circonstance pour élever aussi leur voix, & faire rentrer dans le néant ce monument de leur honte.

Le garde-des-sceaux & le ministre des finances s'étoient flattés que la désunion pourroit se mettre parmi nous : en effet, il y avoit encore dans notre sein des *Micholistes* & des *Chiflistes*, c'est-à-dire, des membres de la faction du président *Micholet* en 1759, & de celle de M. *Chiflet*, le premier président du tribunal irrégulier de 1771 ; mais le péril imminent de la compagnie a réuni tout le monde, & nous espérons que cela durera.

C'est le 8 janvier prochain, que la députation doit être rendue à Versailles sans s'arrêter à Paris, ou même sans y passer.

3 *Janvier*. On annonce avec beaucoup d'affectation une *lettre à M. l'abbé Raynal, sur son histoire de la révolution de l'Amérique*, où l'on en relève les erreurs les plus importantes. On prétend que cette brochure très-curieuse sur l'état actuel des choses, a fait la plus grande sensation à Londres, & même sur le cabinet britannique.

On dit qu'elle fort originairement de la plume de M. Paire, le célebre auteur *du sens commun*, qui occupe actuellement un des principaux emplois dans l'administration *des Etats-Unis*.

3 Janvier. On apprend que les états d'Utrecht, siege du délit, dociles à la réquisition du roi de Prusse, ont promis, par un placard en date du 23 décembre, une récompense de quatorze cents florins à quiconque dénoncera l'auteur, imprimeur, distributeur du libelle intitulé : *Lettre trouvée*, &c. dont on a parlé précédemment.

4 Janvier. Le sieur de *la Variniere* est un artificier célebre : on se rappelle les *Bouquets d'Apollon*, *le temple de Mars*, *le Fort*, *le temple mouvant*, *le palais de Diane* & autres feux qu'il a tirés tant à Saint-Cloud, qu'au Colisée, pendant neuf ans : il a même été employé pour la cour : en 1780, il donna à Trianon des feux & des illuminations de son invention, sur lesquels leurs majestés le féliciterent. Il a de plus soumis au jugement de l'académie des sciences son procédé pour illuminer un parc, une façade, un pavillon, une perspective, un bois, en un quart de minute, & il a reçu l'approbation de cette compagnie savante.

D'après la réputation de cet artiste, la ville en fit choix en 1781, pour composer & exécuter la fête pyrrhique qu'elle se proposoit de donner en l'honneur de la naissance du dauphin ; mais desirant y mettre de l'économie, elle n'y voulut consacrer que 17,113 livres, prix du marché conclu le 14 décembre 1781, ce qui est bien modique, relativement aux fêtes de pareille espece, telles que le feu tiré en réjouissance de la prise de Mahon, pour 31,000 livres ; celui de la place *de Louis XV*, pour 50,000 ; celui du mariage du roi, pour 80,000.

Quoi qu'il en soit, il est certain que ce feu n'étoit pas en proportion de la charpente énorme qui le décoroit, & a coûté 130,000 livres. Pour surcroît de malheur, il n'a pas même produit l'effet foible qu'on en attendoit, & en général a manqué absolument.

La ville, courroucée, & s'en prenant aux mauvaises dispositions ou à l'exécution mal-adroite du sieur de *la Variniere*, ne lui a pas même voulu donner le prix convenu. De là un procès qui, retardé par des incidents de forme, par la prétention inouie du bureau, d'être juge & partie dans sa propre cause, dure encore & est au parlement.

Il circule un *mémoire à consulter*, suivi d'une *consultation* de M. Prévôt de Saint-Lucien, avocat, en date du 5 décembre dernier, qui jette un grand jour sur l'affaire, & paroît mettre la ville absolument dans son tort, non-seulement pour la mesquinerie qu'elle a apporté à la fête, mais pour le défaut de secours promis à l'artificier, & pour l'insuffisance de ceux qui lui ont été accordés.

Dans ce mémoire instructif sur l'art pyrrhique, le défenseur du sieur de *la Variniere* s'est exalté l'imagination. On y trouve des digressions brillantes, très analogues au genre de la cause, qui s'en ressentent peut-être un peu trop, mais qui annoncent du moins beaucoup d'esprit dans l'orateur.

4 Janvier. On avoit prévu avec raison, que M. *d'Epremesnil*, en mettant en cause le marquis de *Montmorenci* & le chevalier de *Crillon*, se préparoit de nouveaux adversaires à combattre. Une lettre de celui-ci, au comte de *Tollendal*, rapportée en entier, prouve qu'il est totalement dans les intérêts du dernier. C'est ce dont il s'est prévalu dans des *observations sur la correspondance de M. d'Epremesnil avec le chevalier de Crillon.* De-là, *supplément au troisieme mémoire de M. d'Epremesnil à Dijon*; car il n'est jamais en reste. L'écrit est tout frais, n'étant imprimé qu'au mois de décembre 1782.

A travers ce fatras de dits, de contredits, de répliques, tout ce qu'on démêle, c'est que M. de *Tollendal* reproche à M. *d'Epremesnil*, si chaud à défendre son oncle, d'avoir été si froid, si taciturne, si impassible sur les insultes faites à son pere dans les mémoires de la *Bourdonnais*, & de n'avoir cherché en rien à le vanger. De-là, une réponse, une grande digression sur ce pere qu'il nous apprend avoir été auteur, avoir composé un ouvrage sur la mythologie des gentils, & leurs cérémonies religieuses : de-là, un détail des alliances contractées entre sa famille & celle de la Bourdonnais, qui ont dû éteindre toute haine & toute réclamation.

Le reste du *factum* est un long commentaire d'une lettre du chevalier de Crillon au comte de Tollendal. Tout cela est assez ennuyeux & peu intéressant pour le lecteur. Le seul endroit qui puisse se lire avec plaisir, & où l'on retrouve l'éloquence de l'orateur, c'est la péroraison, où, partant d'une assertion de son rival, qui se glorifie d'avoir des appuis *au pied du trône ; sur le trône même*, il s'éleve avec beaucoup de noblesse, il invoque, il apostrophe le roi, & récapitule la longue énumération des crimes du comte de

Lally, & fait voir que c'est blasphémer la majesté, que d'oser l'associer à la défense d'une pareille cause.

5. *Janvier*. Extrait d'une lettre de Rennes, du 31 décembre 1782.... Bien loin que la crise des états, comme on vous le dit à Paris, soit passée ou s'adoucisse, elle devient plus grave que jamais. Vous savez que le concours des trois ordres est nécessaire pour l'accord des impositions; & la résistance de la noblesse en conséquence arrêtoit tout. M. d'Aubeterre avoit pris le parti de donner aux états un ordre de délibérer dans quarante-huit heures sur les vingtiemes, ce qui étoit inouï. Au lieu de s'occuper des vingtiemes, l'assemblée délibéra sur le secours extraordinaire, & la noblesse s'excusa de consentir cet impôt, jusqu'à ce qu'il eût plu à S. M. de rétablir les états dans leurs droits, franchises & libertés, &c. Quatre jours après l'ordre de délibérer dans quarante-huit heures, autre ordre du commandant, au nom du roi, qui défend de s'occuper des demandes de S. M.

Les états ont d'abord demandé le retrait de tous ces ordres contradictoires, & ont passé à d'autres affaires.

Le mardi 24 décembre, à dix heures du matin, M. *d'Aubeterre* reçut un courier extraordinaire : il manda les deux procureurs syndics des états, & leur dit d'annoncer à l'assemblée qu'il alloit s'y rendre pour lui faire part des ordres du roi ; il s'y rendit à midi & fit lire & enrégistrer en sa présence l'ordre qui suit.

DE PAR LE ROI. —— Très-chers & bien-amés, convoqués pour délibérer sur les secours que nos sujets de notre province de Bretagne doivent à l'état, ainsi que nos autres sujets, vous n'auriez pas dû perdre de vue que c'étoit pour vous un devoir dont rien ne pouvoit vous dispenser : cependant, bien loin de remplir cette obligation essentielle, non-seulement vous vous êtes refusés de consentir à la demande de la capitation, mais vous vous êtes permis de ne pas délibérer sur celle des vingtiemes, malgré la déclaration de nos commissaires : vous ne vous êtes ensuite occupés du secours extraordinaire, que pour vous excuser pareillement d'y consentir. Des délibérations aussi contraires à nos volontés & à vos obligations, nous auroient déterminés dès aujourd'hui à suspendre l'exercice des privileges & franchises dont vous jouissez sous notre protection, si notre bonté n'avoit arrêté l'effet de notre juste mécontentement ; mais notre affection pour notre province de Bretagne nous ayant engagés à vous donner un dernier délai, nous vous ordonnons très-expressément & vous enjoignons de délibérer de nouveau & définitivement sur les demandes de la capitation, des vingtiemes, du secours extraordinaire, & toutes autres, sans exception, qui vous ont été faites de notre part le 16 du mois de novembre dernier, & sur chacune d'icelles successivement, le tout avant le douze janvier prochain.

Donné à Versailles, le vingt-deux décembre 1782. Signé *Louis*, & plus bas *Amelot*.

Après cette lecture, & la transcription, monsieur d'Aubeterre, au nom du roi, ordonna aux trois présidents des ordres de signer les registre, ce qu'ils firent.

L'assemblée ne se sépara qu'à quatre heures du soir, & la séance fut renvoyée, malgré la solemnité de la fête de noël, à ce jour vingt-cinq, à six heures du soir.

Il a été depuis écrit une lettre au roi, très-vigoureuse & bien propre à frapper S. M., si elle la lit, sur les surprises faites à sa religion. Elle n'est malheusement souscrite que de la noblesse.

Voilà M. d'Aubeterre dans un cruel embarras; on voit qu'il n'a plus de tête; il est fâcheux pour lui que M. *Melon*, son conseil & son bras droit, ne se soit pas trouvé au commencement des séances, & ne soit arrivé que lorsque ce commandant a eu mal enfourné.

5 *Janvier*. Malgré son évasion, on continue à s'intéresser ici à M. *Linguet* & à s'en occuper. On a appris de nouvelles particularités à son sujet. Avant de se séparer de madame la comtesse de *Béthune*, qui étoit avec lui à sa terre près de *Rhétel*, elle lui demanda de s'expliquer sans détour sur une pension de deux mille livres de rente viagere qu'elle lui faisoit, & lui en proposa le remboursement, s'il le souhaitoit. Il lui répondit avec la franchise qu'elle desiroit, qu'il préféroit en effet d'avoir le capital. Sur quoi elle lui compta 20,000 livres. Il se rendit ensuite à Bruxelles pour y terminer ses affaires : on fit l'impossible pour l'y retenir : il répondit qu'il ne seroit tranquille qu'après avoir mis la mer entre la France & lui. Enfin, il est allé en Angleterre, comme on a su. On assure qu'avec ce qu'il a rassemblé à Bruxelles, il a environ 80,000 liv. d'argent comptant.

On prétend qu'il s'est rendu aux desirs de M. Radix de Sainte-Foix, & qu'il est occupé à composer un mémoire pour ce décrété.

Son frere, interrogé ici fur fon compte, ne difconvient pas de ces différents faits. Il déclare que les huit premiers jours après fa fortie de la Baftille, M. Linguet étoit comme abafourdi du coup; mais qu'enfuite il a repris tout fon caractere de fougue & d'audace, toutefois mêlé de crainte que fes ennemis ne lui jouaffent de nouveau quelque mauvais tour. Au furplus, il n'a pas voulu fuivre les confeils de ce frere, & par fon évafion il s'eft mis dans le cas du refus du gouvernement, qui ne veut pas confentir à l'introduction de fes feuilles en France : ce qui l'empêchera de s'acquitter envers fes foufcripteurs.

M. Linguet écrit d'Angleterre qu'on a voulu y faire une foufcription en fa faveur, à laquelle il s'eft refufé, n'en ayant pas befoin.

5 *Janvier*. On rapporte une lettre de madame la vicomteffe de *Laval* au marquis de *Ségur*, à caufe d'un régiment refufé par ce miniftre de la guerre dans le mouvement qui vient de fe faire en cette partié : elle étoit conçue ainfi :

« Si vous avez lu l'hiftoire, M. le Marquis,
» vous avez dû voir qu'il étoit plus aifé autrefois
» aux Montmorenci d'obtenir la charge de conné-
» table, qu'aujourd'hui un chétif régiment. »

On cite auffi la réponfe du marquis de Ségur, non moins fiere & d'une méchanceté plus fine dans fon laconifme.

« J'ai lu l'hiftoire, Madame la Vicomteffe,
» & j'ai vu que les Montmorenci ont autrefois
» comme aujourd'hui été mis à leur place. »

6 *Janvier*. Extrait d'une lettre d'Arras, du 8 janvier 1783.... Les états d'Artois, qui fe font tenus dans cette ville au mois de novembre dernier, très-fatisfaits du favoir & de la diction de

l'*Histoire de Bordeaux* par dom de Vienne, bénédictin célebre dans ce genre d'ouvrage, l'ont invité par une délibération spéciale, à s'occuper de l'histoire de notre province. Il a accepté, & en conséquence s'est établi à Aire, où il recueille toutes les pieces & mémoires relatifs à son entreprise.

6 Janvier. Les comédiens italiens ne tardent pas à ouvrir l'année par quelque nouveauté. Ils annoncent pour jeudi neuf la premiere représentation d'*Isabelle & Fernand, ou l'Alcade de Zalamet*, comédie en trois actes, mêlée d'ariettes, imitée de l'Espagnol.

6 Janvier. Extrait d'une lettre de Troyes, du 31 décembre 1783..... On a mis à Scellieres, abbaye en Champagne où est enterré Voltaire, l'épitaphe latine suivante :

Terra tenet cineres : mens altas pervolat auras ;
Voltarius vivet, scriptaque vivificant.

Le terme *vivificant*, si prosaïque, si peu harmonieux, donne à cette inscription funéraire un air de ressemblance avec celles du douzieme ou treizieme siecle, qu'on lit dans les églises en caracteres gothiques. Un voyageur, indigné d'une telle platitude, & sur-tout qu'on eût célébré dans une langue morte un des plus grands poëtes de la nation, a gravé sur sa tombe en françois le distique suivant, aussi simple, mais moins barbare que l'autre, dont il est en quelque sorte la traduction.

Son corps n'est plus que cendre, & son esprit a fui,
Sans ses écrits divins rien n'eût resté de lui.

6 Janvier. Extrait d'une lettre d'Orléans, du 1 janvier....Nous avons perdu ici le 21 décembre dernier M. l'abbé de *Reyrac*, homme de lettres, connu sur-tout par un *hymne au soleil*, poëme charmant, écrit en prose poétique, avec une harmonie & une élégance qui approchent de celles de *Fénelon*.

7 Janvier. M. le baron de *Marivetz* est un homme de beaucoup d'esprit & de mérite, qui joint à toute l'érudition d'un savant l'aménité d'un courtisan aimable & d'un littérateur poli. Conjointement avec M. *Goussier*, il a commencé un grand ouvrage dédié au roi, ayant pour titre *Physique du monde*, dont il paroît déja trois volumes. Son objet est *d'exposer le plan de la nature, de développer la chaîne éternelle & indéfectible qui renferme tous les effets*; de détruire le newtonianisme élevé sur les débris du cartésianisme, & de rétablir celui-ci avec des modifications propres à leurs auteurs.

Ces messieurs ont encore pour but de marcher sur les traces de *Fontenelle*, de mettre la physique générale à la portée des lecteurs les moins instruits, de la présenter d'une maniere très-élémentaire, en embrassant son universalité, de la dépouiller de l'obscurité, de la sécheresse, de l'aridité même qu'elle tient encore des temps de barbarie & d'ignorance; enfin d'y répandre ces fleurs & cette grace qu'y répandoit le philosophe dont ils suivent les bannieres, & qu'y apportent aujourd'hui les *Buffon* & les *Bailly*.

Le projet de ces messieurs sembloit devoir alarmer presque toutes les compagnies savantes de France, aujourd'hui newtoniennes; cependant, comme par un concours général, aucune ne leur a répondu, M. le-baron de *Marivetz* n'avoit pu s'empêcher de se plaindre d'un semblable dédain ; c'est ce qu'on voit dans ses observations sur son ouvrage, insérées au journal de Paris, N°. 153. Enfin, il a découvert la source d'un silence aussi injurieux.

M. *Cara*, auteur d'un traité de la même nature, & ayant à peu près les mêmes principes, passant par Dijon, a appris que M. de *la Lande*, qu'il ne nomme pas, mais qu'il désigne assez sous la forme de *petit singe satyre*, avoit écrit à l'académie de cette ville, lors de l'apparition de l'ouvrage de M. de *Marivetz*, de n'avoir aucun égard aux opinions du dernier, par la raison que messieurs de celle de Paris les regardoient comme contraires au système qu'ils avoient adopté depuis long-temps, & sur lequel ils ne varieroient jamais : il prétend que cet envieux en avoit fait savoir autant aux principales sociétés savantes du royaume : & voilà comme se conduisent les sciences aujourd'hui, par intrigues & par menées.

8 Janvier. Des lettres-patentes obtenues du roi au mois de mai 1783, regiſtrées au parlement, malgré les oppositions subsistantes des confreres pélerins, & sans qu'ils aient été appellés pour en déduire la cause, ont uni & incorporé à l'hôpital des Enfants-trouvés, les biens & droits utiles de l'hôpital Saint-Jacques de Paris, & ordonné que les revenus échus en vertu du séqueſtre prononcé par les lettres-patentes du cinq avril 1734, seroient remis aux administrateurs. Cette surprise faite à la religion du roi a produit dans le temps, de la part des pélerins, un mémoire à consulter & consultation en date du 25 février 1782, qui fit peu d'effet. Il est question, aujourd'hui de remuer cette affaire, & d'en répandre un autre plus intéressant & plus actif.

8 Janvier. Extrait d'une lettre de Rennes, du 5 janvier.... A la lettre très-longue de la noblesse, ayant huit colonnes de minute, il a été fait la réponse suivante, mais par le ministre seulement & au commandant.

Lettre de M. Amelot, à M. le marquis d'Aubeterre. Versailles, le deux janvier 1782. J'ai mis, Monsieur, sous les yeux du roi la lettre que les états ont adressée à S. M. le cinq du mois dernier; & je lui ai aussi mis en même temps sous les yeux celle qui lui a été adressée par la noblesse le 29.

S. M. a été très-mécontente des principes que l'on s'est permis d'avancer dans ces deux lettres, & des expressions dans lesquelles elles sont conçues.

Elle n'a pas été moins mécontente de ce que la chambre de la noblesse a pris sur elle de lui écrire au nom des états, sans l'aveu des autres ordres.

Elle a trouvé que cette conduite inconsidérée annonçoit assez que ceux qui composent en ce moment la chambre de la noblesse, oublioient les véritables intérêts de la province.

Elle espere qu'ils feront de sages réflexions sur les suites que pourroit avoir leur résistance, & qu'ils ne s'occuperont plus qu'à faire oublier l'irrégularité de leur conduite, en suivant l'exemple des deux autres ordres, & en se conformant avec respect, & sans plus de délai, à son ordre du 22 décembre, qui leur a été notifié par ses commissaires.

Cette lettre a été portée le 4 de ce mois par M. d'Aubeterre à l'assemblée des états, où il l'a fait lire, & enrégistrer. On attend à savoir le parti que prendront les états sur cette lettre, qui, n'étant adressée qu'au commandant, & souscrite seulement du ministre, semble ne pas devoir être inscrite comme faisant loi ou réglement.

Une chose singuliere qu'on remarque encore dans cette lettre, c'est que celle des états du 5 décembre, que les ministres avoient regardée comme ne pouvant être présentée au roi, en a pourtant été lue par leur entremise.

8 Janvier. Les créanciers du prince de Guiméné éprouvent déja les effets de la bonne volonté & des sacrifices de madame la comtesse de *Marsan*. Me. *Marquantin*, notaire, a reçu des fonds, mais applicables d'abord aux gens de la maison de Rohan, qui se trouvent avoir confié leur pécule au banqueroutier, ou avoir leurs gages en arriere.

8 Janvier. Extrait d'une lettre de Lille, du 5 janvier.... Les états de Flandre Wallonne, assemblés sur la recommandation du prince de Soubise, gouverneur, & de M. de Calonne intendant de la province, ont voté unanimement une pension pour M. *Feutry*, homme de lettres de cette ville, inventeur de plusieurs machines, auteur de différents projets utiles, & poëte d'une imagination vive, ardente & noire. C'est la premiere fois que les états accordent une pareille distinction : aussi les épîtres en vers & en prose ont été prodiguées de toutes parts à M. *Feutry*, même par ses confreres, qui cependant en lui accordant du talent, ne lui trouvent pas assez éminent pour lui mériter une faveur aussi caractérisée.

9 Janvier. Ces jours derniers M. le comte d'*Artois*, après avoir joué à la paume chez le sieur *Charlier*, attaché aux plaisirs de son altesse royale en cette partie, se fit servir à dîner avec les courtisans qui avoient eu l'honneur de faire sa partie. Sur la fin du repas, il propose de boire à la santé des Anglois.... Chacun se regarde, ou est étonné de l'apostrophe ; quoi, Monseigneur, lui dit-on, est-ce que nous ne sommes plus en guerre avec eux ? Je n'en puis dire davantage ; mais nous en verrons bientôt beaucoup ici. Ce propos, répandu dès le soir dans Paris, n'a pas manqué de réjouir le public, & on le regarde comme confirmatif du traité de paix prochaine, dont les plus incrédules commencent à ne plus douter.

9 Janvier. Quoique le régime de l'opéra, confié à ses membres mêmes, ait déja rempli l'objet le plus difficile, le plus desiré & vainement tenté jusqu'à présent, celui de l'économie, non-seulement par la suppression d'une place essentiellement à charge, mais encore par des retranchements & meilleurs marchés dans différentes parties ; quoiqu'on ait lieu d'espérer que cette amélioration de la caisse ne pourroit que se consolider & s'accroître, il est bien à craindre que l'administration ne change encore à pâque, & qu'on ne rétablisse un directeur étranger. Du moins, quatre concurrents sont déja sur les rangs. M. de *Vismes*, naguere éprouvé dans cette place, & le plus capable de la remplir, en lui ôtant le maniement & la disposition des fonds. M. *Mezel*, l'ami, le confident de M. de *la Ferté*, & se prétendant fort initié dans les matières lyriques, parce qu'il a refait quelque chose au poëme de *Théfée* de *Quinault*; M. *Suard*, déja créé censeur des poëmes, quoique n'ayant jamais travaillé dans ce genre, mais fort souple, fort intrigant, & ayant capté l'oreille & la bienveillance du ministre; enfin M. de *Leutre*, orateur d'une loge des francs-maçons, où il y a beaucoup de seigneurs & de grandes dames, s'étant fait un parti parmi eux, & à force de vanter son mérite, le leur ayant persuadé. On ne sauroit rendre toutes les menées de ces différentes cabales.

Le comité actuel de l'opéra, hors d'état de contrebalancer par lui-même les efforts de ces hommes cupides, actifs, présentant avec art les défauts du régime aristocratique & les avantages du gouvernement d'un seul, n'a d'espoir que dans M. *Rochon de Chabannes*, qui, par unique amour du bien de la chose, a envoyé sur cette matiere à M. de *la Ferté*, un mémoire très-lumineux, très-propre à faire revenir monsieur *Amelot* des impressions fâcheuses qu'on lui a données contre le comité, s'il lit ce manuscrit, ou s'en fait rendre un compte fidele.

10 *Janvier*. On a parlé d'un paquet de la grandeur d'un mince in-8°., couvert en papier & cacheté, que Rousseau avoit confié à l'abbé de *Condillac*, son ancien éleve & son ami de tous les temps, en le priant de respecter ce dépôt & de ne l'ouvrir qu'en 1800. Celui-ci, avant de mourir, l'avoit remis à l'abbé de *Reyrac*, qui ne l'avoit accepté qu'en tremblant, & sur l'assurance du malade qu'il ne contenoit rien de contraire à l'état, aux mœurs, ni à la religion;

que *Jean-Jacques* lui en avoit lu plusieurs pages prises au hasard ; que ce n'étoient que des peintures de ses malheurs ; qu'il étoit à genoux devant lui & pleuroit à chaudes larmes en lui livrant cet écrit.

M. l'abbé de *Reyrac* a rendu ce manuscrit à la famille de l'abbé de *Condillac*, & l'on ne dit pas entre les mains de qui il est resté.

10 *Janvier*. Extrait d'une lettre de Rennes, du 8 janvier..... Le lundi 6 on a entendu aux états le rapport de la commission des impositions sur la lettre de M. *Amelot*, enrégistrée le samedi précédent, dont le résultat étoit de faire des représentations.

L'ordre de la noblesse a proposé une députation vers messieurs les commissaires du roi, pour solliciter le retrait de cette lettre. Les deux ordres ont long-temps voulu les chambres pour délibérer sur les demandes du roi, & au surplus charger messieurs les présidents des ordres de demander à M. le marquis d'*Aubeterre* le retrait de cette lettre.

Il a été fait différentes observations sur la situation de l'assemblée ; & d'après les instances de la noblesse, les deux autres ordres ont consenti à la députation proposée pour le retrait de la lettre, en persistant dans leur avis de délibérer sur les demandes du roi.

La commission des impositions de retour, a rapporté que M. le marquis d'*Aubeterre* avoit répondu, que cette lettre avoit été enrégistrée par ordre du roi, & qu'il ne pouvoit la retirer.

L'ordre du tiers ayant demandé les chambres pour délibérer sur les demandes du roi, un membre de la noblesse a dit, qu'il étoit nécessaire de prendre un avis fur le rapport de M. le marquis d'*Aubeterre*. A l'inftant il a été repréfenté qu'un détachement de troupes étoit arrivé en cette ville, qu'en conféquence on ne pouvoit délibérer : l'affemblée s'eft auffi-tôt féparée environ vers trois heures.

Il faut favoir, pour l'intelligence de ceci, qu'un des privileges des états eft que, pour conferver la liberté des fuffrages, pendant leur tenue, il ne doit y avoir aucune troupe, à moins de dix lieues à la ronde.

Le mardi 7 janvier, à l'ouverture de la féance, il a été convenu de charger la commiffion des impofitions, de rédiger une proteftation contre l'enrégiftrement fait par autorité de la lettre de M. *Amelot*.

L'ordre du tiers a enfuite demandé avec inftance les chambres pour délibérer fur les demandes du roi : les ordres de l'églife & du tiers s'y font retirés en conféquence à cet effet.

L'ordre de la nobleffe a nommé fix commiffaires de fon ordre pour dreffer un mémoire juftificatif de fa conduite, depuis le commencement de la tenue.

L'ordre du tiers a envoyé fon avis à deux heures fur la capitation qu'il a confentie, avec des réclamations fur le choix libre des députés en cour, & des inftances à faire pour le retrait des ordres & lettres enrégiftrées d'autorité.

A l'égard des trois vingtiemes & le fecours extraordinaire, il les a également confentis conformément à la demande de S. M., dans la perfuafion cependant que le troifieme vingtieme cefferoit à la paix.

Les

Les ordres se sont retirés par convention, environ sur les trois heures, chambres tenantes, & se sont rassemblés à six.

L'ordre de la noblesse étant occupé des moyens de prendre un avis, le tiers en a envoyé un par lequel il consent les milices de terre, les milices garde-côtes, & les dépenses du casernement, conformément aux demandes de S. M.

L'ordre de la noblesse a pris un avis, par lequel il a arrêté n'être plus dans l'état de liberté établie par la commission générale, depuis la lettre du roi du 22 décembre.

Considérant avec douleur les entraves mises à sa liberté & à son zele, malgré les représentations réitérées adressées à S. M. par les trois ordres le 5 décembre, & en particulier par l'ordre de la noblesse,

Est unanimement d'avis qu'il se trouve dans l'impossibilité de délibérer sur aucune demande de S. M., persistant en conséquence dans les représentations qu'il a adressées au roi dans la lettre du 28 décembre, & le suppliant de rendre à son zele toute l'activité qui naît de la liberté que reglent les loix & la constitution nationale, en réintégrant les états dans le plein exercice de leurs droits & de leur liberté.

Cet avis ayant été envoyé aux deux autres ordres, ils se sont rassemblés, par convention, chambres tenantes.

11 *Janvier.* Il a couru depuis quelque temps le vaudeville suivant, intitulé : *les Jeunes gens du siecle.*

Air : *avec les jeux dans le village.*

Beautés qui fuyez la licence,
Evitez tous nos jeunes gens ;

L'Amour a déserté la France
A l'aspect de ces grands enfants.
Ils ont par leur ton, leur langage,
Effarouché la volupté,
Et gardé pour tout apanage
L'ignorance & la nullité.

Malgré leur tournure fragile,
A courir ils passent leur temps :
Il sont importuns à la ville,
A la cour ils sont importants.
Chacun d'eux sans appel décide :
Au spectacle ils ont l'air méchant.
Par-tout la sottise les guide :
Par-tout le mépris les attend.

Pour eux, les soins sont des vétilles
Et l'esprit n'est qu'un lourd bon sens ;
Ils sont gauches auprès des filles,
Auprès des femmes, indécents.
Leur jargon ne pouvant s'entendre,
Si leur jeunesse peut tenter
Ceux que le besoin a fait prendre,
L'ennui bientôt les fait quitter.

Sur leurs airs & sur leur figure,
Presque tous fondent leur espoir ;
Ils font entrer dans leur parure
Tout le goût qu'ils pensent avoir.
Dans le cercle de quelques belles
Ils vont s'établir en vainqueurs,
Mais ils ont toujours auprès d'elles,
Plus d'aisance que de faveurs.

De toutes leurs bonnes fortunes
Ils ne se prévalent jamais ;
Leurs maîtresses sont si communes
Que la honte les rend discrets.
Ils préferent, dans leur ivresse,
La débauche aux plus doux plaisirs ;
Ils goûtent sans délicatesse
Des jouissances sans desirs.

Puissent la volupté, les graces,
Les expulser loin de leur cour,
Et favoriser en leurs *places*,
La gaieté, l'esprit & l'amour !
Les déserteurs de la tendresse
Doivent-ils goûter ces douceurs ?
Quand ils dégradent la jeunesse,
En doivent-ils cueillir les fleurs !

Cette chanson, meilleure que celles que fait ordinairement M. de *Champcenets*, mais cependant digne de lui par les incorrections, les platitudes & les défauts de bon sens qu'on y trouve en plusieurs endroits, par les expressions impropres, &c. après avoir été attribuée à MM. de *Boufflers* & *Champfort*, lui reste décidément, & on ne peut la lui contester aujourd'hui.

M. le chevalier de *Roncherolles*, se reconnoissant à coup sûr dans ce portrait des jeunes-gens du jour, dit en présence de plusieurs officiers aux gardes, que l'auteur du vaudeville en question méritoit des coups de bâton. Les camarades de M. de *Champcenets*, n'ignorant pas qu'il passoit pour l'être & ne s'en défendoit pas, crurent devoir l'avertir du propos.

M. de *Champcenets* en conséquence est allé trouver M. de *Roncherolles*, & lui en a demandé raison; ils se sont battus & ont été blessés tous deux avant-hier, mais légérement. M. de *Champcenets* tout glorieux, n'a pas manqué de se montrer aujourd'hui à l'opéra.

11 *Janvier*. La piece nouvelle d'*Isabelle & Fernand*, jouée avant-hier aux Italiens, est imitée d'une de Calderone, & traduite dans le théatre espagnol de M. *Linguet*. C'est un sujet très-intéressant, mais triste, noir & fait pour être mis en drame & non en opéra comique. Aussi a-t-il eu peu de succès. L'auteur des paroles a été obligé de le gâter pour l'approprier à son genre, & lui a ôté tout son caractere. C'est M. *Fort*, secretaire de M. le duc de *Fronsac* : quant à la musique, elle est de M. *Champein*, foible & n'entrant nullement dans les motifs du poëte.

11 *Janvier*. Un M. *Cholet de Jetphar*, avocat, a entrepris un almanach sous le titre d'*Etrennes lyriques, anacréontiques*. Il a ajouté à ce titre : *présentées à Madame, sœur du roi*, pour la troisieme fois le 25 décembre 1782.

On ne peut assez s'étonner de cette audace indécente en voyant à la tête du recueil une estampe des plus licencieuses, & dans le recueil, des chansons du même genre, entr'autres celle de M. *Collet* : *L'arrangement au moral comme au physique*.

12 *Janvier*. Le mémoire entrepris par M. *Rochon*, a pour objet de répondre à une lettre ministérielle adressée au comité, où l'on lui enjoint de n'avoir aucun égard à l'ordre de réception des ouvrages; mais de faire passer les premiers, ceux dont il y

aura lieu d'espérer une meilleure recette. Il fait voir que ce seroit violer souvent gratuitement un principe de justice, & sacrifier l'avenir au présent.

M. *Rochon* attaque ensuite la maniere de former la décision dont il s'agit, & qu'on voudroit rapporter à un seul homme; il milite en faveur du comité, & prétend qu'il est le seul en état de prononcer mieux que qui que ce soit, & sur la musique & sur les poëmes; (les auteurs dramatiques exceptés à l'égard de ces derniers).

Si cependant le ministre veut innover en ce genre, il trouve qu'un conseil composé de quelques gens de lettres & musiciens choisis, qui assisteroient aux dernieres répétitions d'un opéra prêt à se jouer, pourroit être d'un grand secours aux auteurs, non afin de les corriger, mais de leur faire des objections dont ils profiteroient, s'ils vouloient, & qu'ils seroient toujours maîtres d'adopter ou de rejeter.

Ceux qui ont lu ce mémoire, le trouvent plein d'honnêteté, de logique & de vues saines: mais comme il est principalement dirigé contre M. *Suard*, contre cet eunuque au milieu du serrail, qui n'y fait rien & nuit à qui veut faire, celui-ci est furieux & manœuvre sourdement pour rendre M. *Rochon* désagréable au ministre, & empêcher que la vérité ne lui parvienne.

12 *Janvier*. Le petit châtelet, espece de forteresse antique, composée d'une lourde masse de bâtiments, située à l'extrémité du Petit-Pont, étoit autrefois la porte de Paris de ce côté-là, comme le grand châtelet en étoit une autre du côté opposé dans les temps où cette capitale n'avoit d'autre étendue que l'isle du palais. Il se trouvoit aujourd'hui au centre, qu'il-gâtoit

& gênoit beaucoup. Comme il servoit de prison, il falloit avant de supprimer cet édifice, en avoir une autre. Depuis l'institution de l'hôtel de la Force, il n'y a plus eu d'inconvénient ; & par la vigilance & l'activité qu'y a fait apporter M. le lieutenant-général de police, ce travail s'est effectué sans accident & aussi vîte qu'il a été possible, c'est-à-dire, en quatre mois environ. Le déblaiement est achevé entiérement, la place nette, & l'œil perce à travers à perte de vue. Mais on se flattoit qu'on profiteroit de la circonstance pour embellir & rendre plus aisée la circulation de ce quartier très-étranglé, quoique très-passager. Point du tout, on en reste là, & sans doute la ville manque de fonds pour effectuer les beaux plans projetés à cet égard.

13 *Janvier.* Ce qu'on avoit prévu est arrivé : la reine a voulu entendre M. *Garat.* Hier un carrosse à six chevaux est venu le prendre chez lui, d'après l'invitation qu'il en avoit reçue ; & après s'être relayé à Seves, il est arrivé à Versailles, & est descendu chez madame la duchesse de Polignac. Il a trouvé dans l'antichambre toute la musique prête à recevoir les ordres de S. M. M. *Garat,* au contraire, a été introduit sur le champ. La reine étoit déja arrivée & l'attendoit avec le comte d'*Artois,* & une foule de seigneurs & dames. Il ne prévoyoit pas ce spectacle, & la pompe de la majesté l'a frappé au point de l'interdire & de suspendre ses facultés. La reine & M. le comte d'Artois, qui se sont apperçus de son embarras, l'ont rassuré par un accueil rempli de bonté. Ils l'ont encouragé : il s'est remis ; il a eu l'honneur d'accompagner la reine & son auguste frere ; il a chanté seul ; il a contrefait les

différentes voix de l'opéra, sur-tout de *Legros*; & il a eu le bonheur de plaire, & de ne point tromper la haute idée qu'on avoit donnée à S. M. de son talent naturel.

Durant la séance, M. *Garat*, ou enthousiasmé ou tremblant du rôle qu'il jouoit, & sur-tout de la bouffonnerie à laquelle il venoit de se livrer, s'est écrié comme involontairement : *Ah ! si mon pere me voyoit ici, qu'est-ce qu'il diroit ?* Le maréchal de Duras lui a répondu : *Monsieur, on fera en sorte qu'il n'aura pas lieu de s'en repentir.*

Du reste, M. de *Vaudreuil* avoit apporté toute sorte de délicatesse dans son invitation, jusqu'à lui écrire que la reine l'autorisoit à choisir le jour & l'heure qui lui convenoient.

13 *Janvier*. Depuis quelque temps, les négociations pour la paix, qu'on croyoit, il y a six semaines, sur le point de se terminer, sans en rechercher les raisons politiques, semblent dans une sorte de stagnation. Un poëte envisageant ces lenteurs sous le point de vue peut-être le plus vrai, a fait les vers suivants.

V ERS *Sur le dernier armement des Anglois, qui ne peuvent plus continuer la guerre, & qui rougissent de faire la paix.*

Du poids de cent vaisseaux la Tamise accablée,
Rassure foiblement l'Angleterre ébranlée ;
Son peuple altier redoute & la guerre & la paix,
Nos glaives sont tirés, nos impromptus sont faits ;

Le François sut toujours combattre, vaincre & rire ;
Son courage est terrible, & vive est sa satire,
Sauvé de l'un, à l'autre on craint de s'exposer :
Frémis, fiere Albion, tous deux vont t'écraser.

On attribue cette boutade à un homme de lettres, qui donnoit les plus grandes espérances ; mais retiré depuis long-temps du commerce des muses, & dont le patriotisme seul a ranimé la verve en ce moment. On dit qu'un peu d'humeur aussi contre les Anglois qui lui ont pris beaucoup de denrées venant d'Amérique où il a de riches habitations, n'a pas peu contribué à l'inspirer. Ce transfuge du Parnasse est M. de *Portelance*.

14 *Janvier*. Les lettres viennent de faire une perte en Mad. *Elie de Beaumont*, femme de l'avocat de ce nom. Elle étoit principalement connue par le roman en lettres du marquis de *Rozelle*, ouvrage très-agréable, mais où l'on trouvoit qu'elle étoit trop entrée dans le détail des intrigues & du manege des courtisannes, choses dont une honnête femme ne sembleroit pas devoir être si bien instruite.

Mad. *Elie de Beaumont* tenoit une sorte de bureau de bel esprit chaque soir, suivi d'un fort bon souper, ce qui attiroit beaucoup de monde. M. & Mad. *de la Harpe* y présidoient sur-tout.

Il y avoit une liaison très-intime entre cette virtuose & l'avocat *Target*, qui faisoit ménage avec le mari & la femme, & animoit aussi cette société.

14 *Janvier*. Extrait d'une lettre de Besançon, du 8 janvier.... Le parlement, avant que ses députés partent, a fait une bourse commune,

& chacun y a mis vingt louis. Il en a résulté une masse de 30,000 livres sur laquelle seront pris les frais de la députation, ainsi que ceux des exilés, s'il y en avoit; &, quand ces fonds seront épuisés, on recommencera. Tout cela n'est pas de bon augure pour la cour. Comme dans les précédentes catastrophes la fortune de plusieurs de messieurs s'en est ressentie, ils ont pris cette sage précaution qui ôte aux pusillanimes le prétexte du besoin.

Du reste, Messieurs, avant de partir, ont aussi fait dresser des procès-verbaux en regle de l'état de détresse où se trouve la province, dont les paysans en beaucoup d'endroits sont obligés de se nourrir de pain d'avoine à cinq sous la livre. Tous ces procès-verbaux, tant sur la nature du pain que sur les prix, sont très en regle, & signés des officiers de la justice & des curés des lieux, en contradiction de ceux de l'intendant, extorqués de ses subdélégués. Les députés ont dû porter aussi avec eux des échantillons de ce pain....

15 *Janvier*. Le clergé sent plus que jamais la nécessité de venir au secours de la foi ébranlée dans ce siecle, où non-seulement on en attaque les dogmes, mais où l'on a formé une ligue si réelle & si formidable pour anéantir l'essence même de la religion. C'est ce qui a déterminé la derniere assemblée, qui vient de se tenir à Paris, de donner des pensions à quelques-uns des auteurs qui se sont distingués dans la lice chrétienne. En outre, elle a destiné 30,000 liv. pour être distribuées en pensions à ceux qui, par des productions vraiment utiles, se rendront dignes de ces bienfaits. On a déja parlé du pere *Bertier*, inscrit sur la liste de ceux qui ont eu part aux faveurs du clergé; en

voici d'autres. Le pere *Houbigant*, prêtre de l'oratoire ; l'abbé *Pey*, chanoine de Saint-Louis du Louvre, auteur des *Mémoires du comte de Valmont* ; l'abbé *Clémence*, chanoine de Rouen, auteur de la *Réfutation de la Bible enfin expliquée de Voltaire* ; M. *Soret*, avocat en parlement, qui autrefois a travaillé en société avec le pere *Hayer*, récollet, à un ouvrage périodique, intitulé *la Religion vengée*, & M. l'abbé *Auger*, membre de l'académie des belles-lettres. Quoique celui-ci ne se soit fait connoître jusqu'à présent que par des traductions d'auteurs grecs, il a été distingué par l'assemblée à titre de savant propre à soutenir & rappeller le bon goût de la littérature. D'ailleurs, M. *Auger* se propose de publier incessamment la traduction des plus beaux morceaux de Saint-Chrisostôme, & des autres peres grecs.

16 *Janvier*. Les députés du parlement de Besançon sont arrivés à Versailles les 6, 7 & 8. On prétend que l'on avoit eu soin d'y tenir des auberges prêtes pour les recevoir, & qu'il y avoit eu ordre aux aubergistes de ne point admettre chez eux d'autres étrangers durant leur séjour, afin d'éviter toute communication avec des membres ou des émissaires du parlement de Paris ou d'ailleurs, qui voudroient s'établir-là. Quoi qu'il en soit, le 9 ces députés ont été introduits à l'audience du roi, qui a duré sept quarts d'heure.

* S. M. s'étant fait représenter le registre qu'on appelle à Besançon, *le registre des actes importants*, a remarqué qu'il n'étoit pas signé de messieurs. Elle a demandé pourquoi ? On lui a répondu que c'étoit l'usage. Elle a dit que c'étoit un mauvais usage, & les a fait signer tous l'un après l'autre. Ensuite S. M. a fait biffer les arrêtés & arrêts qui

lui ont déplu depuis les séances du comte *de Vaux*, & a fait transcrire en marge un arrêt du conseil qui les casse ; mais dans cet acte d'autorité on a rendu hommage aux formes, en le revêtant de lettres-patentes : on a d'ailleurs adouci le préambule, motivé principalement sur ce que le parlement s'est conduit par des principes contraires à l'ordonnance du mois de mars 1775, qui le rétablit par cette phrase où l'on fait dire au roi : « Persuadé de la pureté de votre zele, il est de » notre devoir d'en régler les effets par notre sa- » gesse, & de vous ramener aux véritables princi- » pes, desquels nous ne présumerons jamais que » vous puissiez avoir intention de vous écarter. » Elle leur a ordonné de retourner à Besançon sans passer par Paris, pour y recevoir ses ordres le 21 de ce mois.

Messieurs les députés ne sont pas extrêmement mécontents de leur réception. Le roi y a mis même de la bonté. Le greffier est âgé, & comme pour écrire il étoit obligé de se baisser & de fatiguer beaucoup, S. M. a ordonné qu'on lui apportât un pliant.

Un de messieurs se trouvant mal de la longueur de la séance où ils sont restés debout, le roi s'en est apperçu, & lui a fait signe qu'il pouvoit sortir.

16 *janvier*. On a représenté aujourd'hui à Versailles, *le roi Lear*, nouvelle tragédie de M. *Ducis*, imitée de l'Anglois, qu'il doit faire jouer incessamment ici. On veut qu'elle ait eu beaucoup de succès malgré la bizarrerie du sujet qui est un prince fou, ayant deux filles, l'une bonne, l'autre méchante, & se trompant continuellement, les confondant d'une maniere dont résultent des

effets très-pathétiques. On veut qu'il y ait un art infini dans la conduite de ce principal personnage, & que cela soit admirable. On sait qu'il faut beaucoup se défier du goût & des louanges des courtisans en fait d'ouvrages d'esprit.

17. *Janvier*. Discours du roi à la députation du parlement de Besançon, du 10 janvier....

Je vous ai mandés, afin que vous n'affectiez plus d'ignorer que tout ce qui se fait en mon nom, se fait par mes ordres.

J'ai fait biffer vos arrêts pour ne plus laisser aucune trace d'actes, aussi contraires à la soumission dont vous devez donner l'exemple à mes sujets de votre ressort.

J'écouterai toujours ce que mon parlement me représentera pour le bien de mes sujets de Franche-Comté; mais il doit mieux s'assurer de l'exactitude des faits qu'il m'expose.

Ses arrêts & ses arrêtés ne doivent jamais lui faire des titres pour défendre ce que j'ai ordonné, ou pour ordonner rien de contraire à mes volontés.

Mon peuple ne fait qu'un avec moi; ses droits & ses intérêts sont les miens; c'est dans ma main seule qu'ils reposent, & j'en suis le gardien suprême.

Si cette maxime, qui doit être gravée dans le cœur de tout sujet fidele, venoit à s'effacer, je compte que les officiers de mon parlement la rappelleroient à mes peuples.

Retournez à vos fonctions, rendez bonne justice à mes sujets; « c'est un droit précieux que » je vous ai confié, & dont vous ne sauriez » vous acquitter avec trop d'attention & de » zele. »

Le roi a ordonné que ce qu'il venoit de dire, feroit écrit sur les regiſtres & lu aux chambres aſſemblées.

17 *Janvier*. L'académie françoiſe dans ſon aſſemblée d'hier 16, a adjugé aux *converſations d'Emilie*, ouvrage de madame *d'Epinay*, le prix annuel fondé par un citoyen anonyme, en faveur de l'ouvrage le plus utile à la ſociété. Ce prix eſt une médaille d'or de la valeur de 1,200 liv.

17 *Janvier*. Extrait d'une lettre de Liege, du 25 décembre 1782..... M. *Gretry*, pour ſe conſoler un peu de l'échec qu'a reçu à Paris ſon nouvel opéra de *l'Embarras des richeſſes*, eſt venu dans ſa patrie recevoir des diſtinctions flatteuſes & dont il n'y a point d'exemple encore à l'egard d'artiſtes de ſon genre.

Le 21 décembre au ſoir, M. *Gretry* ſe rendit à la ſalle des ſpectacles & fut conduit à la loge magiſtrale, où meſſieurs nos bourguemeſtres régents le placerent au milieu d'eux. Les comédiens donnoient ſon charmant opéra de *l'Amant jaloux*, précédé d'un divertiſſement analogue à la préſence de l'auteur, & compoſé en partie de celui qui avoit été repréſenté il y a deux ans, à l'inauguration de ſon buſte dans l'avant-ſcene du théatre. A la fin de cette piece, un tranſparent où étoit écrit: *Vive Gretry*, traverſa le haut du théatre, s'arrêta au deſſus de la loge magiſtrale, & en s'entrouvrant, remit à meſſieurs les bourguemeſtres régents un bouquet, qui fut préſenté par eux, au nom de la patrie, à l'illuſtre artiſte: cérémonie qui eut lieu aux acclamations de l'aſſemblée la plus nombreuſe qu'on eût encore vue à notre ſpectacle.

Le 23, la ſociété d'émulation tint une ſéance

publique extraordinaire à son occasion ; elle le fit complimenter par son secretaire perpétuel, & elle remit à M. *Louis*, l'architecte du roi de Pologne, directeur général des bâtiments de M. le duc de Chartres, qui avoit fait le voyage de Liege avec M. *Gretry*, une patente d'associé honoraire.

18 *Janvier*. Les comédiens italiens, aussi actifs cette année que les précédentes à montrer leur zele pour travailler aux plaisirs du public, quoiqu'ils aient déja trois nouveautés dont le cours n'est pas fini, en ont joué hier une quatrieme. Elle a pour titre *le bon Ménage*, comédie en un acte & en prose. Cette bagatelle n'est que la suite des *deux Billets* du même auteur, M. de *Florian*. Il y a moins de piquant que dans la premiere, moins d'intrigue, mais beaucoup de sensibilité aussi, & plus d'esprit, de gaieté, de naïveté. Car c'est le mélange de toutes ces qualités qui en fait le mérite. Le poëte a eu l'heureuse hardiesse d'y mettre en scene deux enfants qui y reviennent à plusieurs reprises, & quoiqu'épisodiques, ne laissent pas que d'intéresser par des tableaux vrais & d'un naturel exquis. Le sieur *Carlin* brille principalement dans cette piece, & y joue avec tant d'onction le rôle du mari, qu'on perd son masque de vue, & qu'il fait répandre des larmes.

18 *Janvier*. Extrait d'une lettre de Lille, du 10 janvier..... On ne vous a point exagéré les honneurs rendus ici à M. *Gretry*. Il revenoit de Liege avec M. *Louis*. Il a passé par cette ville & s'y est arrêté pour entendre le concert qu'on y a nouvellement institué, ou plutôt rétabli. On en donna un extraordinaire en son honneur, où l'on n'exécuta que les morceaux les plus intéres-

fants de *Céphale & Procis*, d'*Andromaque*, & du *Seigneur Bienfaifant*. Quant à ce dernier, il s'en feroit bien paffé; on remarqua même que cet artifte, très-jaloux de fon naturel & fur-tout d'un mérite naiffant comme celui de M. *Floquet*, fit la grimace en entendant ces morceaux auxquels il ne s'attendoit pas. Quoi qu'il en foit, on lui rendit enfuite tant d'honneurs qu'il en fut comblé.

On avoit mis une couronne fur la ftatue d'Apollon qui eft au fond de la falle, & l'on avoit orné de guirlandes fa lyre, où l'on lifoit le nom du célèbre compofiteur.

Dès qu'il parut dans la falle, garnie d'un monde immenfe, accompagné de deux commiffaires, au milieu defquels il étoit placé; la joie publique éclata par des battements de main longs & multipliés, qui ne furent interrompus que par une fanfare, qui produifit le plus grand effet.

M. *Feutry*, poëte, que cette ville fe glorifie d'avoir vu naître, excellent pour les *impromptu*, crayonna fur le champ le quatrain fuivant.

Gretry paroît, la gloire l'environne;
Elle applaudit à fes divins accents:
L'orcheftre brille, il enchante, il étonne;
L'œil du génie enflamme les talents.

19 JANVIER. M. *Linguet* n'a pas manqué, après être forti de prifon, de parcourir la foule de feuilles périodiques étrangeres qu'on lit à Paris, pour voir comment elles avoient parlé de cet événement. Il a trouvé qu'elles l'avoient fait en général très-fuccinctement & avec peu d'intérêt;

que presque toutes même, soit dans la crainte d'être supprimées, soit dans leur joie secrete de s'élever sur les débris de ses annales, avoient gardé à son égard un profond & lâche silence; que le seul *courier du Bas-Rhin* contenoit beaucoup de détails à son sujet; que pendant plusieurs mois il étoit revenu sur lui, & avoit plaidé sa cause avec une chaleur, une énergie, une éloquence vraiment touchante. Pénétré de reconnaissance, il a voulu voir le rédacteur de cette feuille, dans sa tournée; après son évasion de France, il est allé à Cleves où elle se compose; il y a admiré un écrivain philosophe, impartial, courageux, bien au dessus de son emploi, sachant féconder les matieres les plus arides, & donner d'avance à une gazette seche & insipide tous les caracteres, tout l'intérêt de l'histoire. Il s'est flatté d'avoir rencontré l'homme qu'il lui falloit; il l'a choisi pour son confident, il a versé dans son sein les chagrins dont il étoit oppressé; & n'ayant pu obtenir encore la liberté de faire passer directement en France la suite de ses annales qu'il se propose de reprendre, il s'est servi de son canal pour en indiquer au public la continuation. Il a adressé d'Angleterre à ce rédacteur une lettre où il annonce son projet. Il doit commencer par une *Relation de sa détention à la bastille depuis le 27 septembre 1780, jusqu'au 19 mai 1782*. Pour esquisse il en donne le commencement. Le rédacteur y a joint des fragments de la lettre qui accompagnoit ce morceau, & les a commentés de quelques réflexions. Ce paragraphe est si intéressant que le numéro du mercredi 1 janvier 1783 de cette gazette, est devenu extrêmement rare, & tellement mutilé dans les lieux publics où l'on le lit & le demande encore aujourd'hui, qu'il a fallu le copier, & qu'on ne la plus que manuscrit.

19 Janvier. On ne finiroit point de rapporter tous les calambours qui continuent à pleuvoir sur M. le duc de *Chartres* & ses bâtiments : voici, pour juger des autres nouveaux, le moins mauvais : à l'occasion de la portion de bâtiments du côté de la rue des Bons-Enfants, qu'on vient de couvrir d'un énorme & ridicule *comble*, en terme d'architecture, on dit que ce prince a mis enfin le comble à ses sottises.

Pour compenser l'effet de tant de quolibets pitoyables qui ne laissent pas que de se répéter & d'entretenir la fermentation & la mauvaise humeur des mécontents contre ce prince, on publie un nouveau projet qui n'annonce que de la bienfaisance de sa part, & ne peut être que très-agréable au public.

On a commencé à faire les fouilles pour élever la portion d'édifice qui doit fermer le palais neuf. On a déja dit qu'il y auroit au rez-de-chaussée un principal promenoir enrichi de six rangs de colonnes doriques, qui doit communiquer par la suite à d'autres promenoirs pratiqués dans les parties conservées de l'ancien palais, dont on détruira pour cet effet les logements du rez-de-chaussée & de l'entresol. Tout cela sera très-commode & très-beau ; mais ce qui sera plus magnifique, plus agréable & plus utile encore, ce sera un *museum* auquel est destinée une partie du premier étage sur le jardin, où toutes les belles productions des arts, aujourd'hui éparses dans les appartements du Palais-Royal, seront, ainsi que celles qu'on pourra acquérir encore, réunies & disposées le plus avantageusement possible pour l'instruction des artistes & des amateurs.

19 *Janvier*. Extrait d'une lettre de Vienne, du 2 janvier.... Un jeune poëte Allemand, d'un talent distingué, a fait imprimer un poëme contre le clergé & le pape, sans en avoir obtenu la permission, & a eu la hardiesse de le dédier à l'empereur. S. M. impériale, dédaignant les louanges à la faveur desquelles l'auteur espéroit faire passer sa satire, a écrit la lettre suivante au chef de la police.

« Vous signifierez à un particulier nommé
» *Waschke*, auteur du poëme indécent, la juste
» indignation que m'a causé la témérité qu'il
» a eue de me l'envoyer & de me le dédier. Je
» lui défends de faire publier à l'avenir ses écrits,
» & je veux que le libraire qui lui a prêté son
» ministere, soit puni suivant la sévérité de la
» loi. »

20 *Janvier*. Le *roi Lear* est une tragédie de Shakespear, que les Anglois estiment comme une de ses meilleures. Le fameux Garrick l'aimoit surtout parce qu'il trouvoit de quoi y déployer toute la supériorité de son talent. Cependant aux yeux du bon sens, c'est le comble de l'extravagance; & il faut être bien hardi pour avoir osé transporter ce sujet sur notre scene. A en juger par ce qui s'est passé aujourd'hui, M. *Ducis* n'a pas lieu de s'en repentir. Quoique les actes aient paru excessivement longs; l'intrigue pénible, compliquée, absurde; les détails souvent puériles & ridicules; la versification tantôt boursouflée, tantôt plate; que beaucoup de scenes aient été reçues très-froidement; que plusieurs coups de

théatre, aient absolument manqué leur effet ; quelques morceaux & quelques scenes, sur-tout une du quatrieme acte, ont été trouvées d'un naturel si sublime qu'ils ont produit une vive explosion, force *bravo*, *bravissimo*, & qu'ils ont valu à l'auteur un triomphe sinon complet, au moins très-brillant en certaines parties.

Comme la piece en général a été mal jouée & mal entendue de la plupart des spectateurs qui avouent n'en avoir pas compris la marche & l'ordonnance, il faut attendre encore quelques repréentations avant de prononcer en dernier ressort sur cet ouvrage, dont le succès, malgré les *brouhaha*, a paru si équivoque à l'auteur même, qu'après s'être laissé traîner sur le théatre aux acclamations d'une populace bruyante, il a demandé si c'étoit bien sérieux, si ces applaudissements étoient bien sinceres, en un mot si tout cela n'étoit pas une dérision.

M. *Ducis* s'est d'autant plutôt repenti de sa complaisance, qu'il craint les reproches de ses confreres de l'académie, trouvant mauvais qu'un de leurs membres se soit ainsi prostitué aux regards du public. En effet, il est le premier de ce corps qui se soit rendu à de telles instances, & ait paru sur la scene.

Le sieur *Brizard* joue supérieurement le rôle du *roi Lear*; il y est superbe, & n'a pas peu contribué au succès. Il est même le seul qui soit dans l'esprit de son rôle : on dit qu'il doit quitter à pâque, & il fera bien, s'il veut se faire regretter, car il commence à perdre la mémoire.

Après la tragédie & tout le fracas qui s'en est suivi, on a laissé tomber la toile, qui s'est relevée presque aussi-tôt. Comme les comédiens ont jugé à propos, depuis qu'ils font à ce théatre de ne plus annoncer, on a cherché la raifon de l'apparition du fieur *Molé*, qui s'eft avancé & a bientôt fait connoître le fujet de fon meffage ; il a dit : « Meffieurs, nous aurons l'honneur de vous » donner mercredi la feconde repréfentation du » roi Lear, fuivie de la reprife de l'Anglois à » Bordeaux, *à l'occafion de la paix.* »

Dans *le Tuteur*, petite piece qu'on a jouée enfuite, le fieur *Dugazon* a chanté un couplet *impromptu* de M. *Imbert*, à M. *Molé* fur fon annonce, non moins miférable : ainfi voilà déja deux méchantes pieces de vers à compte de beaucoup d'autres fur ce grand événement.

20 *Janvier*. Mlle. *Quinault*, cadette, d'un nom fameux & ancien à la comédie françoife, retirée elle-même depuis 1742 de cette fcene, où elle jouoit fupérieurement les rôles de foubrette, vient de mourir âgée de quatre-vingt-trois ans. Elle voyoit très-bonne compagnie, fur-tout en hommes. M. *d'Alembert*, depuis la mort de mademoifelle *l'Efpinaffe*, & de madame *Geoffrin*, alloit habituellement chez elle ; il avoit fa confiance, & dans fon teftament elle lui laiffe un diamant.

Mlle. *Quinault* écrivoit beaucoup, on ne fait fur quelle matiere ; mais elle confultoit fouvent M. *d'Alembert*, & il y a apparence qu'il eft le dépofitaire de fes manufcrits. Elle eft morte avec fa préfence d'efprit, fans s'en douter, étant encore occupée à fe parer. M. le curé de Saint-Germain l'Auxerois avoit tenté de ramener cette ouaille, dont le philofophe fon ami a fi bien foutenu la fermeté qu'elle ne s'eft démentie en rien dans ce dernier instant, & qu'elle sera inscrite au rang des héroïnes du parti.

20 *Janvier.* M. de *Kerguelin*, dont on ne parloit plus depuis long-temps, & qui, rayé des listes de la marine avant la guerre, s'étoit malheureusement mis dans le cas de ne pouvoir plus servir, recommence à faire parler de lui aujourd'hui par une *relation de ses deux voyages dans les mers australes*, où il a commandé les bâtiments du roi le Berryer, *la Fortune, le Gros-Ventre, le Rolland, l'Oiseau,* & la Dauphine, avec des lettres ou mémoires sur la marine & un état de ses services.

21 *Janvier.* M. le curé de Saint Sulpice, persistant à rendre sa basilique une des plus belles de cette capitale, vient de faire baptiser des cloches énormes qui ont été mises en branle depuis peu, & ont causé une explosion si violente dans le quartier, que les acteurs de la comédie françoise étant en scene, ont été obligés de rester court & de s'arrêter tant que la sonnerie a duré : cet inconvénient pouvant se répéter tous les jours, ils ont présenté requête au conseil pour qu'il fût défendu aux marguilliers & fabrique de cette paroisse de faire sonner les grosses cloches durant l'heure du spectacle.

Les directeurs des *Variétés amusantes*, qui jouent aujourd'hui à la foire & n'avoient osé tenter une pareille demande, ont profité de l'ouverture, & se sont réunis aux comédiens françois. On attend incessamment une décision à cet égard.

21 *Janvier.* Madame la marquise de *Cabris* revient sur les rangs. On distribue en profusion, on envoie même aux portes, *Mémoire à consulter & consultation pour la marquise de Cabris*, appel-

tante d'une sentence qui la déclare non-recevable dans sa demande pour faire constater l'état d'abandon de son mari, & lui faire administrer les remedes nécessaires à sa maladie.

La consultation est du 10 décembre 1782, & signée *Charpentier de Beaumont* & *la Croix*.

22 *Janvier*. On attend avec impatience des nouvelles de ce qui se sera passé à Besançon le 21, jour auquel les chambres devoient se rassembler pour entendre le rapport de leurs députés.

M. *Robert*, jeune conseiller au parlement de Paris, fils du fameux *Robert de Saint-Vincent*, a demandé la relation de cette séance pour renouveller à la troisieme chambre des enquêtes dont il est membre, la dénonciation qu'il y avoit commencée des arrêts imprimés de cette cour & de leur contenu. Il étoit question d'engager la chambre à demander l'assemblée des autres pour traiter la matiere dans son étendue & dans la forme convenable ; mais les pusillanimes écarterent sa dénonciation sous prétexte d'attendre le résultat en question.

22 *Janvier*. Le jour où l'on apprit la paix, on dit que l'affaire des deux Bretagnes étoit arrangée, mais celle de la petite encore plus mal que celle de la grande. En effet, il paroît que le calme n'est revenu dans la premiere que par une soumission absolument aveugle & passive aux volontés du roi.

23 *Janvier*. *Le Chroniqueur désœuvré*. Tel est le titre du second tome de l'*Espion des boulevards du temple*, qui paroît malgré tous les efforts des baladins pour s'y opposer. Celui-ci contient les annales scandaleuses & véridiques des directeurs, acteurs & saltinbanques du boulevard, avec

un résumé de leur vie & mœurs par ordre chronologique. Ce nouveau libelle doit les défoler plus que jamais.

Les histrions n'ayant point réussi auprès du magistrat de la police, faute de pouvoir articuler l'auteur, ou du moins donner des indices qu'on pût suivre, avoient voulu mettre l'affaire en justice réglée. Ils avoient porté une plainte au châtelet, coté un procureur, nommé un avocat, & desiroient qu'au moins on sévît contre le livre par la lacération & la brûlure. Mais on leur a fait connoître que ce pamphlet ne contenant rien de contraire ni à la religion, ni à l'état, ni aux mœurs, n'attaquant personne de la famille royale, ne portant que sur des personnages déja diffamés par les loix, n'étoit susceptible d'aucune flétrissure juridique.

23 *Janvier*. M. le duc *de Fronsac* a eu une maladie très-grave, il n'y a pas long-temps, dont il est rétabli. Il avoit pour médecins les docteurs *Bouvart* & *Barthès* : ces messieurs, un jour que le malade étoit décidé hors d'affaire, se complimentoient entre eux du succès, & s'en renvoyoient réciproquement la gloire avec modestie. Le malade, qui les entendoit de son lit, s'écrie : *Asinus asinum fricat*. Les docteurs indignés tirent leur révérence & ne sont pas revenus. Le docteur le *Preux*, vengeur-né de la faculté, a composé à cette occasion un *conte historique* en vers, intitulé :

Le Duc reconnoissant & les deux Médecins.

Un petit duc, très-chétif avorton,
Bouffi d'orgueil & du plus mauvais ton,
Fait au mépris & se riant du blâme,

Se préparoit non pas à rendre l'ame,
On ne rend pas ce qu'on n'a jamais eu ;
Sans plus de phrase, il se croyoit perdu.
Privé d'espoir, épuisé de débauche,
Ce mannequin, cette fragile ébauche
Alloit partir, bien cousu dans un sac
(Ce mot est mis pour rimer à Fronsac :)
Lors deux rivaux du grand dieu d'Epidaure,
Dont le talent mérite qu'on l'honore,
Vinrent soudain, quoiqu'appellés trop tard,
En le sauvant, prouver l'abus de l'art.
Les deux amis, jaloux de leur victoire ;
Modestement s'en renvoyoient la gloire ;
Dans ce moment, du fond de ses rideaux,
Le duc, encore étendu sur le dos,
Glapit ces mots (injure sotte & vaine)
„ *Bravo*, docteurs : voilà de la Fontaine
„ Les deux baudets, qui, se faisant valoir,
„ Vont tour-à-tour user de l'encensoir.
Bien, dit Barthès, je goûte cette fable.
Mais j'aime mieux l'histoire véritable
De ce dauphin qui voyant un vaisseau,
Bien loin du port, disparoître dans l'eau,
Vint sur son dos, à l'instant du naufrage,
Sauver lui seul presque tout l'équipage.
„ A terre il porta ce qu'il put,
„ Même un singe, en cette occurrence,
„ Profitant de sa ressemblance,
„ Lui pensa devoir son salut.
„ Mais le dauphin tourna la tête,

„ Et

„ Et le magot confidéré ;
„ Il s'apperçoit qu'il n'a tiré
„ Du fond des eaux, rien qu'une bête.
„ Il le replonge, & va trouver
„ Quelqu'homme afin de le fauver.
Ces deux doêteurs, après cette aventure,
Livrent le duc aux foins de la nature,
Qui le fauva, par l'unique raifon
Qu'elle fait naître en la même faifon
Le noir *Cyprès*, la riante verdure ;
L'aigle & l'afpic, les fleurs & le poifon.

23 *Janvier.* C'étoit hier le bruit général à l'opéra que les comédiens françois avoient eu gain de caufe, & qu'un arrêt du confeil défendoit aux marguilliers & à la fabrique de Saint Sulpice de faire fonner les groffes cloches durant l'heure du fpeêtacle.

Le plus vraifemblable eft qu'il n'y aura pas eu de jugement, mais une infinuation verbale au curé de s'arranger de façon à ne pas troubler ce fpeêtacle.

24 *Janvier.* Le fecond volume du *Chroniqueur défœuvré* eft encore inférieur à l'autre & ne paroît pas de la même main. Les perfonnages n'en font pas affez intéreffants pour mériter des détails, qui d'ailleurs fe reffemblent tous. Le réfultat des portraits & aventures de tant de héros forains & héroïnes fubalternes, eft que ce n'eft qu'un affemblage de la plus vile & la plus infame canaille de l'un & de l'autre fexe, ce que perfonne n'ignoroit. Du refte, point d'anecdotes curieufes, de bons mots, de petites pieces de vers comme dans

Tome XXII. C

la première partie, qui en sauvoient la monotonie & y jetoient du piquant.

Le seul chapitre remarquable est celui intitulé : *Projet d'administration des spectacles forains* ; encore ne remplit-il pas son objet, ne contient-il aucune idée neuve, aucun détail utile, aucun plan satisfaisant à cet égard.

Dans le titre du *Chroniqueur désœuvré* il est dit : *augmenté d'un plan d'ouvrage qui paroîtra incessamment sur les grands spectacles*. Et en effet, on trouve cette espece de *Prospectus* à la fin du volume. C'est de celui-ci seul qu'il tirera de la vogue ; l'esquisse, déja très-méchante, alarme tous les coriphées du théatre lyrique & des deux autres, & ils remuent ciel & terre pour empêcher que la diatribe annoncée ne se répande & ne soit imprimée.

24 *Janvier*. On parle d'un ouvrage nouveau, dont toute l'édition a été arrêtée, de façon qu'il n'en a percé aucun exemplaire. On dit seulement qu'il étoit intitulé : *le Cocu imaginaire*, & l'on juge de son importance par la vigilance de la police à en prévenir toute distribution.

24 *Janvier*. Le théatre de *Nicolet* est aujourd'hui l'école des physiciens. On y voit un spectacle intitulé : *les Forces d'Hercule*, qui attire leur attention & leur admiration. Un seul homme couché sur le dos en porte vingt-quatre en équilibre sur une table qu'il souleve avec ses pieds. M. *Sue*, célebre professeur d'anatomie, attaché spécialement au musée de M. *Pilâtre de Rosier*, est allé ces jours-ci avec ses écoliers *aux grands danseurs du roi*, pour voir cette merveille & la leur expliquer ensuite, s'il est possible ; car les plus anciens partisans de ce genre de spectacle,

conviennent n'avoir jamais rien vu de pareil. On a compulfé les chroniques littéraires de la foire fans en trouver d'exemple.

L'Hercule moderne eft un Hollandois d'environ trente ans, il n'a guere que cinq pieds & demi: il eft trapu, a quelque chofe de féroce dans le regard & la phyfionomie, & reffemble plutôt à un fauvage échappé des forêts qu'à un humain de l'efpece ordinaire.

25 Janvier. Le premier mémoire que la marquife de *Cabris* publia en 1779, tendoit à lui faire recouvrer fa liberté qu'elle avoit perdue par un ordre du roi, qui la retenoit au couvent à *Sifteron*. Le miniftre, éclairé par les plaintes de l'innocence, nomma M. le Noir, confeiller d'état & lieutenant-général de police de la capitale, pour dévoiler ce myftere d'iniquité ; & fur le rapport du magiftrat integre & compatiffant, la lettre de cachet fut levée.

Mais, durant cet intervalle, les inftigateurs de la perfécution étoient venus à bout de leur deffein principal, de s'emparer de la perfonne du marquis de *Cabris*, de celle de fa fille, & de tous les biens, en vertu d'un arrêt du parlement d'Aix. Il s'agit aujourd'hui de marier cette jeune perfonne, & quoiqu'elle n'ait pas encore douze ans, dans fix mois elle fera fous l'empire d'un étranger, fans le concours de fa mere, fi les loix ne viennent à fon fecours : en conféquence elle s'adreffe aux jurifconfultes.

Ceux-ci décident que fes deux demandes de ravoir fon époux & fa fille, font conformes aux loix, aux principes reçus & au vœu de la nature; qu'on ne doit attribuer l'arrêt du parlement d'Aix qu'à la circonftance particuliere de la détention où étoit alors la marquise de *Cabris* : ils lui indiquent en conséquence les différentes voies qui lui restent ouvertes pour se faire réintégrer dans les droits inhérents à ses titres. Quant au mariage projeté, les jurisconsultes ne doutent pas que, s'il s'effectuoit aussi illégalement, il ne fût déclaré nul, & n'exposât conséquemment à la dégradation & au déshonneur l'épouse illégitime & sa postérité.

Tout cela seroit incroyable, si on ne le lisoit dans ce mémoire plein de sensibilité & d'éloquence ; mais le comble de l'étonnement, c'est de voir le marquis de *Mirabeau*, l'auteur de *l'Ami des hommes*, pere de la marquise de *Cabris*, insensible à ses maux, à ses plaintes, non-seulement ne prendre aucun intérêt à elle dans cette grande affaire, mais ne pas lui répondre, lui être contraire & se ranger du côté de ses ennemis.

25 Janvier. Ce qui augmente l'indignation de l'académie françoise contre M. *Ducis*, de s'être laissé traîner sur le théatre le jour de la premiere représentation du *Roi Lear*, c'est l'anecdote de la petite piece où l'on avoit inséré le pitoyable couplet sur la paix dont on a parlé. Le public par dérision demanda l'auteur : le sieur *Dugazon*, qui étoit le coupable, fit beaucoup de simagrées dans la coulisse, & se laissa enfin amener sur la scene ; ce qu'on regarda comme une parodie assez sensible des petites façons qu'avoit fait l'académicien, & fit beaucoup rire.

26 Janvier. M. *Imbert* a inséré dans le Mercure du 28 décembre dernier, un conte intitulé : *les Etrennes & le Bouquet*. M. *Parisau* en a tout de suite fait une petite comédie, en un acte &

en vers. Les Italiens ont joué avant-hier cette bagatelle du moment, qui a eu un succès éphémere, le seul que l'auteur pût se promettre. C'est moins que rien.

26 *Janvier*. Extrait d'une lettre de Rennes, du 20 janvier.... Je crois bien que les ministres ont été fort enchantés de la maniere heureuse dont les choses ont tourné, qu'ils n'ont pas manqué de répandre des bulletins favorables à leur système. Mais ceux des états ne sont pas tout-à-fait conformes. Voici la relation exacte de ce qui s'est passé.

Le 12, les affaires n'étoient pas plus avancées qu'avant, & les bastionnaires s'attendoient fort à voir effectuer les menaces de la cour; en conséquence ils avoient dressé des protestations contre tout ce qui arriveroit : cependant l'évêque de Rennes, absolument vendu au parti adverse, de concert avec le commandant, avoit manœuvré de façon à se former un parti considérable dans la noblesse, le seul ordre qu'il craignît : il avoit engagé nombre des gentilshommes qui avoient disparu des états, à y revenir; on prétend même qu'il avoit distribué de l'argent aux plus pauvres, & promis des récompenses aux autres.

Quoi qu'il en soit, le 13 au matin, M *d'Aubeterre* étant entré pour signifier les ordres du roi, dans la consternation générale, M. l'évêque de Rennes lui demanda, au nom des états, la permission de délibérer encore une heure. Le commandant parut y acquiescer & se retira.

Grand tumulte alors : M. l'évêque de Rennes qui avoit sa partie liée, fit accéder le tiers à l'avis de la noblesse à l'égard des octrois des villes, & à ce qu'elle en a dit dans sa lettre au roi du

29 décembre ; celui-ci à son tour exigea quelque déférence aux ordres de la cour pour arrêter les malheurs dont la province étoit menacée ; & l'on convint de faire une députation à M. *d'Aubeterre* pour lui annoncer les dispositions favorables & la résignation des états, s'il vouloit faire biffer les ordres inscrits sur les regiftres, qui gênoient les suffrages & leur ôtoient tout leur mérite.

M. *d'Aubeterre* répondit à cette tournure mielleuse, qu'il ne pouvoit rien faire sans des ordres préalables, qu'il n'avoit point le temps de les prendre ; qu'il s'en rapportoit au surplus à ce que feroient les présidents des ordres.

Sur cette réponse, M. l'évêque de Rennes, de son autorité, biffa sur les regiftres les ordres qui déplaisoient aux états, & fit sur le champ aller au scrutin, de sorte que la délibération fut d'accéder aux demandes de la cour, & de se soumettre.

Cinquante gent'lshommes seulement se retirerent, sans vouloir prendre part à une délibération aussi irréguliere & aussi mendiée ; d'autres resterent, mais sans opiner.

Alors M. *d'Aubeterre* rentre très-satisfait, & dit qu'il alloit en rendre compte au roi, & qu'il ne doutoit pas que sa majesté ne confirmât ce qu'avoit fait M. le président des états, n'accordât même à ceux-ci leurs demandes antérieures sur la députation, objet ancien de la difficulté.

Depuis ce temps il ne s'est rien passé de remarquable, & l'on ne voit pas que la cour se soit pressée de confirmer les promesses du commandant ; en sorte qu'il regne encore une fermentation, mais sourde. Les membres vraiment attachés aux intérêts de la province, craignent fort d'avoir été joués.....

16 *Janvier.* M. *de Rochefort*, membre de l'académie des inscriptions & belles-lettres, traducteur d'Homere & l'un des plus intrépides, des plus fanatiques défenseurs de l'antiquité, mécontent des différentes Electres déja mises sur la scene françoise & à l'opéra, a remanié ce même sujet, & l'a fait exécuter à la cour le 19 décembre dernier. Ceux qui y ont assisté assurent que son ouvrage très-froid, quoiqu'enrichi de toutes les beautés de Sophocle, d'Eschyle, & d'Euripide; quoiqu'accompagné de chœurs à la fin de chaque acte à la maniere des Grecs, n'a eu aucun succès, n'a produit aucune sensation.

27 *Janvier.* M. *Vissery de Boisvalé*, avocat en parlement, demeurant à Saint-Omer, au mois de mai 1780, fit élever un paratonnerre sur sa maison: cette nouveauté alarma son voisinage; il y eut une requête présentée à ce sujet, où l'on demandoit la destruction du conducteur électrique; & par sentence du 14 juin suivant, il fut ordonné à M. de *Vissery* de le supprimer dans vingt-quatre heures: le 21, sur son opposition, la même sentence fut confirmée; il en a appellé au conseil d'Artois, & l'affaire n'est point encore jugée.

En attendant, M. de Vissery publie un mémoire imprimé, qui est parvenu jusqu'ici, & qui contient tous les détails de l'origine & des suites de ce singulier procès, ainsi que l'historique du paratonnerre & des différentes applications qui en ont été faites, même chez le roi au château de la Muette.

A la suite du mémoire signé *Benisart*, avocat de Saint-Omer, on lit une consultation souscrite de quatre jurisconsultes connus de Paris, en date du 3 mai 1782, qui estiment l'appel bien fondé, mais croient que la sagesse des magistrats ne rendra pas à M. de Vissery l'usage de son paratonnerre, sans préparer le peuple à cet événement par des lenteurs prudentes; ils estiment qu'il faudroit avant se pourvoir d'un examen & rapport favorables de l'académie des sciences, qu'on feroit imprimer & qu'on répandroit préalablement.

Cette consultation est appuyée d'une autre de quatre jurisconsultes d'Arras, en date du 15 septembre 1782, qui sont du même avis & blâment fort les échevins de Saint-Omer, d'un jugement qui tend ouvertement à maintenir les préjugés & l'ignorance, contre le progrès des sciences & des arts.

Le mémoire, beaucoup trop long comme pièce judiciaire, est bien instructif comme ouvrage de physique, & peut passer pour un traité très-savant sur le *conducteur électrique*, *le garde-tonnerre*, *le paratonnerre*, ou *le parafoudre*, quatre mots synonymes, entre lesquels les savants sont encore partagés.

28 *Janvier*. M. *Pasquier*, conseiller de grand'-chambre, & doyen du parlement de Paris, est mort le 14 dans sa quatre-vingt-septieme année. Ce magistrat d'un caractere rigide & sévere en général, & qu'il déploya sur-tout dans le procès du comte de Lally, avoit su cependant se ployer à propos aux volontés de la cour; en sorte qu'il jouissoit de 36,000 liv. de rentes des bienfaits du roi; il occupoit sa charge depuis le 20 mai

1718, & il avoit encore tenu le 10 l'audience de la grand'chambre. C'étoit un vrai *Perrin-Dandin*, qui avoit la fureur de juger, & ne pouvoit vivre hors du palais. Sa mort va mettre plus à l'aise M. de *Tollendal*, quoiqu'il n'eût pas déja trop épargné dans ses mémoires ce magistrat de son vivant.

28 *Janvier*. M. de *Rochefort*, suivant l'usage, a été obligé de faire imprimer sa piece avant qu'elle fût jouée à la cour, en sorte que ceux qui ne l'ont pas vu représenter, peuvent au moins en juger dans le silence du cabinet. Elle est précédée d'une longue préface, où il motive son audace de remanier un sujet déja traité par plusieurs auteurs, & sur-tout par *Crébillon* & *Voltaire*; il s'en défend sur ce qu'il a eu pour principal but de faire bien connoître l'Electre de Sophocle, défigurée par les autres; modele qu'il a suivi d'aussi près qu'il lui a été possible pour la marche & la conduite de la piece, & même pour les discours; & lorsqu'il a été obligé de l'abandonner, il a eu recours à Eschyle & Euripide. En sorte que c'est une piece grecque absolument. Il a cru qu'il ne seroit pas inutile aux jeunes gens de leur mettre sous les yeux dans toute la vérité ce chef-d'œuvre de sentiment & de simplicité. La préface entiere est écrite avec beaucoup de goût & de jugement.

Quant à la piece, elle est parfaitement bien filée, mais on n'y rencontre rien de neuf que le dénouement plus adroit, en ce qu'Oreste ne poignarde point sa mere, que c'est celle-ci qui, dans son désespoir, court au devant & se précipite d'elle-même sur l'instrument funeste. La versification est assez correcte, assez saine; mais il y

C 5.

y manque ce je ne fais quoi qui fait le charme du style, & que n'a pas M. de Rochefort. Ses chœurs, de quelques vers seulement, sont trop courts pour se lier parfaitement à l'action, & produire l'effet qu'il en attend. Son ouvrage restera donc comme classique, mais non comme théatral. Il sera lu dans les colleges, & vraisemblablement ne sera jamais joué sur notre scene.

29 Janvier. Le nouvel ouvrage de M. *de Mirabeau* le fils, contre les lettres de cachet & les détentions illégales, est en deux volumes. A un chapitre près, où il maltraite fort M. de *Rougemont*, lieutenant de roi du château de Vincennes, auquel il reproche sa parcimonie & sa dureté envers les prisonniers, ceux qui l'ont lu assurent que l'ouvrage n'est que contentieux. L'auteur y agite fort au long la question de droit, si un souverain peut, par le seul effet de sa volonté, priver un sujet de la liberté, avant qu'il ait été reconnu juridiquement s'il mérite une punition ; & l'on se doute fort qu'il la décide négativement contre le monarque ; ce qui sembleroit ne pas exiger beaucoup de discussion. Du reste, on dit ce livre parfaitement bien écrit.

30 Janvier. Le 14 de ce mois, un notaire, un commissaire & autres gens de justice étant entrés pour exercer leur ministere dans une maison de l'aile du Pont-Marie sur la place aux Veaux, dans un petit bâtiment en saillie sur la riviere, il s'est effondré ; personne n'a péri, mais cinq sont tombés à l'eau, & plusieurs ont été blessés grievement. En conséquence le zele du bureau des finances de la généralité de Paris assemblé le 17 suivant, a été excité, & il a ordonné qu'en exécution de l'édit de décembre 1607, on ne pourroit plus construire aucun petit bâtiment en saillie & portant à faux, de quelque espece qu'il soit, à peine de démolition & de 300 livres d'amende ; & qu'à compter du jour de la présente ordonnance, toutes pareilles saillies seroient démolies & supprimées.

30 *Janvier*. Les comédiens italiens on joué avant-hier *Céphis*, comédie nouvelle en prose & en deux actes, de M. *Marsollier*. Il s'agit d'une femme qui donne dans le bel esprit & conséquemment se couvre de ridicule. Ce sujet, déja manié & remanié au théatre, avoit ri à l'auteur, qui avoit cru y voir un côté neuf : son ouvrage exécuté dans la société de M. *Daucour*, fermier général, avoit été applaudi ; mais il y a loin d'un succès particulier à un succès public. Les vrais connoisseurs, à une scene près assez piquante, avoient trouvé tout le reste très-froid, très-long & très-ennuyeux. Cependant ils ne l'auroient pas cru susceptible de l'excessive rigueur avec laquelle le parterre l'a traité, au point qu'on n'en a pu rien entendre. C'est pour la seconde fois qu'on humilie ainsi l'auteur, à qui son *Vaporeux* devroit faire trouver plus d'indulgence.

M. *Marsollier* est un très-aimable homme de société ; il a 30,000 livres de rentes, & pourroit se passer de s'exposer à de pareilles scenes ; mais il est entraîné par l'ascendant de son génie ; & malgré ses diverses chûtes, on ne peut lui contester du talent.

30 *Janvier*. *Vaucanson*, par son testament, a légué son cabinet de méchaniques à la reine. S. M., sur le compte qu'on lui en a rendu, a paru peu flattée du legs & disposée à le refuser. En conséquence, messieurs de l'académie des

sciences sont venus à la traverse, & ont fait insinuer à la reine qu'elle pourroit tout de suite en faire présent à cette compagnie, ce qui laisseroit à S. M. la commodité d'en jouir quand elle voudroit, donneroit au public la même faculté, & conserveroit cette collection précieuse de machines qui pourroient se disperser & se perdre si elles tomboient en la possession de quelques particuliers.

Messieurs les intendants du commerce, excités par les inspecteurs, & avertis des dispositions de la reine, avant que l'acte fût consommé, ont eu recours au ministre des finances pour faire distraire au moins de la donation toutes les machines relatives aux manufactures. M. de *Fleury* s'est remué à cet effet, & l'académie, instruite de l'opposition qu'elle trouvoit de sa part, a nommé une députation vers lui pour lui faire connoître qu'elle avoit le même but, & désiroit seulement avoir en dépôt ces machines qui seroient toujours à sa disposition & à celle de tous ceux qui en auroient besoin. M. de *la Lande* étoit à la tête de la députation & portoit la parole. Cet académicien dans son discours voulant discuter la question de droit & prétendre qu'il n'y avoit rien que de *légal* dans ce qu'on proposoit à la reine, ce mot qui sembloit lui reprocher une injustice, a choqué les oreilles de M. de Fleury, qui a relevé brusquement l'orateur, & lui a dit que ce mot n'étoit pas dans son dictionnaire. M. de *la Lande*, étourdi de l'incartade, est resté court ; alors le duc de *la Rochefoucault*, l'un des députés, & que n'avoit point apperçu le ministre, s'est présenté, & a dit à M. de Fleury que si ce mot *légal* n'étoit pas dans le dictionnaire du contrôleur général, il étoit dans celui de l'académie, & qu'il vouloit le consulter, il y en trouveroit le sens qu'il n'entendoit pas. M. de Fleury s'est confondu en excuses vis-à-vis le duc, & lui a promis de faire tout ce qui seroit agréable à la compagnie.

31 *Janvier*. Extrait d'une lettre de Cadix, du 14 janvier.... Le *Fandango* est une danse lascive que les Espagnols ont rapportée des Indes & qu'ils exécutent fréquemment sur leur théatre, comme autrefois on mettoit à vos spectacles la *Fricaffée* à toute sauce. Les officiers françois qui n'entendent pas la langue, se plaisent sur-tout à ce *fandango* & ne veulent que cela ; car, malgré les horreurs de la guerre, on ne laisse pas que de se réjouir ici, & d'aller à la comédie. M. le comte *d'Oreilly*, gouverneur de Cadix, qui n'aime point autant la danse que nous, & dévot vraisemblablement, a trouvé mauvais qu'on donnât si souvent ce *fandango*, & par ses insinuations sans doute, les comédiens s'étant refusés de se prêter aux desirs du public françois, tous les officiers étoient convenus de se rendre à la comédie un certain jour, & de faire tapage, si les acteurs n'accédoient à leur demande ; c'est à peu près comme si à la comédie italienne Arlequin refusoit de danser le menuet quand le parterre l'exige.

M. *Oreilly*, instruit du complot, avoit pris le parti de faire défense à tous les officiers à terre d'aller à la comédie au jour indiqué, & en même temps prévenu M. *d'Estaing*, pour l'engager à se comporter de même envers les officiers de la marine.

M. *d'Estaing* a commencé par témoigner à

M. *Oreilly* qu'il trouvoit très-mauvais que, sans sa participation, il eût intimé de pareilles défenses à terre, puisqu'il ne devoit pas ignorer que lui comte *d'Estaing* avoit les pouvoirs les plus amples, commandoit & la mer & la terre ; il lui a ajouté que du reste il n'empêcheroit point les officiers d'aller à la comédie & de demander le *fandango*. M. Oreilly, voyant que cette tentative tourneroit mal, a pris le parti de lever ses défenses, & de faire donner le *fandango* deux fois au lieu d'une ; mais madame *Oreilly* n'a point été au spectacle ce jour-là, craignant d'être huée.

Tout cela prouve en passant que les François & les Espagnols ne sont pas aussi bien ensemble qu'on voudroit l'insinuer, & sur-tout qu'il y a une grande jalousie entre les chefs.

31 *Janvier*. On avoit craint qu'il ne s'élevât au parlement une dispute sur le décanat. On disoit que M. *Angran*, conseiller-président par commission de la troisieme chambre des enquêtes, mais l'ancien de réception de M. de *Chavannes*, voudroit succéder à M. *Pasquier*. M. de *Chavannes* répliquoit que M. *Angran*, en acceptant la présidence qui lui étoit confiée, étoit sorti de rang. Cette dispute, dont il n'y avoit pas d'exemple, n'a été agitée que dans le public, & l'on est convenu dans la compagnie que pour que M. *Angran* fût autorisé dans son droit, il auroit dû annoncer son dessein de le faire valoir, un an avant la mort de M. *Pasquier*.

31 *Janvier*. Le parterre de la comédie italienne, fort mal composé depuis long-temps, donne de temps en temps des scenes qui font anecdote par leur indécence & leur déraison : c'est

ainſi que tout récemment il a mortifié deux actrices eſtimables & qui ne le méritoient pas.

Le ſamedi 25 on jouoit à ce théatre *Soliman ſecond*, dans lequel il y a un rôle de ſultanne, beauté vive & pétulante, qu'on avoit donné pour la premiere fois à Mlle. *Pitrot*, jeune actrice peu propre à ce rôle par ſa figure, par ſon maintien & par ſa tournure ; mais ſur-tout trop froide, trop timide, trop ingénue pour le bien rendre. Dès qu'on l'a vu paroître, il s'eſt élevé un tumulte ſi conſidérable dans le parterre, qu'il a fallu baiſſer la toile. Les comédiens ont tenu conſeil, & Mlle. *Pitrot* a été obligée de venir annoncer que madame *Dugazon* qui fait ordinairement ce rôle, étoit incommodée & qu'on avoit exigé de ſon zele qu'elle s'en chargeât ; que ſi elle avoit le malheur de déplaire au public, ne pouvant être ſuppléée en cet inſtant, on joueroit une autre piece. Les gens cenſés du parterre étoufferent les murmures des mécontents qui ne s'en tinrent pas là & troublerent encore fréquemment le ſpectacle.

Le mardi 28, jour de *céphiſe*, madame de *Verteuil* étant en ſcene avec madame *Dugazon*, nouveau tapage non moins ſcandaleux, au point qu'elles furent obligées de s'arrêter, & que la premiere vint dire aux mutins très-humblement : Meſſieurs, *ai-je le malheur de vous indiſpoſer contre moi ? faut-il que je me retire ?* Même réponſe de la part des honnêtes gens, de l'orcheſtre & des loges, mais tant de brouhaha durant le reſte de la piece que perſonne n'en entendoit rien.

Ces ſcenes qui ſe répetent trop fréquemment, commencent à faire ouvrir les yeux à ceux qui plaidoient pour le parterre debout, & ils font fâchés aujourd'hui qu'on ait eu égard à leurs raisons & qu'on n'ait pas mis des banquettes dans celui de la nouvelle salle de la comédie italienne.

1 *Février* 1783. L'académie françoise, dans son assemblée du jeudi 30 janvier, a adjugé, pour la seconde fois, à M. de la Cretelle, avocat en parlement, le legs annuel de 1,200 liv. fait par M. le comte de *Valbelle*, en faveur d'un homme de lettres, au choix de cette compagnie.

M. de *la Cretelle* est un des principaux coopérateurs du mercure, & il fait bon avoir des amis par-tout. Voilà un des motifs déterminants de la compagnie.

1 *Février*. Suivant les lettres de Besançon, M. de *Saint-Simeon*, qui commande en l'absence de M. le comte de Vaux, a tenu le 21 une séance où messieurs ont dû assister par lettre de cachet, & n'ont pu délibérer légalement ; on prétend qu'ils avoient protesté d'avance contre tout ce qui s'y feroit, & se sont ajournés au 29 janvier.

2 *Février*. Il court une satire d'environ quatre cents cinquante vers, attribuée à M. *Clément*, ayant pour titre *Etrennes aux beaux esprits* ; elle est très-piquante, & fait beaucoup de bruit. Elle est remplie de traits saillants, de vers heureux & bien tournés ; on est fâché seulement que le poëte, se livrant trop à son humeur, s'appesantisse sur certains détails & ne fasse qu'effleurer d'autres objets non moins susceptibles de sa critique. Des longueurs & une affectation de jouer fréquemment sur le mot, sont les principaux dé-

fauts qu'on reproche à cette piece toute en vers de huit syllabes.

Ce qui étonneroit, si l'on n'en avoit de fréquents exemples, ce seroit de voir M. *Clément*, autrefois l'ami & l'acolyte de M. *Palissot*, ayant fait avec lui un journal en commun, le tourner aujourd'hui en ridicule & le maltraiter autant que les philosophes contre lesquels ils avoient autrefois réuni leurs efforts.

3 *Février.* Extrait d'une lettre de Toulouse, du 20 janvier... Notre archevêque, s'il rit des miracles, des reliques & autres momeries de notre religion, est au moins un des meilleurs *prélats administrateurs* de la nouvelle école. Il a convoqué au mois de novembre dernier un synode, où, conformément aux desirs de l'assemblée du clergé de 1780, il s'occupe de l'amélioration du sort des curés & vicaires à portion congrue : ses soins n'ont pas été infructueux : il a vu tous les membres du synode applaudir à ses vues & à ses propositions. On a augmenté sur le champ la portion congrue de plusieurs curés ; on a établi des pensions pour ces mêmes curés, pour les vicaires & coopérateurs du saint ministere que la vieillesse ou les infirmités empêchent de continuer leurs fonctions. Le prélat a affecté pour eux quatre prébendes à sa nomination, qui ne pourront en aucun cas être données à d'autres.

A son exemple, le chapitre métropolitain de saint Etienne a affecté de la même maniere aux curés qui auront desservi leur paroisse pendant seize ans, ou à des vicaires & autres ecclésiastiques qui auront été approuvés pendant vingt-cinq ans dans le diocese, quatre prébendes sur quatorze qui sont à sa nomination, & les premieres vacantes seront celles données sur le champ, & affectées à cette destination.

Il est à souhaiter que cet exemple soit suivi dans les autres dioceses.

4 Février. Andien de Clermont, peintre, éleve de Baptiste & son rival dans le genre des fleurs, quoiqu'il ne fût pas de l'académie, vient de mourir très-âgé. Il avoit passé quarante ans en Angleterre, où il étoit très-recherché ; mais il quitta ce royaume à la guerre de 1756, & ne put se résoudre à vivre parmi les ennemis de la France. On prétend que l'école des Baptiste s'éteint avec lui.

4 Février. Extrait d'une lettre de Nantes, du 28 janvier.... Nous avons ici une manufacture royale d'un nouveau doublage des vaisseaux, & d'un vernis métallique pour les ferrures.

Pour le premier usage c'est un métal incorruptible; aucun insecte, aucune plante marine ne peuvent s'y attacher. Il n'est pas plus pesant que le cuivre, & n'a aucun de ses inconvéniens. Les acides ne peuvent rien sur lui : il augmente beaucoup le sillage des vaisseaux, & peut même être employé à couvrir les maisons sans charger les charpentes.

Le vernis métallique pénetre le fer jusqu'au centre, en remplit exactement les pores, & l'empêche de se rouiller. Tous les clous, chevilles, & autres fers employés dans la construction des vaisseaux, ne prennent, par son moyen, aucune humidité, & ne se rouillent jamais. Tous les fers enduits de ce vernis changent de nature & deviennent plus durs..... Il faut attendre qu'une longue expérience ait manifesté les belles & excellentes propriétés de ces deux secrets, dont on ne nomme pas encore l'inventeur.

4 *Février*. Nous nous sommes déja recriés dans le temps sur les défauts de la halle aux bleds : un des principaux est sa trop modique étendue. Ce qui se prouve aujourd'hui par la nécessité où l'on s'est trouvé de couvrir l'espace vuide qu'on avoit laissé au centre, pour y déposer les marchandises que ne peut contenir son enceinte au pourtour.

Messieurs *le Grand* & *Molinos*, architectes, ont été chargés du nouveau travail, commencé le 10 septembre & terminé, quant à la construction, le 31 du mois dernier, jour où monsieur *le Noir*, le lieutenant de police, est allé visiter les ouvrages.

Cette coupole étant de 126 pieds de diametre, donne une circonférence de 378 pieds, ce qui ne fait que 13 pieds de diametre de moins que le fameux panthéon de Rome, la plus grande voûte connue. La hauteur de cette coupole est de cent pieds sous la lanterne, dont le diametre est de 24 pieds. Les entrepreneurs du travail ont eu la hardiesse de substituer des planches au bois de charpente, ce qui fait une économie prodigieuse, sans compter les avantages de la plus grande légéreté, jointe à la plus grande solidité.

L'invention de ce moyen ingénieux est due à *Philibert Delorme*, qui l'essaya pour le château de la Muette à St. Germain ; & il avoit été négligé dans ce pays depuis 1650. Messieurs *le Grand* & *Molinos* l'ont fait revivre au grand étonnement de tous les amateurs. Jamais il n'en a été fait une application aussi utile, vu la rareté du bois de construction, & jamais on ne l'a appliqué à une aussi vaste machine.

L'appareil pour les travaux n'étoit pas moins ingénieux, & il faisoit l'admiration de la foule qu'il attiroit : c'étoit devenu un spectacle public.

Le sieur *Roubo* fils, chargé de la menuiserie, connu à l'académie des sciences par plusieurs mémoires sur son art, ne s'est pas moins distingué dans sa partie. Il a porté son exécution à une perfection si grande, qu'il ne s'est trouvé que trois lignes de différence pour arriver aux mesures fixées par les architectes sur un développement de quatre-vingts pieds de courbe, composée de 11 longueurs de planches.

5 *Février.* Le *musée de Paris* acquiert une si grande célébrité, que les directeurs de ce spectacle ont jugé à propos de l'assimiler aux académies pour leurs assemblées publiques : ils donnent des billets ; ils ont des Suisses ; & même muni d'un passe-port, on ne peut entrer, si l'on n'est vêtu avec une sorte de propreté. Un jeune auteur s'étant présenté en redingote, parce qu'il pleuvoit, a eu l'humiliation d'être refusé. Furieux, il est allé chez lui s'habiller & est revenu armé de l'épigramme suivante, dont il avoit fait faire plusieurs copies qu'il a distribuées dans la salle, & qui se sont bientôt multipliées à l'aide du crayon ; en sorte que dès le lendemain elle s'est répandue dans tout Paris, & il en est résulté sur ces directeurs un ridicule difficile à effacer.

Autrefois, Messieurs, un musée
Etoit un utile lycée,
Où trente concurrents divers
Venoient faire assaut de pensée,
De savoir, de prose & de vers.

Ici nos maîtres font plus sages :
Parmi ces musqués beaux esprits,
Si vous desirez d'être admis,
Ayez, comme dans leurs ouvrages,
De l'oripeau sur vos habits.

5 Février. Un abbé *de Montesquiou* s'est présenté à M. de *Marbœuf*, chargé de la feuille des bénéfices, & lui en a demandé un, prétendant que son nom étoit un titre suffisant, meilleur que toutes les recommandations. M. l'évêque d'Autun l'a jugé tel ; cependant, avant d'avoir égard à la demande du suppliant, il a cru devoir en parler à M. le marquis *de Montesquiou Fezenzac*, premier écuyer de *Monsieur*. Ce seigneur s'est récrié contre l'imposture, & a prétendu qu'il n'y avoit pas d'abbé de son nom.

Celui dont il s'agit, revenu à l'audience de M. l'évêque d'Autun, en a essuyé de vifs reproches : le prélat lui a rendu le propos de monsieur de Montesquiou ; sur quoi l'abbé, sans se démonter, lui a répondu qu'il alloit prouver en effet qu'ils n'étoient pas parents ; que c'étoit lui qui étoit le véritable Montesquiou, & que l'autre ne l'étoit pas. De-là un procès fort singulier qui occupe & amuse Paris.

6 Février. Il se répand des copies manuscrites de la lettre annoncée, écrite au roi par la noblesse de Bretagne le 29 décembre 1782 : elle est en effet très-longue & ne peut être insérée ici dans son entier.

On y témoigne d'abord la douleur des états à la réception de la lettre affligeante où le roi manifeste son mécontentement, lettre inscrite par autorité sur le registre, & on se plaint de cet enrégistrement même forcé, qui transforme en monuments de haine, de vengeance, de despotisme du souverain, ces recueils destinés à ne contenir que les actes de sa bienfaisance & de sa justice, de la soumission volontaire, du zele inépuisable des Bretons.

On se plaint encore que toutes les formes sont violées au point que les délibérations des états n'ont plus aucun caractere de liberté ; on compare la tenue actuelle avec les précédentes, & il en résulte qu'il n'y a point de ressemblance. On rapporte les expressions propres de la commission générale adressée aux commissaires du roi. « Nous » vous avons (y est-il dit) commis & députés à » l'assemblée des trois ordres pour leur faire am- » plement entendre l'état de nos affaires ; & les » requérir que, continuant envers nous la bonne » volonté & l'affection qu'ils ont toujours por- » tées aux rois nos prédécesseurs, & au bien pu- » blic de notre royaume, ils nous *veuillent* » *accorder*, &c. »

Dans la lettre qui excite la réclamation de la noblesse, on fait tenir au roi un langage tout différent ; il ne sollicite plus la bonne volonté & l'affection des Bretons ; il exige leur consentement, sous peine de désobéissance ; ce qui ôte toute faculté de délibérer, & anéantit dans le fait les états qui ne sont plus qu'un simulacre.

On entre ensuite dans le détail des discussions qui ont amené cet acte d'autorité, & l'on marque la progression du mal : on rend compte des divers ordres apportés au nom de S. M. presque tous contradictoires, & mettant les états dans l'impoſſibilité d'y obtempérer.

Les demandes nouvelles de S. M. à cette tenue excedent de beaucoup les autres; il a fallu examiner ſi & comment l'on pouvoit y acquieſcer. Dans cette recherche on a trouvé une foule de droits perçus ſans la participation des états & à leur inſu, qui ſe prévalent avant tout, & empêchent le contribuable de ſatisfaire aux impoſitions réparties par l'aſſemblée: tels ſont les octrois des villes.

Les états ſont dans la poſſeſſion ancienne & immémoriale de donner leur conſentement à ces octrois & de ſurveiller à leur emploi; ce n'eſt pas un privilege, c'eſt un droit inhérent à leur conſtitution: & en général, il ne peut ſe faire aucune levée de deniers dans la province, qu'ils n'aient acquieſcé. Ce droit a été rendu inviolable par le ſerment de *Louis XII*; en ſignant le contrat qui l'unit à l'héritiere de la Bretagne, il le termine par la diſpoſition ſuivante. « Leſquelles
» choſes nous accordons, conſentons, voulons,
» promettons & jurons, par ces préſentes ſignées
» de notre main, en foi & parole de roi, tenir
» & accomplir ſans revenir à l'encontre.

» Ce ferment, Sire, continue la lettre, non
» moins ſacré que ceux qui engagent à votre
» couronne la foi de vos ſujets, auſſi reſpectable
» pour eux, confirmé par votre majeſté à ſon
» ſacre, cérémonie auguſte, où le ciel eſt pris
» à témoin de la protection promiſe aux peuples
» ſelon les loix, reſſerre le nœud indiſſoluble qui
» eſt le garant le plus aſſuré de votre ſouveraine
» puiſſance. Que ſeroient en effet les ſerments des

» peuples, si le serment le plus solemnel des rois
» n'étoit rien ? »

Entre les droits que réclament les états, celui d'avoir un accès libre au trône en est un dont ils sont très-jaloux, & sa majesté ne peut les en priver.

Le roi leur doit ce recours non-seulement par le sentiment de bonté qui fait l'essence de son caractere, mais encore par l'esprit d'équité qui l'anime; il le leur doit sur-tout dans les circonstances actuelles, durant une guerre glorieuse où tant d'actions éclatantes & généreuses rappellent le nom Breton au cœur attendri du monarque; tels sont ceux des *du Couëdic* & des *du Rumain*.

Voilà l'esquisse de cette lettre qui finit, à l'ordinaire, par l'espoir qu'ont les états de voir leurs griefs redressés, & par tout le *Pathos* qu'emploie en pareil cas l'art oratoire.

7 *Février*. M. *Grimod de la Reyniere*, ci-devant fermier-général, aujourd'hui administrateur-général des postes, puissamment riche, n'a qu'un fils unique, disgracié de la nature en naissant; il a les mains en pattes d'oies, ou plutôt des moignons, difformité qui l'oblige de porter toujours des gants. Ce jeune homme, assez bien de figure, en a pourtant contracté un certain éloignement des femmes & conséquemment de la société; ce qui le rend un peu sauvage, & l'on dit que c'est un *philosophe*. Du reste, il ne manque pas d'esprit; il a un attrait singulier pour les lettres. Reçu avocat, suivant la marche générale de l'éducation actuelle pour se rendre susceptible de toutes les charges de robe & autres qui exigent cette qualité, il n'a jamais voulu en acquérir aucune; il suit le barreau comme un homme qui en desire faire sa profession;

profession; il est très assidu à son stage, & s'exerce déja à plaider & à faire des mémoires. Du reste, M. *de la Reyniere* met beaucoup de noblesse & d'humanité dans ses fonctions; il ne se charge que de la cause des malheureux, & affecte principalement de prendre celles des gens opprimés par les fermiers généraux.

Jusqu'à présent on n'a remarqué que de la singularité dans sa conduite; mais il vient de se permettre une farce de carnaval qui, par certains traits de méchanceté, le fait assimiler au marquis de Brunoy, qu'on s'imagine voir revivre en lui. Il s'agit d'un souper qu'il a donné à des avocats ses confreres, & des gens de lettres. La forme des billets & de l'invitation, la cérémonie de la réception des convives, l'ordre & la marche du repas, les propos qu'il y a tenus, tout en étoit si bizarre, que la fête, passée le samedi premier février, est aujourd'hui l'entretien de tout Paris. Comme les moindres détails méritent d'en être conservés, il faut attendre qu'on les ait recueillis pour les consigner ici. On assure que lui-même jugeant cette extravagance digne d'occuper la postérité, en a fait dresser procès-verbal.

8 *Février*. M. *Mallet Dupau*, soutenu d'une compagnie, ainsi qu'on l'a dit dans le temps, avoit entrepris de continuer les annales de monsieur *Linguet* durant sa détention; même depuis son élargissement le successeur n'a point interrompu; il a seulement annoncé avec emphase l'événement, en disant qu'il continueroit jusqu'à ce qu'il plût à l'auteur de reprendre; & qu'au cas où M. Linguet y renonceroit, il se flattoit qu'il voudroit bien enrichir les feuilles du continuateur de quelques fragments précieux. Jusqu'à

présent le premier journaliste n'a point réclamé, n'a rien dit, & sans doute M. Mallet prend ce silence pour une approbation, puisqu'il a publié des numéros même cette année, & depuis l'annonce de la gazette de Cleves déja citée & ancienne, étant du premier janvier 1783.

8 *Février*. Outre les pensions accordées par la derniere assemblée du clergé à divers auteurs, elle a aussi donné une gratification de 3,000 liv. aux capucins de la rue Saint-Honoré, qui composent l'école hébraïque, & dont les travaux sont spécialement dirigés sur l'écriture sainte.

9 *Février*. Jeudi dernier il y a eu une assemblée publique au *musée de Paris*. Elle a toujours lieu le premier jeudi de chaque mois; mais celle-ci a été plus nombreuse que de coutume par le bruit qui s'étoit répandu que M. *de la Reyniere*, le héros du jour, y feroit une lecture. En effet, il y a lu une *dissertation sur les spectacles*. Son but est de prouver que le gouvernement devroit veiller avec plus de soin sur cette partie de la police publique. Il a fait voir combien les spectacles influent sur les mœurs & sur le goût: il s'est sur-tout élevé avec force contre les spectacles forains si propres à les corrompre. A une petite digression près, trop triviale & trop puérile, par où l'auteur a terminé, on a trouvé son ouvrage très-bien écrit; & ceux qui ne le connoissent pas bien se demandoient avec étonnement, est-ce là cet original dont on parle tant? Il a été très-applaudi, & on l'a suivi, comme un homme rare, jusqu'à son carrosse.

9 *Février*. Mlle. *Laguerre*, qui traînoit depuis une maladie grave, & ne s'étoit jamais rétablie, est morte aujourd'hui. Malgré sa longue absence

on ne l'avoit point encore oubliée. Elle est regrettée des amateurs de l'opéra pour la belle qualité de sa voix & pour sa maniere de chanter pure & flatteuse. Elle avoit brillé sur-tout dans *Sangaride*; mais comme son organe plus propre au chant françois qu'à tout autre, s'étoit gâté par la maniere italienne, on n'entendoit presque plus ensuite sa prononciation.

10 *Février*. Le bureau de la ville, ne croyant pas devoir entreprendre sa justification aux yeux du public, en se mesurant dans l'arene avec le sieur *de la Variniere*, s'est contenté de donner aux magistrats un mémoire manuscrit, où il se soumet à la jurisdiction du parlement, & se désiste d'être juge dans sa propre cause. Du reste, il se défend assez mal. Il paroît sur-tout offensé de la publicité du mémoire de son adversaire, répandu tant à Paris qu'à Versailles, au nombre de trois mille exemplaires, & demande la suppression des termes injurieux, diffamatoires, calomnieux, &c.

Me. *Prévôt de Saint-Lucien*, l'avocat du sieur *de la Variniere*, est parti de-là pour faire une nouvelle explosion contre ce bureau, pour le terrasser tour-à-tour par ses raisonnements & l'accabler de ses sarcasmes.

L'orateur, à l'occasion des plaintes du bureau, contre la profusion de son mémoire, traite la grande question, si cette publicité, qui a ses dangers, les compense par des avantages, & il trouve si grands ceux-ci, qu'il regarderoit comme un coup mortel porté à la liberté & à la propriété des citoyens, la défense contraire. Il s'appuie fort adroitement d'un passage des belles remontrances de la cour des aides de 1775, où elle réfute fi victorieusement les partisans de la clandestinité. De-là un éloge toujours nouveau, quoique toujours répété, du magistrat patriote qui présidoit à la rédaction, qui eut le courage de les porter aux pieds du trône, & le courage plus grand encore d'en adopter les principes, lorsqu'il fut élevé au ministere.

11 *Février.* Ce fut dans les derniers jours de janvier que M. *de la Reyniere* invita plusieurs magistrats, avocats & gens de lettres à une fête qu'il devoit donner le premier février 1783.

Les billets d'invitation étoient dans la forme des billets d'enterrement de la plus chere espece. Au lieu de têtes de mort, c'étoient des gueules béantes, & la teneur du billet que plusieurs curieux ont conservé, étoit ainsi conçue :

« Vous êtes prié d'assister au convoi & enter-
» rement d'un gueuleton, qui sera donné le samedi
» premier février par messire *Balthazar Grimod de*
» *la Reyniere*, écuyer, avocat au parlement, corres-
» pondant pour la partie dramatique du journal
» de Neuchâtel, en sa maison des Champs-
» Elysées.

» L'on se rassemblera à neuf heures du soir & le
» souper aura lieu à dix.

„ Vous êtes prié de ne point amener de laquais,
„ parce qu'il y aura des servantes en nombre
„ suffisant.

„ Le cochon & l'huile ne manqueront point à
„ souper.

» Vous êtes prié de rapporter le présent billet,
» sans lequel on ne pourra entrer. »

Lorsqu'on est venu au rendez-vous, on a d'abord trouvé un premier suisse placé *ad hoc*, qui demandoit au convive s'il alloit chez M. de la

Reyniere, *l'oppresseur du peuple*, ou chez M. de la Reyniere, *le défenseur du peuple* ? Après avoir répondu qu'on alloit chez le défenseur du peuple, il faisoit une premiere corne au billet, & vous passiez dans un lieu en forme de corps-de-garde, où étoient des hommes armés & vêtus à l'antique comme des hérauts d'armes : ceux-ci vous introduisoient dans une premiere piece où étoit une espece de *frere terrible*, un inconnu, le casque en tête, la visiere baissée, la cotte d'arme endossée, la dague au côté ; il faisoit une seconde corne au billet, & vous introduisoit dans une seconde salle. Là, se présentoit un homme, en robe, en bonnet quarré, qui vous questionnoit sur ce que vous vouliez, sur votre demeure, vos qualités, dressoit du tout procès-verbal, & après avoir pris votre billet vous annonçoit dans la salle d'assemblée, où deux gagistes vêtus en enfants de chœur commençoient par vous encenser.

Les convives réunis au nombre de vingt-deux, dont deux femmes habillées en homme ; on a traversé une piece noire, & ensuite s'est levée rapidemment une toile de théatre qui a laissé voir la salle du festin. Au milieu de la table pour surtout étoit un catafalque : du reste, des lampes à l'antique, des devises & une illumination superbe de trois cents bougies environ.

On s'est mis à table. Le souper a été magnifique, au nombre de neuf services, dont un tout en cochon. A la fin de celui-ci, M. de la Reyniere a demandé aux convives s'ils le trouvoient bon : tout le monde ayant répondu en *chorus*, excellent, il a dit : Messieurs, cette cochonaille est de la façon du charcutier un tel, demeurant à tel endroit, *& le coufin de mon pere.*

A un autre service, où tout étoit commandé à l'huile, l'Amphitrion ayant également demandé si l'on étoit content de cette huile, il a dit : elle m'a été fournie par l'épicier un tel, demeurant à tel endroit, *& le coufin de mon pere* ; je vous le recommande, ainsi que le charcutier.

Autour de la salle du festin, étoit une galerie destinée aux spectateurs qui voudroient jouir du coup d'œil de la fête. M. de la Reyniere avoit distribué environ 300 billets de cette autre espece, & à l'heure indiquée il a dit qu'on pouvoit laisser entrer ; mais il n'étoit pas permis de rester ; on ne pouvoit que traverser pour faire place à d'autres.

M. l'abbé *de Jarente*, le coadjuteur d'Orléans & l'oncle de l'Amphitrion, ayant eu la curiosité de juger par lui-même de cette folie, il ne lui a pas été libre de rester plus long-temps que les autres, & son neveu a ordonné qu'on le fît sortir aussi.

Me. de Bonnieres, jeune avocat qui commence à acquérir de la réputation, qui étoit à table à côté de M. de la Reyniere, en voyant le public assister ainsi au souper, ne put s'empêcher de lui dire : en vérité, mon cher ami, cela devient trop farce, on va nous mettre aux petites maisons en sortant d'ici. Quoi ! lui a répondu l'Amphitrion avec inquiétude, cette plaisanterie m'empêcheroit-elle d'être mis sur le tableau ? J'en serois au désespoir.

La fin de cette fête, qui tenoit beaucoup d'une fête maçonique, n'a pas répondu au commencement & n'a rien eu de singulier : chacun s'est en allé après une séance de plusieurs heures à table, trop longue & ennuyeuse conséquemment.

11 *Février*. Extrait d'une lettre de Pethiviers, du 8 février.... M. l'abbé *Ansker de Ponçol* est mort le 13 du mois dernier dans un château voisin de cette ville. Il étoit connu dans la littérature par deux ouvrages ; le premier avoit pour titre : *Analyse des traités des bienfaits & de la clémence de Séneque, précédé de la vie de ce philosophe.* Celle-ci est sur-tout très-bien faite, & a trouvé graces aux yeux même de M. *Diderot*, qui en parle avec éloge dans son essai sur les regnes *de Claude & de Néron*.

Le second est un *code de la raison*, traité fait à l'instigation du comte de Saint-Germain, qui l'avoit demandé à l'auteur : il parut en 1778.

M. l'abbé de Ponçol laisse en outre quelques manuscrits considérables, entr'autres une traduction de Martial qui mériteroit d'être imprimée, à ce qu'assurent ceux qui la connoissent, mais où le texte est trop noyé dans le commentaire.

12 *Février*. Outre le procès contre le sieur *de la Variniere* qu'a le bureau de la ville, il en a un autre non moins honteux contre M. le Paute, horloger du roi ; tous deux doivent être jugés aujourd'hui. Voici le sujet du second.

Le bureau de la ville ayant formé le projet de faire réparer l'ancienne horloge de son hôtel, l'entreprise en fut accordée au sieur le Paute, qui s'en chargea pour 24,000 livres par un devis, du 13 juin 1780.

Lorsque cet artiste eut démonté les pieces de l'ancienne horloge, il y trouva des vices dont il ne s'étoit pas douté, & comprit qu'il ne feroit rien de bien, & qu'il feroit plus expédient de faire conftruire une horloge neuve. Alors, fur de fimples infinuations du bureau de la ville qui lui promettoit une gratification de 500 louis, il commença ce grand ouvrage, qui dura prefque deux années entieres; enfin, au mois d'avril 1781, il fut placé en fon lieu aux acclamations de tous les fpectateurs. En effet, l'artifte prétend qu'il n'a pas encore été fait de machine de cette grandeur & de cette perfection. Il la regardoit comme tellement à l'abri de tout reproche, qu'il vouloit que la ville l'expofât dans la grand'falle, dans une cage de verre, afin que les connoiffeurs & les ignorants puffent en confidérer, en critiquer, ou plutôt en admirer l'arrangement, les proportions & les favants détails, foit pour réduire jufqu'à zéro la réfiftance des frottements, foit pour fupprimer les inconvénients réfultant dans les machines ordinaires de la dilatation des métaux par la chaleur, & de leur condenfation par le froid, &c.

M. le Paute, qui, entraîné, aveuglé lui-même par l'enthoufiafme du génie, croyoit que fon horloge n'excéderoit pas la valeur de 40,000 l. fut effrayé lorfque, fe rendant compte de fes débourfés feuls, il trouva qu'ils montoient à plus de 74,000 livres, en forte qu'en y joignant l'intérêt de fes avances & le prix de la main d'œuvre, il fut forcé d'évaluer fa machine à près de 100,000 livres.

Comme l'artifte vit le bureau peu difpofé à faire cette dépenfe, il lui offrit de lui laiffer la jouiffance de cette horloge, & de revenir à l'ancien marché qu'il propofa d'exécuter dans les termes convenus. Mais le bureau s'obftina à vouloir garder la machine pour 24,000 liv. ce qui paroît d'une injustice criante, démontrée plus clairement encore dans le *mémoire du sieur le Paute*, signé de Me. *Martineau*.

Pour surabondance, M. le Paute nous apprend qu'il a été fait, il y a quelque temps, une horloge pour la Russie, non aussi complete, qui a coûté 160,000 livres; qu'il y a treize ans, le sieur le Roi, l'un des horlogers célebres de la France, en fit exécuter pour le château de Versailles une payée 16,000 livres, mais dont la masse est huit fois moins considérable que celle de la sienne, qui, dans la même proportion, devroit valoir 128,000 livres.

13 *Février*. M. Desparda, l'un des caissiers des fermes sous M. *Colin de Saint-Marc*, & gendre de la femme de celui-ci, a été arrêté ces jours-ci, & conduit à la bastille; il s'est trouvé dans sa caisse un *déficit* de près de 1,500,000 liv. auquel M. Colin de Saint-Marc a satisfait sur le champ.

13 *Février*. On ne cesse de s'entretenir de M. *de la Reyniere* & de toutes ses singularités; on lui trouve beaucoup de ressemblance avec le marquis de Brunoy, excepté qu'il n'a ni sa crapule, ni ses vices, & ne voit point mauvaise compagnie; cependant il n'aime point la société de son pere & de sa mere, tous deux fort vains; il se moque sur-tout des ridicules de cette derniere, rongée de vapeurs, & la traite quelquefois durement de propos.

M. de la Reyniere n'a point à se plaindre du premier, qui a fait de son mieux pour adoucir son sort, & paie encore une pension à un suisse, auteur des mains artificielles de son fils; mains dont il se sert, & avec lesquelles il écrit & peint très-bien. Outre le logement que son pere lui donne, très-vaste dans son hôtel, si superbe qu'il a mérité la curiosité de l'empereur, & tout récemment du grand duc de Russie, il lui fait 15,000 livres de pension pour ses menus plaisirs, & lui accorde la liberté de donner deux soupers par semaine à ses amis. Le reste du temps le fils dîne avec sa mere, & ne paroît jamais le soir. Les domestiques, peu accoutumés à de pareilles singularités, l'appellent le fou.

M. de la Reyniere, pour écarter son pere de la fête derniere, le prévint qu'il comptoit y faire tirer un petit feu d'artifice en faveur de la paix, qu'il avoit pour cet effet beaucoup de poudre rassemblée, & l'en avertissoit afin que le bruit ne l'effrayât pas. Il lui avoit fait adroitement cette fausse confidence, connoissant la peur qu'a de la foudre son pere, qui se cache dans la cave lorsqu'il tonne, & s'y est fait établir un appartement *ad hoc*.

M. *de la Reyniere*, voulant aussi sans doute singer Rousseau, fait un petit commerce de différents objets qu'il vend lui-même à ses amis. S'il les reconduit dans son carrosse, il se fait payer le prix qu'on donneroit à un fiacre, & applique ensuite ces profits à des œuvres de charité.

Interrogé sur le mélange des cérémonies funéraires qu'il avoit introduites dans sa fête, M. de la Reyniere a répondu, que c'étoit en l'honneur de Mlle. *Quinault* qui vient de mourir, chez laquelle il alloit beaucoup, & fort liée avec sa mere; il a dit qu'il avoit été honteux qu'on n'eût rien fait pour honorer la mémoire de cette actrice célebre; qu'on n'eût point envoyé de billets d'enterrement, & que le journal de Paris, qui s'eſt chargé du nécrologe de tous les perſonnages à talents, l'eût abſolument paſſée ſous ſilence.

14 *Février*. *Mizrim*, ou *le Sage à la cour, hiſtoire égyptienne*, eſt un roman moral allégorique, qui n'a rien de neuf au fond, ni de piquant dans la forme. On y trouve une foule de vérités très-bonnes, mais très-rebattues. Le ſeul mérite de l'ouvrage c'eſt d'avoir beaucoup de clarté, c'eſt de réduire à des analyſes ſimples des ſyſtêmes qu'on avoit embrouillés pour les rendre merveilleux.

On attribue cette brochure à M. *Pelletier de Morfontaine*, intendant de Soiſſons, qu'on n'auroit pas cru capable de produire rien de pareil. Il eſt fâcheux qu'il ne mette pas à profit dans ſon département les bons principes dont il paroît imbu; mais c'eſt qu'écrire eſt un, & agir eſt un autre: il eſt plus aiſé d'avoir de l'eſprit qu'une bonne conduite.

14 *Février*. Si les pieces nouvelles aujourd'hui ne ſont pas amuſantes au fond, il ſe paſſe preſque toujours quelque anecdote à la premiere repréſentation qui dédommage les curieux : c'eſt ce qui eſt arrivé hier à une comédie en trois actes mêlée d'ariettes, que les Italiens ont jouée pour la premiere & derniere fois, ſous le titre *des Trois Inconnues*. Les comédiens s'excuſent de l'avoir offerte au public ſur ce qu'ils ont eu la main forcée. L'auteur de la muſique eſt un nommé *Hinner*, qui a eu l'honneur de montrer à jouer de la harpe à la reine, & a employé la protection de S. M. pour faire recevoir ſon ouvrage. L'auteur des paroles eſt M. *Desfontaines*. Le poëme eſt d'un

galimatias rare : quant à la musique, elle a paru monotone & pleine de contre-sens.

Dans un quatuor, où le sieur Menier fait une tenue à l'italienne sur la syllabe *a a a*, tandis que les autres chanteurs vont leur train, le parterre l'a suivi en *chorus a a a*, &c. & il en a résulté une cacophonie si plaisante, qu'on a crié *bis* ; mais les acteurs n'ont pas jugé à propos de recommencer ; de-là un tumulte considérable qui n'a plus permis de rien entendre, & qui s'est accru jusqu'à la fin.

14 Février. On parle d'une nouvelle banqueroute qui a singuliérement surpris tout le monde : c'est celle de M. *Clément de Barville*, premier avocat-général de la cour des aides. C'est un homme sans luxe, sans faste, de très-bonnes mœurs, qui ne jouoit point. Il paroît qu'il s'est ruiné par de fausses spéculations : il empruntoit beaucoup, & sur-tout en rentes viageres, & de cet argent achetoit des terres qui ne rapportoient pas à beaucoup près le même denier. On dit qu'il doit de cette derniere espece de rentes annuelles environ cent mille francs : on évalue sa banqueroute à trois millions.

Ce Clément est d'une famille très-riche, qui avoit loué le superbe hôtel de Vendôme, où logeoit madame la comtesse de Toulouse, & s'y étoit colloquée ; ce qu'on avoit trouvé assez ridicule. Cette famille est renommée dans le parti janséniste : elle avoit pour souche un accoucheur de la reine, & ne laissoit pas que d'avoir acquis de la considération dans la magistrature.

14 Février. Un sieur *Thoumin* avoit obtenu un arrêt du conseil le 21 juin dernier, qui lui permettoit d'établir à Paris un dépôt de tables alphabétiques des noms des notaires actuels du royaume, des noms de leurs prédécesseurs & des années de leur exercice : il vient de s'en publier un nouveau en date du 27 qui n'étoit pas encore divulgué.

Il paroît que, sur les plaintes des notaires de Paris, il a été fait quelques changements aux dispositions du premier, & que ceux-ci, attendu l'ordre qui règne dans leurs minutes & la facilité d'en faire la recherche, ont été exceptées.

Le sieur Thoumin, du reste, a ce privilege pour trente ans; il peut établir dans chaque province des bureaux de correspondance relatifs à ce même objet, & il est autorisé à recevoir le prix de trois livres pour son droit de recherche, toutes les fois seulement qu'il indiquera le détempteur de l'acte recherché.

15 Février. La lettre de M. Carra, insérée au courier de l'Europe, ayant fait bruit, elle a été dénoncée à l'académie de Dijon dans la séance du 9 janvier, & l'on a chargé M. Mavel, secretaire perpétuel de cette académie, d'écrire au rédacteur du journal en question, que la compagnie n'avoit point reçu la lettre dont M. *Carra* fait mention, & que tous ses membres ont affirmé ne lui avoir rien dit qui ait pu l'autoriser à l'avancer.

En conséquence, le courier de l'Europe a inséré dans son N°. 11 cette lettre, ainsi qu'une de M. *de la Lande*, en date du 17 janvier, où il leve la visiere de son casque & déclare s'être reconnu au portrait de M. Carra, mais désavoue toutes les démarches, toutes les menées qu'il lui impute, comme autant de calomnies. Il attribue toute cette rage de son ennemi au refus que lui la Lande, a fait de parler dans le journal des savants du fystême de M. Carra, qu'il regarde comme les abfurdités & les rêveries d'un imbécille. Ce n'eft donc que par égard pour le baron *de Marivetz* qu'il prend la plume, & afin de ne pas fe brouiller avec ce gentilhomme.

Il faut voir ce que répondra M. Carra, & ce que va devenir cette guerre polémique, étrange & incroyable.

15 *Février.* Depuis la paix les artiftes s'évertuent en projets pour célébrer ce grand événement, fur-tout les architectes. On prétend qu'on va réalifer celui d'établir un pont en face des invalides, & qu'il fera nommé *le Pont de la Paix.* Comme M. *Perronnet* eft le grand faifeur aujourd'hui & le mérite, fes confreres cherchent à le décrier afin de l'écarter pour concurrent dans cette nouvelle entreprife. C'eft vraifemblablement l'origine des bruits, fourds d'abord, & accédités depuis, que le pont de Neuilly avoit manqué ; & voici ce qui fûrement y a donné lieu.

Un M. *de Fer,* connu par différents ouvrages lus à l'académie des fciences, s'y eft préfenté il y a quelques jours, & a demandé à être introduit pour lui communiquer un mémoire intéreffant la fûreté publique. Il a été admis & a lu ce mémoire contre le pont de Neuilly, dans lequel il prétendoit en démontrer les vices & le danger ; il y a fait obferver des mouvements qui méritoient la plus férieufe attention, & indiqué les moyens pour arrêter ces mouvements pendant qu'il étoit poffible de le faire. M. *Perronnet* n'étoit point à la féance durant la lecture du mémoire ; il arriva comme M. *de Fer* finiffoit : il vit beaucoup d'embarras fur les figures ; il voulut favoir ce dont il s'agissoit ; on fit retirer l'étranger, & on le lui apprit. Ses confreres en général lui parurent peu contents des difficultés du critique & de son écrit, suivant eux très-mal fait. M. *Perronnet*, malgré la sorte d'indignation générale qu'on lui témoigna contre le sieur *de Fer*, dit que lui personnellement méprisoit une pareille attaque : mais que comme la chose intéressoit la sûreté publique, il desiroit que l'académie nommât des commissaires pour vérifier les faits avancés par son adversaire, pour examiner l'état du pont & lui en rendre compte.

En conséquence, il a été nommé quatre commissaires ; savoir, l'abbé *Bossut*, *Bezout*, *le Roi* & un autre.

Ce même M. *de Fer*, dans un mémoire imprimé & distribué dès les premiers jours de novembre, avoit annoncé la chûte du pont de la Mulatiere, situé à Lyon, au confluent du Rhône & de la Saône, en pierres, ayant cinq arches, & n'étant pas encore achevé entiérement ; & elle est en effet arrivée le 15 janvier dernier.

16 *Février*. Mlle. *Laguerre* a dans ses derniers instants appelé le curé de Saint-Nicolas-des-Champs, sa paroisse, pour mourir en bonne chrétienne. Ce pasteur s'y est transporté ; l'a trouvée dans une malpropreté dégoûtante & dans une espece de dénuement qui sembloit marquer une vraie misere. Après avoir rempli son ministere, il s'est retiré, s'imaginant qu'il n'avoit plus rien à faire, & qu'il ne pourroit tirer aucun parti utile pour l'église des dernieres volontés de cette courtisanne. Il a été très-surpris d'apprendre qu'elle laissoit à sa mort pour 300,000 livres de billets noirs, & 30,000 liv. de rentes.

Mlle. Laguerre étoit fort avare & faisoit de temps en temps la vente de ses meubles & bijoux, pour en avoir d'autres du premier amant qu'elle enlaceroit. Il n'y avoit pas long-temps qu'elle avoit fait cette opération, lorsque la maladie l'a surprise. Du reste, c'étoit au moral un très-mauvais sujet, ayant outre les défauts, les vices dont on a parlé plusieurs fois, celui de voler, qu'on ne pouvoit croire, mais constaté par le témoignage de toutes ses camarades, & dont elle ne s'étoit pas corrigée, même dans la plus grande opulence.

16 Février. M. *d'Arçon* a en effet un mémoire pour sa justification; mais il n'est que manuscrit; il le lit à ses amis, & n'a pu encore obtenir la permission de le faire imprimer. On assure qu'il y inculpe fortement M. le duc de Crillon, ce qui est un nouvel obstacle à sa publicité.

16 Février. Extrait d'une lettre de Besançon, du 8 février.... Ne croyez pas, parce que vous n'entendez plus parler de notre parlement, que tout soit tranquille : outre les protestations d'usage contre l'enrégistrement des nouvelles lettres-patentes, fait de force par M. le comte de *St. Simon*, il y a dans le discours du roi du 10 janvier à la députation de cette compagnie, des phrases injurieuses au parlement & des maximes erronées, qui font la matiere d'un nouveau travail, dont s'occupent les commissaires nommés dans l'assemblée du 29 janvier.

Du reste, on continue le schisme avec le premier président, & on l'oblige de tenir au palais les bureaux qu'il tenoit ci-devant chez lui par une complaisance de messieurs. Quand il siege, on s'écarte de lui, & on le laisse seul à son bureau; en un mot, c'est la bête noire de la compagnie.

Ce qui transpire du travail des commissaires, c'est que, pour éviter des reproches pareils à ceux qui sont dans le discours du roi, on va demander à S. M. l'assemblée des états de la province, seule en état de statuer sur les grandes questions dont il s'agit.

On parle d'un M. *Bourgon*, comme du magistrat de toute la compagnie le plus zélé, le plus instruit, le plus...

17 *Février*. C'est M. le comte d'*Adhémar*, ministre plénipotentiaire du roi à Bruxelles, qui passe à Londres, avec le caractere d'ambassadeur extraordinaire. C'est un gentilhomme qui n'a pas mal fait son chemin : on a vu ce qu'on en a dit. On ajoute aujourd'hui qu'il étoit lieutenant de milice dans nos provinces méridionales, où il eut occasion de s'initier chez quelque descendant de la maison dont il porte le nom, qu'il lui persuada être son parent, obtint, sous quelque prétexte, communication de ses titres & se les appropria ; au moyen de quoi, il descend aujourd'hui de la maison de Charlemagne. On sait, du reste, comment il est devenu agréable à la reine ; mais ce qui lui a sur-tout donné la confiance de S. M., c'est un mémoire qu'il fit, dans le temps où l'empereur son frere entroit en guerre avec le roi de Prusse, pour prouver la nécessité que la France lui fournît le contingent stipulé par le traité dernier avec la maison d'Autriche. Ce mémoire étoit spécieux, & le roi s'en trouvoit embarrassé, lorsque le comte de Maurepas & le comte de Vergennes consultés, le détournerent d'une pareille démarche.

Le roi, en faisant part à la reine de sa résolution, loua cependant beaucoup le mémoire, & voulut en connoître l'auteur. S. M. voyant son auguste époux aussi bien disposé, n'hésita pas de lui nommer le comte d'Adhémar. Alors M. de Maurepas conseilla au roi de prendre le prétexte de faire valoir les talents de ce seigneur pour la politique & les négociations, de l'éloigner, & il fut envoyé à Bruxelles. On assure que c'est la même protection de la reine qui le porte à Londres pour lui faire obtenir le cordon bleu, indispensable dans un pareil poste.

17 Février. Le quatorze de ce mois la grand'chambre a en effet jugé les deux procès de la ville dont on a parlé. Elle les a perdus tous deux.

La ville a été condamnée à payer à l'artificier toutes les sommes convenues, & aux dépens. Du reste, les termes de la page 11 du mémoire du sieur *de la Variniere*, supprimés, &c.

Quant à l'horloge du sieur *le Paute*, il a été donné acte à cet artiste de son offre de la retirer après l'avoir laissée à la ville tout le temps qu'il sera à raccommoder l'ancienne, suivant le marché fait avec lui : dépens compensés.

On doit à M. le prévôt des marchands la justice de publier que ces deux vilains procès n'étoient nullement de son goût, & qu'il l'a déclaré plusieurs fois avant le jugement, notamment au président *d'Ormesson*; mais quoique chef, il n'a que sa voix, & est obligé de se conformer à la pluralité des avis du bureau, qui lui-même est dirigé par ses conseils.

18 Février. Ceux qui ont lu le mémoire manuscrit de M. d'Arçon en sont fort contents,

& le trouvent très-grave contre M. le duc de *Crillon*.

L'auteur reproche à ce général de s'être attribué à la cour de Madrid l'invention des batteries flottantes, quoique ce fût lui, d'Arçon, qui lui en eût donné le plan, qu'il convient n'être même pas de lui, & être ancien. Ce qu'il réclame, c'est l'idée d'avoir parsemé l'intérieur des bordages de canaux sans cesse remplis d'eau, par le moyen des pompes. Il les compare aux veines dans le corps humain, qu'on ne peut pas piquer que le sang n'en jaillisse, & en plus grande abondance à mesure que l'ouverture est plus grande, en sorte que le boulet rouge devoit nécessairement s'éteindre aussi long-temps qu'on auroit pu faire jouer les pompes.

M. d'Arçon reproche au général de l'avoir laissé dans l'inaction depuis le mois de février, où le projet a été arrêté & adopté, jusqu'en mai; en sorte qu'il n'a eu que trois mois environ pour employer 300,000 pieds cubes de bois qui devoient entrer dans ces batteries, & les mettre à perfection.

Il se plaint qu'on n'ait pas suivi son idée de ne point faire embosser ces batteries, mais de les tenir toujours à la voile, service auquel il vouloit les destiner par l'épreuve qu'il avoit fait faire d'une, dont on avoit admiré la légéreté, la docilité & la vîtesse, qualités qu'elle sembloit posséder comme une frégate.

Il se plaint encore que M. le duc de Crillon, qui avoit voulu se faire honneur des batteries flottantes pendant un certain temps, ait ensuite été le premier à les décrier; il se plaint enfin, que, dans un conseil de guerre tenu en présence du *comte d'Artois* lorsqu'il fut question de prendre une derniere résolution, & il ose invoquer le témoignage de son altesse royale ; il se plaint que M. de Crillon lui ait déclaré que sa mission étoit remplie, & que le reste de l'opération rouloit désormais sur lui, commandant ; qu'en conséquence il ait disposé de ces machines sans l'aveu de l'auteur, sans les faire appuyer comme le desiroit M. d'Arçon & comme on en étoit convenu ; & qu'après avoir, par ses mauvaises dispositions, par son défaut de précaution, causé leur désastre, il ait eu l'injustice de le lui imputer, & de déclarer qu'il ne comptoit pour le succès du siege que foiblement sur cette ressource.

D'après cet apperçu vague, il est aisé de juger combien M. de Crillon, sa famille & ses partisans doivent travailler à empêcher que le mémoire de M. d'Arçon ne se répande trop dans le public par la voie de l'impression.

18 *Février*. Aujourd'hui les comédiens italiens avoient commencé de jouer pour la premiere fois une comédie nouvelle en cinq actes & en prose, du *Marquis de la Salle*, ayant pour titre *Sophie Francour* : les deux premiers actes étoient finis, lorsqu'après un intervalle déja assez long, le sieur *Granger* est venu annoncer que Mlle. *Pitrot* s'étoit trouvée très-incommodée, qu'on travailloit à la faire revenir, & qu'on prioit le public de patienter.

Au bout d'un demi-quart d'heure, second message où il déclare que Mlle. *Pitrot* est hors d'état de jouer, & que si le public veut s'en contenter, on va donner *l'Officieux*. Grand tumulte alors, les uns crioient oui, d'autres, non. L'acteur répond que c'est la seule piece qu'on soit en état d'exécuter dans le moment. Quelques voix demandent *qu'on life le rôle*. Le sieur *Granger* se retire ; il revient pour la troisieme fois, & déclare qu'on est allé chercher le sieur Carlin, & qu'on jouera *les deux jumeaux de Bergame* : c'étoit une tournure heureuse imaginée par les comédiens pour se tirer d'affaire. Cependant le tumulte croissoit, lorsqu'enfin le sieur Carlin a paru ; & après être resté en présence du parterre avec une patience respectueuse, il a saisi le premier moment de faire quelques lazzis, qui lui ont conciliés les mutins, & il a eu le bonheur & la gloire de tout pacifier.

Les comédiens étoient d'autant plus dans leur tort, qu'aux termes du réglement, ils ne doivent pas jouer une piece nouvelle que les acteurs ne soient doublés, & que les doubles ne soient présents pour prendre sur le champ le rôle qui manqueroit par quelque accident. Les accessoires, dont les journaux ne rendent jamais bien compte, sont très-souvent beaucoup plus amusants que la nouveauté même.

Cependant aujourd'hui les amateurs ont vu avec peine un sujet aussi distingué, aussi honnête que le sieur Granger, balotté ainsi dans sa triple ambassade vers le parterre, & essuyer une mauvaise humeur & des rebuffades qu'il ne méritoit pas.

18 *Février*. L'affaire des *Montesquiou* commence à se plaider aux requêtes du palais, &c. il paroît déja deux mémoires des sieurs de *Montesquiou de la Boulbenne*, auxquels on dispute le nom, contre le marquis de Montesquiou, premier écuyer de *Monsieur*, & autres qui veulent le leur faire quitter.

Jusqu'à présent la défense des premiers est qu'avant de pouvoir leur contester leur nom, il faut que ceux-ci commencent par prouver le droit qu'ils en ont, en établissant qu'ils sont les vrais Montesquiou, les Fezenzac, rejetons de Clovis.

C'est Me. *de la Malte* qui est l'avocat de messieurs de la Boulbenne, & qui semble avoir bien pris le sens de la cause en leur faveur.

19 *Février*. Ce qui excuse un peu M. *de la Reyniere* dans sa farce tenant à la folie & à la méchanceté, c'est qu'il avoit pour ordonnateur de la fête le sieur *Dugazon*, qui se sera amusé à ses dépens. On assure que cette fête coûte à M. de la Reyniere plus de 10,000 liv.

19 *Février*. Extrait d'une lettre de Londres, du 7 février.....J'ai vu ici une piece nouvelle, intitulée *Misterious husband* (le mari mysterieux), qui a le plus grand succès; que le roi & la reine ont honorée de leur présence, & dont plusieurs situations pathétiques ont fait couler des larmes. C'est un drame dans le genre des nôtres; mais les Anglois ne connoissent point ce genre mixte, & n'adoptent que deux classes de pieces, la tragédie & la comédie. Ils appellent donc celle-ci une tragédie; quoique le sujet en soit trop compliqué, l'intérêt en est très-vif. L'auteur a eu l'art de bien soutenir ses caracteres, de conduire son intrigue avec une régularité peu commune sur le théatre anglois, enfin d'amener un dénouement satisfaisant pour le spectateur par la punition du crime.

Ce qui caractérise encore cette piece comme drame, c'est qu'elle est en prose. Le style en est admiré des connoisseurs. Le poëte est M. *Cum-*

berland, fils du docteur *Cumberland*, évêque de Kilmore, & petit-fils du célebre critique *Richard Bentley*. Depuis vingt ans il brille sur la scene. On lui reproche cependant une trop grande facilité, dont il abuse; il en résulte beaucoup d'inégalité dans ses productions, qui ne sont pas en général assez travaillées.

20 *Février*. M. *Linguet* reprend en effet à Londres la continuation de ses annales politiques, civiles & littéraires du dix-huitieme siecle, N°. 73 & suivants. Il en a fait faire l'annonce dans les gazettes étrangeres. Il en paroîtra réguliérement deux numéros par mois: il fait payer d'avance vingt-six florins de Hollande.

Du reste, il a percé ici un *avis à ses souscripteurs* très-volumineux, par le talent rare qu'a cet écrivain de féconder les matieres les plus arides. C'est une piece curieuse à lire, mais encore difficile à voir, parce qu'il paroît que ce journaliste ne trouvera pas les mêmes facilités que ci-devant à faire percer ses productions en France.

21 *Février*. Mardi dernier un M. de *Choiseul-Meuze* étant en cabriolet, & par une mauvaise manœuvre s'étant embarrassé dans un fiacre, ce qui a pensé faire culbuter sa voiture légere, s'est vengé sur ce malheureux de sa propre maladresse, & a commencé par lui assener vingt à vingt-cinq coups de canne, ce qui à la fin mettant le fiacre hors de lui-même & l'obligeant à une défense naturelle, pour ne pas se laisser assommer tout-à-fait, il s'est servi de son arme habituelle qui étoit son fouet, & en a coupé le visage de ce jeune seigneur; alors celui-ci a tiré le dard renfermé dans sa canne & en a lardé le

sacre à coups répétés, qui l'ont enfin fait tomber de son siege.

La populace s'est amassée & n'a pas permis au meutrier de s'en aller, comme il le desiroit; on l'a forcé de venir chez le commissaire. Cet officier de police a fait constater le délit par une premiere déposition des témoins, dont il a pris les noms, surnoms & qualités ; & cependant, par une condescendance coupable, au lieu d'envoyer le meurtrier en prison, s'est contenté de lui faire donner sur le champ une somme pour les premiers secours à fournir au blessé, & de prendre les renseignements nécessaires pour retrouver au besoin M. de Choiseul ; il l'a prévenu que le délit étoit grave & le seroit beaucoup plus, si l'homme mouroit, ce qu'on regarde comme inévitable.

22 *Février*. C'est le ving-neuf janvier que M. *de Fer*, ingénieur des ponts & chaussées, a lu son mémoire contre le pont de Neuilly. Il a prétendu donner plus de confiance à ses assertions en annonçant qu'il avoit prédit la chûte du pont de la Mulatiere à Lyon. Quoiqu'en disent les partisans de M. *Perronnet*, il paroît qu'il y a eu quelque chose, & cet artiste, à ce qu'on assure, fait maçonner & remplir en entier les petites arcades vuides qu'il avoit laissées à chacune des extrêmités du pont pour le passage des chevaux tirant les bateaux.

Du reste, le gouvernement a trouvé mauvais que l'académie, sans avoir pris ses ordres, ait nommé des commissaires pour visiter ce pont. En conséquence, M. le contrôleur général a adressé une lettre assez dure à cette compagnie, pour qu'elle eût à ne point se mêler d'un examen
qui

qui ne la regarderoit que lorsqu'elle seroit consultée. Cette lettre a blessé la délicatesse de cette compagnie, & son secretaire a dû être chargé d'y répondre.

22 *Février.* M. le comte de Vergennes est nommé *Chef du conseil royal des finances*, place honorifique, que la mort du comte de Maurepas avoit laissée vacante. M. de Fleuri, qui se trouve ainsi subordonné à M. de Vergennes, fait de nécessité vertu : il dit qu'il en est enchanté, & que c'est lui-même qui a supplié le roi de le faire correspondre avec un ministre aussi éclairé.

22 *Février.* Il y a une grande fermentation dans le parlement à l'occasion de la sévere vengeance qu'a pris le jeune Choiseul en mulctant si étrangement le fiacre, suivant le bruit général, mort ce matin. La seconde chambre des enquêtes a sur-tout pris la chose en considération. Plusieurs événements de cette nature arrivés récemment, & qu'ont rapporté différents membres, les ont déterminés à chercher à mettre un frein au despotisme cruel de ces arrogants seigneurs. Ils ont chargé unanimement le président de l'engager à savoir du procureur du châtelet s'il avoit rendu plainte d'un délit qui avoit dû parvenir à sa connoissance, & à mettre l'affaire en regle de façon que le coupable soit au moins dans le cas d'obtenir des lettres de grace.

C'est là où messieurs attendent M. de Choiseul, & se proposent de former des représentations au roi sur la nécessité de faire un exemple, au moins en commuant la peine en une prison très-longue.

22 *Février.* Extrait d'une lettre de Cadix, du

Tome XXII. E

4 février... Nous ne saurions trop nous féliciter pour les deux nations d'avoir la paix. La campagne qui se préparoit, auroit, suivant les apparences, tourné de nouveau à la honte de ces deux puissances par la mésintelligence qui régnoit entre les François & les Espagnols d'abord, ensuite entre les chefs des deux nations, puis entre le commandant des François & toute la marine....

Un des nouveaux réglements, en date du vingt octobre 1782, apporté par M. le comte d'Estaing, a sur-tout excité une révolte éclatante.

D'après ce réglement, le vice-amiral avoit voulu introduire parmi les officiers de la marine un nouveau grade sous le nom de *capitaines* & *Lieutenants d'équipage*. Les premiers devoient avoir rang sur tous les enseignes de vaisseau, & les commander par conséquent. Ceux-ci ont adressé le 20 janvier une lettre à M. de la Motte-Piquet, conçue en ces termes.

" Monsieur le Comte, —— votre rang de second chef ici, la connoissance parfaite que vous avez de la constitution de la marine, votre réputation établie dans tous les cœurs françois, l'intérêt enfin que vous avez témoigné dernièrement dans la cause commune ; tout nous fait un devoir de nous adresser à vous, pour porter les représentations respectueuses que nous faisons à M. le vice-amiral, représentations fondées sur la justice, sur l'honneur, sur la vérité, sur les services.

Le grade des enseignes de vaisseau est composé de trois cents & quelques gentilshommes. Depuis huit ans entrés dans la marine, un grand tiers a servi la guerre entiere dans ce grade, tous commandant des quarts depuis 1778, & particuliérement à votre bord: la plupart se sont trouvés aux actions les plus remarquables : un grand nombre en a vu six, plusieurs en ont vu quatre, & tous au moins trois. Jamais compte rendu à la cour par aucun amiral françois, par aucun officier supérieur, n'a porté plainte contre la maniere de servir des enseignes de vaisseau. Le roi, au contraire, a daigné nous donner plusieurs fois, par l'organe de nos chefs, des marques de sa satisfaction : vous-même, monsieur le Comte, vous, dont le témoignage nous sera toujours précieux jusqu'à la mort, vous avez dit, vous avez répété, vous avez écrit, *que les jeunes gens avoient par-tout montré une bravoure, un zele & une intelligence, dignes d'être cités.* Un pareil aveu, joint à celui de nos braves capitaines, sembloit sans doute nous promettre une perspective bien brillante ; & pourtant aujourd'hui le roi paroît mécontent de nous : il ordonne qu'à notre place on substitue ceux qui servoient directement sous nos ordres, bien plus ceux qui n'ont jamais servi, & qui, en leur supposant même des talents naturels, ne peuvent certainement pas avoir ceux de l'expérience militaire.

Eh ! en quel temps, en quel lieu, où pareille réforme est-elle exécutée ? & devant qui ? L'ordonnance est signée du 20 octobre 1782, jour même où nous eûmes le bonheur de faire au roi & à l'état un nouveau sacrifice de nos vies; elle paroît dans le temps que le roi d'Espagne récompense par une promotion nombreuse & sa marine, & ses troupes. On la met en vigueur à Cadix, chez nos alliés : devant qui ? Devant la face des nations assemblées, lorsqu'on ouvre une campagne. Nous seuls enfin, nous sommes punis, quand tous les militaires sont récompensés. Nous tous enfemble, nous vous prions, M. le Comte, avec une ardeur dont une ambition honnête, & la confiance que nous infpirent votre mérite & votre façon de penfer fur nous, de repréfenter à M. le comte d'Eftaing nos fervices, notre zele & notre foumiffion aux volontés du roi. Nous le fupplions d'employer en notre faveur fon crédit auprès du fouverain, de changer la forme du fervice qui nous place après les capitaines d'équipage, de daigner fe rappeller que nous avons combattu & que nous allons combattre fous lui. De quelque genre que foit le fervice qu'on veut établir à bord des vaiffeaux, nous nous fentons également propres pour tous, & nous jurons de l'exécuter avec tout le zele, toute l'activité, toute la fubordination qu'on doit attendre de jeunes gentilshommes françois, à la mer depuis fept années, accoutumés à combattre fous des chefs comme vous. ,,

M. de la Motte-Piquet a accepté la miffion: il ne s'eft pas feulement contenté de préfenter cette lettre à M. le comte d'Eftaing; il a encore écrit à M. le marquis de Caftries, miniftre de la marine, une lettre très-preffante, & lui a témoigné combien ce nouveau réglement lui paroît contraire au bien du fervice & de l'état.

23 Février. M. l'abbé *Noel*, garde, démonftrateur du cabinet de phyfique de S. M. eft mort à la fin de janvier dernier. Ce religieux défroqué avoit un grand talent pour la méchanique. Louis XV l'aimoit beaucoup, & lui avoit fait un fort très-agréable. On a parlé fur-tout d'un télefcope très exellent & fupérieur à ceux connus de fon invention.

23 Février. Extrait d'une lettre de Rennes, du

vingt février.....Les états de Bretagne, lorsqu'ils s'assemblerent, & durant le cours de leur tenue, avoient trois griefs : le premier, ancien, concernant ses députés ; le second, récemment agité, concernant les octrois des villes, levés sans leur consentement ; le troisieme, tous les ordres illégaux arrivés durant la session.

M. *d'Aubeterre* avoit donné aux états les plus belles paroles du monde, sur le premier point. Vous avez vu qu'il sembloit entrer dans la justice de leurs demandes, & reconnoître leur droit ; il paroît qu'ils se sont leurrés d'un vain espoir ; & nulle satisfaction à cet égard.

Quant au second point, vous avez également vu que le tiers, convaincu qu'il avoit eu tort, s'est réuni à la noblesse à cet égard ; dont est résultée l'accession de celle-ci aux demandes de la cour ; & la cour satisfaite n'a eu aucune considération pour les plaintes des états sur un objet qu'elle regarde comme fini, puisque ces impôts vont leur train.

Enfin, les ordres illégaux ont bien été biffés par l'évêque de Rennes ; mais cette maniere même de l'avoir fait est illégale. Nulle autorisation de la cour ; nul arrêt du conseil qui motive la conduite du prélat ; nul aveu par écrit du commandant qui lui lie les mains pour revenir contre & faire revivre ces ordres.

C'est au milieu de cette fluctuation d'espoir & d'opinions que les états ont fini à la fin de janvier de la façon la plus désavantageuse : en effet, il n'y a point d'exemple de sessions où il n'y ait eu de modération sur aucun point. On en peut juger par les adjudications ; elles avoient été augmentées, il y a deux ans, de 700,000 liv.

& cette fois, malgré la paix qui devoit les faire baisser, puisqu'elle doit entraîner une diminution sensible sur les boissons, elles ont encore accru de 1,100,000 liv. Jugez par-là de l'excès des impositions & de nos maux.

24 Février. On ne conçoit pas quel génie infernal souffle sur les courtisans : il paroît encore des couplets affreux & calomnieux contre la reine; & cependant quelle princesse mérita moins cette audace sacrilege, fut plus digne des hommages & de l'amour de tous les ordres de l'état ? Aux charmes de la figure, à la noblesse du maintien, aux graces répandues sur sa personne, elle joint les qualités les plus précieuses, la bienfaisance, la bonté, l'humanité, l'amitié, vertu si rare chez ses pareilles; elle oublie ses injures personnelles; elle n'a jamais fait de mal à qui que ce soit. On ne cite personne dont elle ait exigé le châtiment. Si elle a quelques défauts inséparables de notre nature, ils sont aimables en quelque sorte comme elle : ils tiennent à son sexe, au goût national; & venue extrêmement jeune en France, elle en a sans doute contracté ici le plus grand nombre. Elle aime excessivement la parure, les frivolités, les spectacles, la dépense : elle prodigue souvent ses dons à des gens qui en sont indignes; elle est quelquefois légere dans ses affections; elle plaisante de la mauvaise tournure, des gaucheries des femmes présentées : mais ces sarcasmes partent de sa gaieté & non de son cœur, dont se louent tous ceux qui ont l'honneur d'approcher de S. M. & d'en voir l'intérieur.

24 Février. On ne peut assez admirer la souplesse avec laquelle M. le garde-des-sceaux s'est tiré, depuis qu'il est en place, de tous *les pas* difficiles où il s'est trouvé fréquemment. Aujourd'hui il s'est mis mieux que jamais en cour par son adresse à se rapprocher du comte de Vergennes, qu'il a prévu devoir insensiblement remplacer M. le comte de Maurepas. Il a même pris un long tour pour y mettre moins d'affectation: il a commencé par faire sa cour à madame de Vergennes, par la voir assidûment, par faire son piquet. M. de Vergennes, vivant beaucoup dans son intérieur, l'a trouvé souvent chez sa femme, lui a su gré de cette complaisance, & il en est peu à peu résulté de l'intimité entre ces deux ministres.

14 *Février*. Les comédiens françois jouent aujourd'hui une nouveauté. C'est une petite pièce en un acte & en vers, ayant pour titre: *les Aveux difficiles*. Elle est d'un M. *Vigée*, fils d'un peintre médiocre de ce nom, & d'une coëffeuse célèbre. Il a pour sœur une madame *le Brun*, qui vaut mieux que son pere pour son talent, & auroit été reçue de l'académie, si elle n'avoit épousé un marchand de tableaux. Celui-ci est riche; ce qui met sa femme en état de recevoir beaucoup de gens comme il faut, & même des gens de cour. Elle est jolie; elle a de l'esprit; elle est très-aimable: en voilà plus qu'il n'en faut pour lui procurer une brillante société. Dernièrement elle avoit un concert où chantoit M. *Garat*; MM. de *Vaudreuil*, de *Galifet*, de *Polignac*, grand nombre des agréables de la cour y étoient; c'étoit le jour du bal de la reine. Ces messieurs convinrent qu'on s'amusoit infiniment plus chez Mad. le Brun qu'à Versailles, qu'ils resteroient chez elle tant qu'elle voudroit; & en effet ils ne se rendirent chez S. M. qu'à deux ou trois heures du matin,

ce qui avoit formé pour ce jour-là un vuide dans la fête.

25 Février. Depuis les derniers mémoires de M. *d'Epremesnil*, il a paru *Réflexions préliminaires sur le troisieme mémoire* de cet intervenant à Dijon. Ces réflexions de M. de *Tollendal* sont datées de Paris le 23 décembre 1782, & roulent principalement sur les deux correspondances de MM. de *Montmorenci* & de *Crillon*. Il en résulte de plus en plus que M. d'Epremesnil s'est aliéné ces deux seigneurs. M. de Tollendal joint à ces réflexions un imprimé de sa lettre au chevalier de *Crillon*, en date du 21 décembre, & la réponse de celui-ci extrêmement amere contre monsieur *d'Epremesnil*.

25 Février. On assure que le congrès, après avoir dressé les loix & les réglements de l'union des états respectifs, l'a envoyé à M. l'abbé de Mably, pour qu'il l'examine & le corrige.

C'est cet abbé qui vient de publier un traité *de la maniere d'écrire l'histoire*, où il maltraite à peu près tous nos historiens & sur-tout Voltaire; ce qui a singuliérement scandalisé tout le parti de ce grand homme. Il pourroit bien être comme l'abbé *d'Aubignac*, qui, après avoir donné des regles pour la tragédie, fit une tragédie détestable. Il y a à parier que quelqu'un du moins qui s'astreindroit servilement aux documents de ce pédagogue, composeroit une histoire très-ennuyeuse, très-inutile par conséquent, puisque personne ne la liroit & ne pourroit la lire.

26 Février. Il a percé ici un nouveau livre anglois, ayant pour titre: *Estimation de la force comparative de la Grande-Bretagne, pendant le* regne actuel & les quatre précédents, & des pertes occasionées au commerce par chaque guerre, depuis la révolution.

M. Chalmers, l'auteur de l'ouvrage, cherche à y rassurer les esprits effrayés par le tableau déplorable de l'état de l'Angleterre qu'a tracé le docteur Price. En voici les assertions les plus consolantes.

1°. Le commerce qui décline momentanément pendant la guerre, double au retour de la paix.

2°. Au milieu des horreurs de l'avant-derniere guerre, les exportations de l'année 1761 se trouvent égales à celles des années 1749, 50, 51, où l'on étoit en paix.

3°. C'est dans l'année 1774 que la gloire de l'Angleterre étoit à son méridien. Les exportations monterent à plus de quinze millions sterlings. Les revenus annuels donnerent dix millions, & le nombre des matelots, dans les vaisseaux du roi, étoit plus considérable que celui des matelots de tout le royaume au commencement du siecle.

4°. Les exportations faites pendant la guerre qui vient de se terminer, comparées à celles des plus brillantes époques du commerce anglois, est dans le rapport de onze à seize; elles ont doublé celles faites durant la guerre précédente.

5°. Suivant ses calculs, en mettant à part les factoreries & les colonies, la Grande-Bretagne gagne par an sur son commerce extérieur trois millions & demi sterlings; sur le commerce des colonies, 260,000 liv.: avec l'Ecosse, 430,000 liv. & en déduisant la perte pour les factoreries de 448,912 liv.; le produit net du commerce annuel de la Grande-Bretagne est de 3,884,844 liv.

E 5

Monsieur *Chalmers* établit encore que l'or & l'argent monnoyés existant en Angleterre, sont de 20,000,000 liv. Enfin, il porte la population des trois royaumes à plus de huit millions d'hommes.

26 *Février. Les Aveux difficiles*, joués avant-hier aux François, ont eu un plein succès. Cependant l'intrigue, qui est assez fournie, même trop forte pour une piece en un acte, est ressemblante à beaucoup d'autres, & d'ailleurs trop symmétrique, invraisemblable & absurde en bien des points; mais le jeu des acteurs l'a fait valoir infiniment. La versification en est agréable, facile & d'un bon ton. Il est fâcheux pour M. Vigée qu'on lui conteste l'ouvrage. Un autre auteur prétend avoir fait antérieurement une comédie semblable, en avoir donné communication à plusieurs personnes, & conséquemment l'accuse de plagiat: il faut attendre, pour bien en juger, que les pieces du procès aient été produites devant le public.

27 *Février.* Par des lettres-patentes données à Versailles le 28 novembre 1782, & registrées en parlement le 14 janvier 1783, le roi autorise la chambre du commerce de Picardie à faire un emprunt de 934,000 liv. pour le rétablissement du port de Saint-Valery, & à lever un octroi pendant vingt ans pour en payer les ouvrages & rembourser le capital, sur les marchandises dénommées dans un tarif annexé, entrant dans les ports de Saint-Valery, de Crotoy & d'Abbeville, ou en sortant.

L'objet de cette dépense est encore d'augmenter l'utilité dudit port, en y faisant arriver & réunissant dans un seul canal les eaux de la riviere de Somme.

Il a été aussi question du port du Havre. Suivant un projet donné à la cour, il étoit susceptible de devenir port de roi & de contenir des vaisseaux de ligne. Il s'agissoit d'affecter le bassin actuel uniquement aux navires marchands, & d'y pratiquer une autre ouverture, d'où il auroit résulté un second bassin plus profond & capable de la destination qu'on vouloit lui procurer.

On a envoyé sur les lieux des membres de l'académie des sciences, entr'autres monsieur de *Borry*, chef d'escadre, & monsieur le marquis de *Condorcet*.

On parle beaucoup d'un mémoire donné par ce dernier à la cour, où il fait une digression sur le commerce, où il établit que l'Amérique, depuis la formation des Etats-Unis, pese sur l'Europe par le midi; & la Russie, depuis le traité de la neutralité armée, y pese par le nord; en sorte que le commerce de la France, bien-loin de s'agrandir durant la paix qui vient de se signer, ne pourra que diminuer, se détériorer : d'où l'auteur conclut l'inutilité de tant s'occuper de ports & d'établissements maritimes nouveaux.

27 Février. Le drame de M. le marquis de la Salle, suspendu le mardi 18 après la fin du second acte, par l'attaque de nerfs survenue à Mlle. *Pitrot*, a été repris mardi 25. L'auteur n'ayant pas profité de cet intervalle pour adoucir un caractere atroce, dont les premieres nuances avoient déja révolté le parterre, a éprouvé aujourd'hui une chûte complete.

Les gens au fait de la filiation de ce drame, assurent du reste qu'il est pris d'un roman du même auteur, portant le même titre, ayant les

mêmes défauts; en forte qu'il n'a fait que re-
mâcher fon propre ouvrage, fans l'améliorer.

Hier 26, autre chûte encore aux Italiens
d'une nouveauté ayant pour titre : *Henri d'Albret*
ou *le Roi de Navarre*. Cette comédie en un acte
en profe avoit été imaginée par un M. *Dorfeuille*
à l'occafion de la paix. C'eft une allégorie perpé-
tuelle relative à cet événement ; mais fi plate,
fi fade, fi dégoûtante, que le public mécontent
a plufieurs fois déterminé les comédiens de fe
retirer de la fcene, que les rieurs ont forcé d'y
revenir, afin de tirer au moins quelque parti du
ridicule de l'ouvrage.

Le fieur *Granger*, qui y joue le principal rôle,
excufoit dans le foyer, après la piece, fes camarades
de l'avoir reçue fur le débit enchanteur du poëte
qui les avoit féduits à la lecture.

27 Février. C'eft un baron *d'Eftat* qui prétend
avoir fait, il y a deux ans, & lu, il y a dix-huit
mois, aux comédiens italiens, une piece en un
acte, en vers, portant le titre des *Aveux difficiles*,
admife dès-lors à correction : il a été très-furpris
de retrouver à la premiere repréfentation de celle
de M. *Vigée* le même fonds & plufieurs de fes
fcenes ; il en prévient le public par une lettre du
lundi 24 février, adreffée aux journaliftes de Paris.

Par une réponfe datée de Paris le 27 février,
M. *Vigée*, fans défavouer formellement le plagiat,
affure que c'eft à M. *Mariguié*, auteur d'une
tragédie tombée il y a un an, qu'il doit fon fujet.
Mais il ne déclare pas n'avoir eu aucune connoif-
fance directement ou indirectement de la piece du
baron.

28 Février. M. *Sacchini*, fuivant le marché
fait avec lui, devoit fournir trois opéra à raifon

de 30,000 liv. pour les trois. Comme on n'a pas été content du premier, on parloit de lui donner 10,000 liv. faisant le tiers de la somme convenue, & de le renvoyer : les partisans de ce grand homme sont venus le défendre, & enfin ont obtenu qu'on exécuteroit son premier opéra, qui est *Renaud*, qu'on doit jouer aujourd'hui pour la premiere fois.

C'est un M. *le Bœuf* qui est auteur du poëme, ou plutôt c'est *Pellegrin*, suivant son propre aveu. En effet, cet ancien poëte a traité en 1682 le même sujet, tiré du *Tasse* : le moderne l'a réduit en trois actes, mesure reçue & desirée par les musiciens étrangers ; il en a conséquemment changé la coupe, & rendu la marche plus rapide ; mais trouvant que son devancier avoit heureusement traduit plusieurs morceaux du Tasse, & désespérant de les traduire mieux, il se les est appropriés, & s'est même servi des propres vers de *Pellegrin*.

Renaud, après avoir pris *Solime*, offre la paix aux infideles ; ceux-ci sont sur le point de l'accepter, lorsque survient *Armide* qui leur reproche leur lâcheté & les ramene au combat.

Les monarques amoureux d'*Armide* & rivaux de Renaud, qui ont remarqué renaître dans le cœur de leur amante la passion qu'elle a toujours eue pour ce héros, ne pouvant en triompher, complotent de l'assassiner : Armide en est instruite & prend la défense du prince croisé : elle le délivre de cette trahison ; mais pénétré de reconnoissance, il n'en résiste pas moins à ses charmes, & retourne à son camp pour se mettre à la tête des siens.

Bientôt *Renaud* fait fuir devant lui tout ce qui s'oppose à son passage : il défait les indignes rivaux qui avoient voulu le prendre en traîtres. *Armide*, qui voit tout son parti en déroute, se croit perdue. Cependant *Renaud*, non-seulement épargne la vie du pere de cette princesse, mais lui déclare qu'il l'aime, qu'il l'a toujours aimée, & qu'en ce moment où sa gloire est satisfaite, il est prêt à se livrer à tous les transports de sa tendresse ; il l'épouse.

Tel est le sujet de cet opéra, dont la musique aux répétitions a essuyé beaucoup de contradictions par les fortes cabales qui luttoient contre l'auteur ; mais les juges impartiaux y ont retrouvé le génie de ce grand homme, dont la réputation est faite, est au-dessus des menées de ses envieux.

1 *Mars* 1783. M. le baron d'Espagnac, gouverneur de l'hôtel royal des invalides, vient de mourir. Il étoit connu parmi les littérateurs, comme auteur d'une *Histoire du maréchal de Saxe*, dont il avoit été le compagnon d'arme & l'ami. Elle est assez exacte conséquemment sur les faits ; mais ce n'est proprement qu'une gazette : cependant *Voltaire* avoit eu la bassesse de la prôner, en reconnoissance de l'adulation de ce militaire envers lui. Son histoire parut en 1775. Il avoit donné précédemment un *Essai sur la science de la guerre*, & un *Supplément aux Rêveries du maréchal de Saxe*, où il développe les principes & les maximes de ce grand général sur les diverses parties de la guerre, & principalement sur la tactique.

1 *Mars*. Le sieur *Augé*, comédien françois excellent dans les rôles de valets de la vieille comédie, c'est-à-dire hypocrites, fourbes, scélérats, qui avoit eu le bon esprit de se retirer l'an passé avec sa réputation toute entiere, n'a pas

joui long-temps de son repos; il est mort le 26 de février.

1 *Mars.* On ne regarde point la première représentation de *Renaud* comme suffisamment complete, comme suffisamment bien exécutée, pour pouvoir prononcer sur la musique. Une nouvelle maniere exigeroit en quelque sorte de nouvelles oreilles. Les *Gluckistes* ont trouvé qu'il n'y avoit pas assez de force ; les *Piccinistes*, assez de gracieux. Ce qui a paru caractériser principalement cette composition de M. de *Sacchini*, c'est la délicatesse, la pureté, la noblesse, la facilité. Le serment des rois & des chevaliers au premier acte, est le morceau sur lequel on s'accorde le plus ; tout le monde convient qu'il est sublime. Il est fâcheux qu'il soit dans le premier acte, & qu'on ne rencontre rien ensuite d'aussi frappant.

2 *Mars.* Aujourd'hui que le *Roi Lear* est à sa quatorzieme représentation, qu'on a eu tout le loisir de voir & de revoir cette tragédie, que même imprimée depuis quelque temps, on a pu la lire & la relire dans le sang froid du cabinet, ce ne sera point la juger témérairement que de l'apprécier & de dévoiler toute la difformité de ce monstre dramatique.

Lear a trois filles, il en exhérede une trompée par des accusations calomnieuses qu'il a crues trop légérement ; il partage ses états entre les deux autres. *Volnerille*, la premiere, le chasse de son palais & l'oblige de se refugier chez *Regane*, la seconde. Celle-ci l'accueille avec une grande piété filiale, mais, sous ces dehors hypocrites, recele le dessein le plus noir. On en instruit le pere, qui abandonne cet enfant dénaturé, va chercher dans les forêts une retraite où il rencontre sa troisieme fille *Helmonde*, vertueuse, lui conservant les sentiments qu'elle lui doit, & sur le point de causer une révolution à l'aide d'un héros qui l'aime, qui est touché de son sort, & a mis dans son parti les plus valeureux & les plus fideles. Cependant *Regane*, instruite de l'évasion de son pere, le fait chercher. On le découvre ainsi que sa fille ; on les arrête. Durant cet intervalle, la conjuration éclate ; & Edgar (c'est le nom du héros) quoique vaincu, harangue si éloquemment les soldats du duc de Cornouailles, le mari de *Regane*, & entrant dans les vues criminelles & parricides de la duchesse, qu'ils l'abandonnent, en sorte que *Lear* remonte sur le trône, & unissant le vainqueur & *Helmonde*, en redescend une seconde fois pour les couronner. Tel est le sujet assez simple de la piece, mais que M. *Ducis*, à l'exemple de Shakespear, a horriblement compliqué en multipliant les incidents & les acteurs. Il y a quinze de ces derniers qui pourroient se réduire à quatre essentiels ; savoir, une fille dénaturée pour former l'intrigue, le pere & la bonne fille qui en font le nœud & occasionent l'intérêt, enfin le héros libérateur qui en opere le dénouement.

Dans le premier acte, quoique très-long, l'exposition est si mal faite, que chacun est obligé d'y suppléer par des suppositions : il auroit fallu au moins motiver l'excès de barbarie *de Volnerille* & ensuite de *Regane* sur quelque raison d'état qui efface, chez les souverains, jusqu'aux sentiments de la nature : mais M. *Ducis* ne nous représente *Volnerille* & *Regane* que comme deux de ces monstres inadmissibles sur la scene, &

qu'*Horace* prescrit d'écarter avec soin des yeux du spectateur. Pour contraster, il peint le duc *d'Albanie*, le mari de la premiere, sous des couleurs plus douces & opposées à celles du duc *de Cornouailles*, l'époux *de Regane*, & aussi scélérat qu'elle. Il le place à la cour de son beau-frere, concertant avec lui leurs intérêts politiques, ce qui permet à *Volnerille* de profiter de son absence & de développer son caractere abominable en obligeant son pere de fuir de sa cour; mais la vertu du duc *d'Albanie* est si foible, agit si peu, que ce personnage devient froid, nul, & un ressort postiche seulement entre les mains du poëte. Le comte *de Kent*, un ancien ministre de *Lear*, renvoyé pour avoir défendu trop chaudement Helmonde, intervient sur la fin de l'acte; il cherche ses fils qui l'ont abandonné, qu'il veut emmener avec lui, & qui lui résistent; ce qui forme une cacophonie d'intérêts du même genre, ainsi qu'une multiplicité de trois acteurs qui vont concourir au même but, & qu'il eût par conséquent fallu réunir en un seul aussi.

Au second acte, *Lear*, dont le poëte a jugé à propos d'aliéner l'esprit, afin de le rendre plus intéressant, rencontre d'abord son ami *Kent*; il est bientôt environné de toute la cour, & se persuade, aux démonstrations de tendresse de *Regane* & du duc *Cornouailles*, avoir trouvé une fille plus sensible. Le duc *d'Albanie* présent désavoue la conduite de son épouse, & se contente de vouloir ramener *Lear* avec lui: celui-ci tombe dans un accès de démence, & croyant voir dans *Regane*, *Volnerille*, se livre à toutes ses fureurs. Il revient à lui, reconnoît son erreur, lorsque le comte, qui étoit allé aux informations, vient apprendre à *Lear*, en préfence du duc & de la duchefle même, que cette fille ne vaut pas mieux que l'autre ; qu'il ait à craindre de nouvelles perfécutions : & ces deux fouverains fi atroces, qui avoient d'abord ordonné d'arrêter *Kent*, finiffent par fe retirer tranquillement, & laiffent *Lear* & *Kent* devifer enfemble & s'affurer une retraite.

Le théatre, qui, durant les deux premiers actes, n'avoit repréfenté qu'un château fortifié du duc de Cornouailles, change au commencement du troifieme. On voit une forêt hériffée de rochers ; dans le fond, une caverne auprès de laquelle eft un vieux chêne : il eft nuit ; le temps eft difpofé à un orage épouvantable. C'eft là & en ce moment qu'*Edgard* affemble les conjurés, & leur montre *Helmonde* pour les mieux difpofer. Cependant les éclairs & le tonnerre éclatent. La princeffe & fon amant fe réfugient dans l'antre voifin. Alors *Lear*, quoique forti avec *Kent*, furvient feul. On le voit à la lueur des éclairs, à ce que nous apprend l'auteur, à travers les arbres de la forêt, feul, égaré & promenant fa vue avec douleur & inquiétude. Le tonnerre éclate, continue-t-il ; les éclairs embraffent l'horizon, les vents fifflent, la grêle tombe fur la tête chauve & nue du roi *Lear*. *Kent* enfin le retrouve & l'engage à fe retirer dans une caverne qu'il apperçoit. On croiroit qu'ils y vont entrer : point du tout ; *Helmonde* & *Edgard* en fortent au contraire. *Lear* retombe encore dans fon égarement, il prend tour-à-tour *Helmonde* pour *Volnerille*, pour *Regane* ; il l'accable d'injures : elle ofe fe déclarer. Cette reconnoiffance redouble la douleur du pere & sa rage; il veut se tuer; il s'évanouit, & on l'emporte dans la caverne.

Le quatrieme acte commence par l'aveu d'*Edgard* à *Kent* du projet de la conjuration, que le pere approuve. Cependant *Helmonde* cherche à ranimer son pere; on l'apporte endormi sur un lit de roseaux : il ouvre les yeux; il a perdu toute sa mémoire. S'ensuit un interrogatoire qui a produit beaucoup d'effet par la gradation avec laquelle le sentiment faisant revivre le cœur de *Lear*, lui rend par degrés les idées relatives à sa situation; enfin, la reconnoissance de sa fille s'opere dans toute son étendue, & c'est dans ces doux moments qu'on vient les arrêter.

Au cinquieme acte le duc *de Cornouailles* a découvert la conspiration. Celui d'*Albanie* cherche en vain à le calmer; les ordres sont donnés pour faire périr *Lear* & *Helmonde*; *Edgard* est défait; il paroît enchaîné sur la scene; un miracle seul peut les sauver, & il s'opere par les reproches du vaincu aux soldats du vainqueur, auxquels il fait connoître la mauvaise cause qu'ils défendent. Ils se révoltent contre des souverains dénaturés; ils reconnoissent de nouveau *Lear* pour leur roi, qui ne prend le sceptre que pour le donner à sa troisieme fille en l'unissant à *Edgard*.

On a déja, dans le cours de cette analyse, fait sentir plusieurs défauts de la piece, sur-tout de l'exposition. Ceux de l'intrigue & du nœud ne sont pas moins saillants. L'auteur a voulu faire porter spécialement l'intérêt sur la situation du roi *Lear*, dont le cœur trop tendre succombant à l'excès de son infortune, de l'ingratitude de ses deux filles, en perd la tête. Mais ce n'est qu'une mal-adreſſe ; car qu'eſt-ce que l'intérêt tragique ? C'eſt la diſpoſition du ſpectateur à ſe mettre à la place du perſonnage qu'il aime ; c'eſt le deſir de s'identifier en quelque ſorte avec lui, de penſer, de ſentir, d'agir comme lui ; or, qui voudroit reſſembler à un fou ? Qui n'a pas l'amour-propre au contraire de dire : cela ne me ſeroit pas arrivé ainſi, je n'aurois pas été ſi ſot; j'aurois eu plus de force d'eſprit, plus d'énergie dans l'ame ? L'intérêt qui réſulte donc de cet accident phyſique, que le poëte d'ailleurs fait naître & arrête quand il veut, n'eſt plus qu'un intérêt de pitié, de commiſération, tel que celui qu'on éprouve en entrant aux petites maiſons. Il ne peut être que tel, ſur-tout d'après le caractere donné du principe qui, par ce qu'il a fait précédemment, s'annonce pour crédule & foible, & par la concluſion y met en quelque ſorte le dernier trait en donnant de nouveau ſa couronne avec non moins d'imprudence que de légéreté.

La maniere dont le dénouement s'opere n'eſt pas moins défectueuſe ; & il a paru ſi invraiſemblable, ſi forcé, ſi abſurde aux enthouſiaſtes même de monſieur *Ducis*, qu'il eſt inutile de s'appeſantir deſſus & d'entrer dans aucun détail. Quant à la pluie, à la grêle, aux éclairs, au tonnerre, toutes ces calamités de la nature ſont excellentes dans un opéra, & ridicules dans une tragédie où les orages doivent ſe paſſer non dans les airs, mais dans le cœur des perſonnages, & par contre-coup dans celui des ſpectateurs.

Quant au ſtyle, quoiqu'il nous ait paru à la lecture moins vicieux que nous ne l'avions jugé, il y a encore aſſez de bouffiſſure & de platitude, pour que nous nous en référions à ce que nous en avons d'abord prononcé.

3 *Mars*. Tout se dispose pour l'ouverture de la nouvelle salle de la comédie italienne à la rentrée d'après pâque. Ce théatre ayant acquis une solidité qu'il n'avoit pas avant, mérite qu'on entre dans quelques détails de son historique & de sa consistance actuelle.

Ce fut en 1716, sous la régence, que se forma dans Paris la troupe des comédiens italiens; mais, malgré la protection royale, malgré les talents & le zele de ceux qui la composoient, ils n'eurent qu'une foible réussite, & ce spectacle ne s'est jamais soutenu que par des moyens étrangers & bientôt insuffisants, tels que les feux d'artifice, les ballets, &c. jusqu'au moment où en 1762 on y a réuni l'opéra comique.

Cette réunion, leur ouvrant une nouvelle carriere, a fait tomber absolument les comédies en langue italienne, & quand on les représentoit, le produit de la recette ne suffisoit pas même pour payer la moitié des frais journaliers.

D'ailleurs, les tentatives réitérées de faire venir à grands frais des acteurs d'Italie, n'ayant produit aucun effet, il n'étoit plus possible de remplacer les bons acteurs morts, ni ceux que leurs longs services mettoient dans le cas de se retirer.

Vu le dépérissement de ce spectacle & l'impossibilité d'y remédier, on n'a trouvé d'autre moyen de le revivifier, que de supprimer entiérement le genre italien, de pourvoir au traitement des acteurs & des actrices qui le représentoient, & d'établir une nouvelle troupe qui, sous le titre ancien de *comédiens italiens*, représentât des comédies françoises, des pieces de chant, soit à vaudevilles, soit à ariettes, & des parodies.

En conséquence, le roi a permis aux administrateurs de l'académie de musique, de faire à cette troupe un bail pour trente années du privilege de l'opéra comique.

C'est cet opéra comique, qui est en effet la source véritable de la propriété actuelle de ce spectacle. Le genre des pieces de chant y a fait des progrès aussi rapides qu'étonnants, au point que la musique françoise, jadis l'objet de l'indifférence ou du mépris des étrangers, est répandue aujourd'hui dans toute l'Europe. On exécute les opéra bouffons françois dans toutes les cours du nord, & même en Italie, où les plus grands musiciens de Rome & de Naples applaudissent aux talents de nos compositeurs françois. Ce sont les ouvrages de ce genre qui ont formé le goût en France, & qui y ont accoutumé les oreilles à une musique plus savante & plus expressive, & qui ont enfin préparé la révolution arrivée sur le théâtre lyrique même, en y faisant applaudir aujourd'hui des chef-d'œuvres, dont, il y a vingt-cinq ans, on n'auroit ni connu, ni goûté le mérite.

Tant de services rendus à l'art de la musique ont dû déterminer le gouvernement à donner aux comédiens italiens une existence solide & légale, par un arrêt du conseil du vingt-cinq décembre 1779, qui supprime les comédiens en langue italienne, & autorise les autres à faire un nouveau traité de société, &c.

Cet arrêt du conseil a bientôt été revêtu de lettres-patentes en date du trente-un mars 1780, suivies de l'acte de société de la nouvelle troupe,

& le tout a été enrégistré au parlement le premier mai suivant.

Les lettres-patentes contiennent douze articles. Le dernier est remarquable.

En renouvellant, en tant que de besoin, les dispositions de la déclaration donnée par *Louis XIII*, en faveur des comédiens, le 16 avril 1641, S. M. y enjoint très-expressément aux comédiens italiens de régler tellement leurs représentations théatrales, que la religion, les bonnes mœurs & l'honnêteté publique n'en puissent souffrir la moindre atteinte; & elle ajoute: « En ce faisant, nous
» voulons & entendons que l'exercice de leur pro-
» fession ne puisse leur être imputé à blâme, ni
» préjudicier à leur réputation dans le commerce
» public. »

4 *Mars*. Il paroît que le gouvernement, la guerre étant cessée, s'apprête à chercher les moyens les plus salutaires pour remédier aux dépenses excessives & au désordre qu'elle a portés dans les finances. En conséquence, deux comités de différente nature doivent s'assembler fréquemment sur cet objet; le grand, où se traiteront les plans & projets de finance, sera composé du roi, lorsque S. M. voudra y assister, du comte de *Vergennes*, du garde-des-sceaux & de M. *de Fleuri*.

Le petit comité concernant les opérations journalieres & ce méchanisme de charlatanerie politique propre à soutenir le crédit public en maintenant celui de la place, aura pour membres les sieurs de *Bourgade*, *le Clerc*, ancien premier commis des finances, *d'Hervelay*, garde du trésor royal, & *Darney*, agent de change du trésor royal.

4 *Mars*. M. le duc de *Coigny* a reçu le lundi

gras la faveur singuliere d'avoir à souper à Paris dans son hôtel le roi & la reine : il y avoit une table de cent couverts.

A la suite du repas il y a eu un bal divisé en deux salles ; l'une des jeunes femmes, c'est-à-dire, de celles au dessous de vingt-cinq ans, & l'autre des vieilles au dessus, dans laquelle la reine étoit comprise. Elle a paru s'y amuser beaucoup : à la fin les deux salles se sont réunies en une.

Il y avoit en outre une salle de jeu.

4 *Mars*. C'est le fils de M. *de Choiseul-Meuze*, très-jeune homme, auquel est arrivée l'aventure du cabriolet. Tous les Choiseul, instruits de la sensation qu'elle avoit produite au parlement, se sont remués pour en empêcher les suites. On veut aujourd'hui que le fiacre ne soit pas mort de ses blessures, & qu'on ait profité de cette circonstance heureuse pour en obtenir un désistement à force d'argent, avant que la dénonciation eût été faite.

On ajoute qu'elle a eu lieu le vendredi 28 février aux chambres assemblées, où M. d'Epremesnil l'a jointe à plusieurs autres.

5 *Mars*. On attend incessamment le *mémoire sur la Bastille* par Me. Linguet, morceau qui a dû servir d'ouverture à la suite de ses annales, & que sans doute il fait imprimer séparément pour le public de France, où il lui sera difficile de faire percer les premieres périodiquement.

5 *Mars*. La famille des Vestris, quoique remarquable par beaucoup de ridicules qu'on a sans doute exagérés dans le public, vit dans une grande union, & ne se permet point de ces vilenies

nies trop communes parmi les gens de théatre. Ils sont sur-tout très-rangés : un des freres qu'on appelle *Vestris le cuisinier*, est chargé du détail de l'intérieur, & s'en acquitte à merveille ; c'est là son talent.

Cependant le jeune *Vestrallard*, le fils du grand *Vestris*, s'étant écarté & ayant fait des mémoires à son pere qui l'ont effrayé, il y a fait honneur ; mais avant a fait venir cet enfant chéri, lui a fait une sévere réprimande, & lui a déclaré qu'il eût à être plus sage, sinon qu'il le feroit enfermer ; qu'il ne vouloit point *de Guimené dans la famille*, propos qui a bientôt circulé dans les foyers de l'opéra, qui s'est répété dans le monde, & fait proverbe aujourd'hui.

6 Mars. On a oublié de parler dans le temps du rétablissement de la cour des aides de Clermont-Ferrand, qui a eu lieu quelques mois après son interdiction. La nomination de M. *Guerrier de Bezance*, ancien maître des requêtes, à la place de premier président de cette cour, donne lieu aujourd'hui de s'en entretenir, ainsi que de son chef dont on a rappellé l'aventure domestique.

Sa femme jeune & jolie, qui s'étoit amourachée de M. de *Sevres de la Tour*, s'enfuit en Angleterre avec ce galant, qui, à son tour, laissa sa femme résidant encore aujourd'hui à Paris, & gémissant de l'abandon de ce moderne Thésée.

Quoi qu'il en soit, c'est à cette anecdote qu'on est redevable probablement de la naissance du *Courier de l'Europe*. M. de *Sevres de la Tour*, homme de lettres, non dépourvu de talent, fut nécessité de chercher des ressources pour lui &

pour sa conquête; il imagina le plan de cette nouvelle gazette, le fit adopter par des particuliers riches, & se chargea de la rédaction qu'il remplit avec succès, quant à la partie essentielle qui concerne l'Angleterre; mais, faute de bons correspondants, il ne tire pas tout le parti qu'il pourroit de l'article de France.

6 Mars. Il paroît que l'*Armide* de M. de *Sacchini*, comme tous les bons ouvrages, prendra davantage à mesure qu'elle sera plus connue. La seconde représentation en a d'abord assuré le succès, quoique l'exécution n'en soit pas encore parfaite.

Le premier acte est sans contredit un des plus beaux qu'il y ait au théâtre lyrique, tant par la majesté de la scene, que par la plénitude de l'action & par la diversité des mouvements. L'ouverture de la tragédie, qui est un conseil tenu dans le camp des Sarrasins, entre le pere d'Armide & les rois & chevaliers de l'armée, est d'une grande noblesse, & le compositeur de la musique en a senti tout l'effet. —— Le chœur où les amants d'Armide, dégoûtés de son absence, demandent la paix, termine grandement cette superbe scene. L'arrivée de *Renaud*, qui, au même instant, s'annonce député de *Godefroi* pour offrir cette paix, est un peu postiche; mais il en résulte la belle situation d'*Armide* qui survient, &, par ses reproches, par sa présence & par ses charmes, rend le courage à tous ces héros abattus. La maniere dont *Renaud* se retire pour se préparer au combat, répond à tout ce qui a précédé; mais, comme on l'a déja dit, le morceau du serment est d'un sublime qui le fait aller de pair avec tout ce qu'on pourroit citer de plus expressif dans le même genre. L'épisode des Amazones, placé là pour amener une fête & un ballet, du moins une marche, est un hors d'œuvre, qui, en jetant plus de variété dans l'acte, embrasse l'action, la retarde, & fait dire au spectateur, avant Armide, que c'est perdre le temps inutilement ; qu'il faut des combats & non des jeux.

Le second acte est plus monotone & a beaucoup de langueur. Le seul moment où *Armide* vient au secours de Renaud, attaqué à l'improviste par ses rivaux, & contre les loix de la guerre avant qu'il soit sorti du camp, excite la curiosité & en forme toute l'action en sorte que l'auteur qui prétend avoir mis de rapidité dans son poëme, qu'il n'y en a dans celui de *Pellegrin*, mérite le reproche contraire. Heureusement que le musicien a suppléé à ce vuide par des morceaux de chant très-bien faits ; mais se ressentant trop encore du poëme. Le monologue d'Armide, *Barbare amour*, a produit un véritable enthousiasme ; & si dans la scene où cette princesse & son pere évoquent les furies, on n'y retrouve pas toute l'énergie dont elle est susceptible, le talent de M. *Sacchini* se releve bientôt dans le chœur des démons se plaignant de leur impuissance à seconder la vengeance *d'Hydraot* & de sa fille.

Une décoration représentant le champ de bataille & l'action du combat au milieu de la nuit, qui n'est apperçu qu'au feu des éclairs, est d'un pittoresque neuf & imposant, au troisieme acte. Malheureusement c'est le plus foible, & presque tout en récitatif ; il ne seroit pas supportable sans l'art du musicien, qui, supérieur à ses semblables, excelle en cette partie. *Armide* occupe la scene sans aucun intervalle; elle y a quatre monologues; elle veut s'y tuer deux fois & ne commence à respirer, ne consent à vivre qu'au moment où Renaud, le sauveur de son pere, lui déclare qu'il n'a jamais cessé de l'aimer, & le lui prouve. Alors elle ordonne aux génies soumis à son empire, de transformer ces lieux en un palais magnifique pour l'architecture, mais point assez galant, assez éclairé, d'un genre trop austere. Suit un ballet où les coryphées de la danse se dédommagent amplement de leur inutilité jusques-là. Les airs sont comme le palais; beaux, mais peu gais, & M. *Sacchini* n'excelle pas plus en ce genre que le chevalier *Gluck*.

Le résultat du jugement des connoisseurs en musique, après ces deux représentations, est que si M. *Sacchini* n'a pas les saccades, les cris, les déchirements du musicien allemand; il a infiniment plus de douceur, d'agrément & de chant dans tout le reste, & que non-moins pur, non moins élégant, non moins mélodieux que monsieur *Piccini*, il n'est jamais monotone & soporatif comme lui; il a une énergie bien supérieure.

Le sieur le Gros, qui fait le rôle de *Renaud*, manque de la noblesse, de la sensibilité qu'il exigeroit, en sorte qu'il ne produit pas tout l'effet qu'on en doit attendre, & ce défaut rejaillit sur le poëte, auquel on reproche de n'avoir pas assez décidé le caractere de son héros, de l'avoir rendu taciturne, froid & presque impassible. Mademoiselle *Levasseur*, comme actrice, ne rend pas mal le rôle d'*Armide*, extrêmement fatigant; mais on croit que Mlle. *Saint-Huberti* le chantefoit beaucoup mieux, avec plus d'onction & non moins de force.

Deux jeunes sujets brillent dans les rôles secondaires, une demoiselle *Maillard*, qui fait le rôle d'*Antiope*, reine des Amazones, & la demoiselle *le Bœuf*, fille de l'auteur des paroles & très-jolie cantatrice.

7 *Mars*. M. Guerrier de Bezance, mis sur le chandelier par sa nomination à la dignité de chef d'une cour souveraine, est de plus en plus l'entretien du public. Il est Auvergnac; il étoit pere de l'oratoire, & fut au Mont-d'or pour y prendre les eaux à cause de sa poitrine. Il y trouva une demoiselle *le Bas*, d'une famille riche & ayant elle-même du bien; elle s'amouracha de ce religieux galant, & l'épousa, quoiqu'il n'eût rien. Il acheta une charge d'avocat-général de la cour des aides de Clermont, puis passa conseiller au parlement de Paris, & devint ensuite maître des requêtes. Sa premiere femme étant morte, il épousa une demoiselle *Millochin*, dont il se flattoit d'avoir beaucoup de bien; mais son beaupere ayant mal fait ses affaires, le résultat a été pour M. de Bezance d'obtenir 8,000 livres de pension pour un bon de fermier-général qu'avoit M. *Millochin*, & qu'à cette condition le ministre a retiré.

M. *de Bezance* par ses intrigues s'est poussé dans le conseil, & a obtenu pour 25 à 30,000 liv. de bureaux, entr'autres la superbe place de procureur général du bureau des péages; ce qui l'a mis en relation avec tous les grands seigneurs, & a merveilleusement favorisé son ambition, au point qu'ayant rendu des services considérables à l'ordre de Malte, il en a obtenu, pour marque de reconnoissance, la permission de porter la croix qu'il étale avec beaucoup d'affectation ; vanité d'autant plus ridicule, qu'il a un frere, frere servant de l'ordre.

M. *de Bezance* est grand bavard, grand menteur conséquemment ; il se vante beaucoup & est très-ennuyeux. De là le principe du dégoût de sa femme, dont a profité M. *Sevres de la Tour*, vivant chez elle comme parent & secretaire du mari. De là l'enlevement qui a mal tourné ; & l'on assure qu'elle est malheureuse aujourd'hui à Londres, abandonnée par son ravisseur, & obligée d'être maîtresse de langue pour exister.

8 Mars. Tandis que la législation du théatre françois reste toujours ignorée du public & même des parties intéressées, telles que les auteurs qui n'en ont encore eu aucune connoissance légale, il a été imprimé un *recueil de plusieurs nouveaux réglements concernant le théatre italien.*

Il contient, outre l'arrêt du conseil, les lettres-patentes, &c. dont on a déja parlé, & servant de base à la formation de la nouvelle troupe, accompagnées de l'acte de société entre ses membres, signé pardevant notaire.

Un autre arrêt du conseil, non moins remarquable & relatif aux auteurs, en date du 20 juillet 1782, qui ordonne que toutes les réceptions faites jusqu'alors des pieces non jouées, seront regardées comme nulles & non avenues, sauf aux auteurs à les représenter de nouveau pour être lues à l'assemblée du comité, ainsi que toutes celles qui seront présentées à l'avenir.

L'esprit de cet arrêt du conseil est fort sage. Cette troupe, aujourd'hui composée de seize acteurs à part, & de dix à pension ; de seize actrices à part, & de dix à pension, faisant en tout cinquante-deux personnes, est trop nombreuse : la quantité de pieces qui leur arrivent est trop grande pour ne pas exiger un premier tribunal, où l'ouvrage puisse être mûrement examiné avant de parvenir à cette cohue.

Le comité actuel n'est composé que d'hommes, qui sont les sieurs *Clairval*, *Trial*, *Suin*, *Narbonne*, *Michu*, *Menier*, *Rosiere*, *Camerani*, *Valleroy*, *Raymona*, le premier semainier en exercice, & le sieur *Anseaume*, secretaire ; en tout douze membres.

8 *Mars*. Le marquis *d'Oyze* (Brancas), doyen des maréchaux de camps & armées du roi, & des chevaliers de Saint-Louis, vient de mourir dans sa quatre-vingt-seizieme année ; il étoit généralement reconnu pour le pere de M. de *Rougemont*, ce fils de madame *Hatte*, si fameux dans son temps pour son procès en question d'état, & déclaré bâtard par arrêt. Il est aujourd'hui gouverneur de Vincennes, & c'est celui contre lequel *Mirabeau* fait une sortie si violente dans l'ouvrage qu'on lui attribue sur les lettres de cachet & les prisons d'état.

8 *Mars*. Par l'apperçu, pris autant qu'il a été possible de la situation de la direction des affaires du *prince de Guimené*, il y a pour 1,800,000 liv. de rentes viageres, & pour 4,000,000 liv. de rentes perpétuelles.

Pour payer tout cela il n'y a que 500,000 liv. de rentes perpétuelles. Heureusement pour les petits créanciers, comme domestiques & autres, madame de *Marsan* s'est chargée d'une partie, & M. le cardinal de *Rohan* de l'autre.

9 Mars. C'est par un réglement pour l'administration des finances par S. M. à Versailles le 26 février 1783, & imprimé, distribué avec la plus grande profusion, qu'est établi le comité dont on a parlé.

Son objet est de faire goûter aux peuples les avantages de la paix en leur procurant des soulagements réels & durables. Pour y parvenir, il faut connoître le montant des dépenses dont la durée de la guerre a retardé le paiement, & fixer invariablement & avec la plus étroite économie, l'état des dépenses de tous les départements & de tous les ordonnateurs. Il faut ensuite s'occuper des moyens de supprimer les impositions qui sont le plus à charge, changer la nature & la forme de quelques-unes, diminuer & simplifier les frais de perception.

Le comité en question doit s'occuper de ces grands objets au moins une fois par semaine. Le ministre des finances y fera le rapport des affaires & rédigera les résolutions de S. M. dont il tiendra registre.

On prétend que le sieur de *Bourgade* sera appellé pour y tenir la plume, comme greffier ou secrétaire du comité.

Cela ne changera rien à l'établissement du conseil royal des finances, que S. M. se réserve d'assembler comme par le passé.

Les affaires contentieuses continueront d'être portées au comité contentieux, dont on confirme l'établissement.

Tous les ordonnateurs, sans aucune exception, remettront incessamment à S. M. l'état des dettes arriérées de leur département respectif au 1 janvier 1783, ainsi que celui des dépenses ordinaires &

extraordinaires qu'ils eſtimeront indiſpenſables en temps de paix.

Ces états revus, vérifiés & diſcutés par le miniſtre des finances & l'ordonnateur, feront arrêtés au comité, en préſence de ce dernier, toujours appellé lorſqu'il ſera queſtion de ſon département.

Toutes les demandes tendant à obtenir des dons extraordinaires ou le paiement d'anciennes créances, & généralement toutes les demandes afin d'emploi de nouvelles charges dans les états, feront portées au comité & diſcutées en préſence du roi.

Le ſieur *Moreau de Beaumont*, conſeiller d'état ordinaire, & au conſeil royal, ſera appellé lorſqu'il ſera queſtion de conceſſions de bois ou de domaines.

L'adjudication ou délivrance des revenus du roi, en ferme ou en régie, ſera faite au comité.

Les fermiers, régiſſeurs & receveurs des deniers royaux remettront inceſſamment au miniſtre des finances l'état de leurs recettes, fermes ou régies, & des frais de perception, avec leurs obſervations ſur les moyens de diminuer les frais & de ſimplifier les impoſitions.

Le miniſtre des finances en rendra compte au comité ; il y joindra ſes remarques & l'on ſtatuera deſſus.

Le miniſtre des finances eſt autoriſé à ſe faire aider dans ſon travail par des membres du conſeil pour les rapports à faire, ainſi qu'à employer deux officiers de la chambre des comptes pour les objets de comptabilité, & deux de la cour des aides, pour la partie des impoſitions.

Au ſurplus, toutes les diſpoſitions du réglement du 15 septembre 1661, fait par *Louis XIV*, que S. M. prend ici pour exemple, seront exécutées en ce qui n'y est pas dérogé aujourd'hui.

9 Mars. En 1722, à la mort *de Marlborough*, ce général Anglois si funeste à la France par les batailles *d'Hochstet* & de *Ramillies*, il se composa en réjouissance une de ces chansons bêtes dont la police amuse la canaille de la capitale sans interruption, dans l'ordre des événements. Cette chanson fit une fortune considérable alors. On a vu que le sieur de *Beaumarchais* avoit rajeuni l'air sur lequel elle étoit composée. Par une circonstance assez bizarre, personne ne savoit à la cour cet air niais & plat. Madame *Poitrine*, seule, la nourrice du Dauphin, l'avoit apprise dans son village, & un jour qu'elle la fredonnoit, le roi & la reine la surprennent & la forcent de la chanter. Ils s'en amusèrent. Ils voulurent l'apprendre, & les courtisans ne manquèrent pas de singer leurs maîtres : de-là la fortune incroyable de la romance de *Beaumarchais*.

Les chansonniers de la police ont profité de cette circonstance pour remettre en lumière la chanson originale qui s'est bientôt répétée dans toutes les rues. Le sieur *Audinot* a mis en action cette chanson par une pantomime grivoise, intitulée *Mal'broug s'en vat-en-guerre*, & *Nicolet* par une autre encore plus burlesque ; enfin, les masques de ce carnaval l'ont exécutée de toutes parts, & l'on ne voyoit que des chars funéraires de Marlboroug avec cent farces de différentes espèces analogues, qui ont donné lieu de remonter à leur origine & d'en suivre la filiation.

9 Mars. Le livre des *Lettres de cachet & des prisons d'état*, est donné comme une œuvre posthume, composée en 1778; cependant, il passe pour constant qu'elle est de M. de Mirabeau, le fils, heureusement plein de vie. Elle est en deux volumes en effet, dont l'un plus gros ayant trois cent soixante-six pages. L'auteur traite d'abord la question de droit. Il prouve que la prérogative royale par laquelle un citoyen peut être détenu prisonnier, en vertu d'une lettre close & sans aucune forme judiciaire, est une violence contraire à notre droit public & réprouvée par nos loix; que, fût-elle fondée sur un titre légal, elle n'en seroit pas moins illégitime & odieuse, parce qu'elle répugne au droit naturel, parce que les détentions arbitraires sont destructives de toute liberté, & que la liberté est le droit inaliénable de tous les hommes. Il prouve enfin que l'usage des lettres de cachet est tyrannique, sous quelque point de vue qu'on l'envisage, & que son utilité prétendue, entiérement illusoire, ne sauroit jamais balancer les inconvénients terribles qui en résultent.

Après avoir ainsi considéré les lettres de cachet relativement au droit positif, au droit naturel, à la société, aux particuliers, il rend compte de l'administration intérieure du donjon de Vincennes: il propose ensuite des moyens fort simples de s'assurer des principaux abus de cette gestion infidelle & oppressive, & d'y apporter un remede efficace & sûr.

Telle est la division de ce traité parfaitement bien conçu, digéré long-temps, nourri d'une érudition profonde, plein d'une logique irrésistible, fortement pensé & éloquemment écrit en beaucoup d'endroits, où il tire les larmes des yeux du lecteur.

10 *Mars.* Extrait d'une lettre de Toulouse, du 28 février.... Un monstre, plus cruel que la fameuse hyene du Gévaudan, a enfin expié par son supplice toutes les horreurs dont il s'étoit rendu coupable. C'étoit un maçon de profession, nommé *Blaize Ferrage*, né dans le comté de Comminges. Il étoit très-petit de taille, mais d'une force extraordinaire, fort brun, vicieux & libertin par tempérament ; craignant les poursuites de la justice pour les excès auxquels il s'étoit déja livré dès l'âge le plus tendre, poursuivant & prenant de force les personnes du sexe, il s'étoit retiré à vingt-deux ans dans les montagnes d'Aure, voisines de sa patrie ; il s'y étoit établi dans la concavité d'un rocher placé sur une hauteur ; il se répandoit de là dans les campagnes ; il enlevoit les brebis, les moutons, les veaux, la volaille pour se nourrir, & les femmes & les filles pour assouvir sa brutale passion : comme il manquoit souvent de vivres au bout d'un certain temps par les précautions des habitants, on prétend qu'il étoit devenu antropophage & se nourrissoit de la chair des personnes du sexe qu'il avoit enlevées, auxquelles il coupoit le sein, & arrachoit les intestins & le foie, mets succulents pour lui.

Ferrage a continué impunément pendant trois ans environ ce genre de vie atroce & monstrueuse ; & l'on fait monter à plus de quatre-vingts les filles & femmes, ses victimes : il marchoit toujours armé d'une ceinture de pistolets, d'un fusil à deux coups & d'une dague ; il alloit dans la ville la plus prochaine de sa retraite pour acheter de la poudre & des balles, & la maréchaussée n'osoit l'arrêter. Plusieurs communautés s'étoient cotisées pour donner une récompense à celui qui parviendroit à le livrer à la justice : il a fallu ruser, & un autre criminel à qui l'on avoit promis sa grace, s'il le livroit, ayant joué le rôle d'un faux ami, l'a fait prendre.

Par arrêt du 12 décembre 1782, le parlement de cette ville l'a condamné à expirer sur la roue. Il a été exécuté le 13 en présence d'une foule immense ; on avoit triplé la garde, il marcha au supplice d'un visage serein, & n'a point démenti en ce moment son caractere atroce.

10 *Mars*. On parloit beaucoup de rebâtir une grande partie du château de Versailles, & tous les artistes s'évertuoient pour donner des projets. Mais le roi a déclaré que les travaux seroient remis à trois ans, & qu'il vouloit que les dettes de la guerre fussent acquittées avant.

On ajoute que le prévôt des marchands ayant été demander au roi si la ville disposeroit de loin des fêtes pour la paix, S. M. lui avoit répondu séchement : que la ville paie plutôt ses dettes.

Cependant on sait que le parlement ayant commencé à prendre connoissance des dettes de la ville & de la maniere dont elle perçoit les octrois à l'occasion d'une augmentation qu'elle a voulu mettre sur le prix des places & sur le port des marchandises par les coches d'eau, le roi a mandé le premier président, & lui a dit que son intention étoit que le parlement ne s'immisçât point dans cette comptabilité, dont elle se réservoit la connoissance.

11 *Mars*. M. le chevalier, ci-devant abbé de *Langeac*, connu dans la littérature par des prix ou des *accessit* remportés à l'académie françoise,

s'essaie aujourd'hui sur le théatre italien. Depuis long-temps il avoit composé un petit drame en deux actes & en vers, intitulé *Coraly & Blanford* ou *la force de l'amitié*, sujet tiré d'un conte de M. *Marmontel*. M. *Dorat* dans le temps qu'il rédigeoit le *Journal des Dames*, ayant eu connoissance du manuscrit, en avoit enrichi sa feuille, ce qui lui avoit attiré des reproches de l'auteur. Quoi qu'il en soit, autant qu'on peut se le rappeller, l'ouvrage est triste, langoureux & monotone.

11 *Mars*. M. *le Fevre*, auteur connu de plusieurs tragédies, en a desiré faire jouer une nouvelle, intitulée *Dom Charlos*: avant de la mettre au théatre, comme le sujet, quoique n'appartenant pas à la dynastie régnante, est tiré de l'histoire d'Espagne, on a cru devoir obtenir avant l'agrément de M. le comte *d'Aranda* : mais ce ministre, sans dire positivement qu'il s'opposoit à la représentation, a répondu qu'il ne voyoit pas de nécessité de la jouer, qu'il n'y auroit pas de mal à ne la pas donner, & l'on n'a jamais pu le tirer de là.

11 *Mars*. *Le Musée de Paris* a tenu lundi 6 une assemblée publique & générale, plus solemnelle que toutes celles qui ont eu lieu jusqu'à présent : & cela devoit être, puisque la paix en étoit l'objet. Il étoit question en conséquence de célébrer la naissance de la nouvelle république des Etats-Unis, hommage qui lui a été rendu en la personne de M. *Franklin*, son représentant. Ce grand homme étoit là au milieu des membres de la société ; il a constamment écouté les divers ouvrages en vers & en prose qui ont été lus sur cette matiere. On a fait l'inauguration de

son buste, présenté par M. *Houdon*, aux acclamations de tous les spectateurs, & le tout a été terminé par un concert & par un souper que lui a donné M. *Court de Gebelin*, le principal fondateur de l'assemblée, son président jusqu'à présent, mais qui, remplacé par M. *Cailhava d'Estandoux*, n'est plus que président honoraire. Là *inter scyphos & pocula*, dans une aimable délire, on a couronné de lauriers & de myrtes la tête même de M. *Franklin*. Ce n'est pas un spectacle peu philosophique sans doute de voir un personnage grave comme M. *Franklin*, accablé des affaires les plus importantes sur-tout en ce moment, s'occuper de pareilles niaiseries littéraires, assister à ses jeux enfantins & s'en amuser.

12 *Mars*. C'est dans les premiers mois de 1777 que M. *de Mirabeau*, après avoir été détenu précédemment huit mois dans un fort, fut enfermé au donjon de Vincennes, où par la bienveillance de M. le Noir ayant obtenu à discrétion de l'encre, du papier, des livres & la jouissance d'une partie de ses manuscrits saisis, il écrivoit son livre en 1778 : il se ressent de la patience incroyable qu'exigeoit son entreprise. On ne peut concevoir qu'en le lisant la quantité d'ouvrages, très-savants la plupart, & en différentes langues, qu'il a étudié, approfondis, traduits, & s'est ainsi rendus propres, car son érudition n'est pas pesante, ni ennuyeuse ; elle est très-bien fondue dans son traité, & y ajoute seulement de la force & du poids.

On voit en lisant un discours que M. *de Mirabeau* adresse à son fils dans sa péroraison, qu'il étoit pere lorsqu'il fut arrêté, qu'il lui destinoit cet ouvrage, mais que cet enfant n'étoit déja plus, & que sa mort a été la premiere nouvelle qu'il a apprise en sortant.

On voit encore dans le courant du livre, que M. de *Mirabeau* est l'auteur de *l'Essai sur le Despotisme*, dont on a parlé dans le temps avec les éloges qu'il méritoit : puisse-t-il en donner, comme il le fait espérer, plusieurs autres dans le même genre, & défendre, protéger, consoler du moins par sa plume éloquente tant de malheureuses victimes gémissantes sous le sceptre de du despotisme.

12 Mars. La *société royale de médecine* a tenu hier son assemblée publique, mémorable par la distribution du prix dont le sujet proposé dès le carême 1778, étoit de *déterminer le meilleur traitement de la rage*. Une somme de 1,200 liv. avoit été consacrée à cet effet par M. le Noir, lieutenant-général de police & membre de la compagnie. Il a eu la satisfaction de voir cette question si utile à l'humanité, résolue enfin après un si long temps dans plusieurs mémoires.

Celui de M. *le Roux*, chirurgien-major de l'hôpital général de Dijon, a mérité la préférence ; cependant il n'a eu que la moitié du prix : M. Baudot, docteur en médecine à la Charité sur Loire, & M. Bouteille, à Manosque en Provence, ont partagé l'autre.

Le zele de M. *le Noir* pour les progrès de cette compagnie, & sa bienfaisance pour le public, se sont encore manifestés par une somme de 600 liv. que ce magistrat a donnée pour en former un prix, dont le sujet est de *déterminer quelles sont parmi les maladies, soit aiguës, soit chroniques, celles qu'on doit regarder comme vraiment contagieuses ; par quels moyens chacune de ces mala-*

dies se communique d'un individu à un autre, & quels sont les procédés les plus sûrs pour arrêter les progrès de ces différentes contagions. Ce prix sera décerné dans la séance publique du carême de 1785.

12 *Mars.* La comédie de M. *le chevalier de Langeac*, jouée hier, n'est pas tombée, a été même assez applaudie, graces aux nombreux partisans qu'il avoit dans le parterre. On l'a déja dit: ce sujet n'est rien moins que neuf; on a vu qu'il étoit tiré d'un conte de *Marmontel.* En outre, il a été mis en opéra comique au même théatre en 1771, & depuis réduit de deux actes en un, en 1776. Assurément l'auteur actuel n'y a rien ajouté capable de l'améliorer. Le fonds est toujours monotone, triste, larmoyant & fade; les mots d'amour, d'amitié & de cœur y sont répétés jusqu'à la satiété. Les acteurs restent, depuis l'exposition jusqu'au dénouement, dans la même situation: on ne voit qu'une versification assez douce, quelques vers bien tournés, quelques-uns de sentiment, qui aient pu mériter au poëte de l'indulgence auprès des spectateurs impartiaux.

Cependant, après la piece, on a demandé l'auteur avec instance. Les comédiens, ne tenant compte de ces clameurs, avoient fait tomber la toile & se mettoient peu en devoir de satisfaire le public. Le parterre alors n'a pas voulu en démordre, les clameurs sont devenues si fortes & si générales, que la toile s'est relevée, & le sieur *Raymond* est venu dire qu'on ne connoissoit pas l'auteur: alors quelqu'un a crié: *N'est-il pas chevalier de Malte?* L'acteur a répliqué qu'il n'en savoit rien, & s'est retiré.

M. le chevalier de Langeac, en effet chevalier

de Malte, avoit été durant toute la piece à une loge des troisiemes avec la demoiselle Adeline, actrice de ce spectacle, à laquelle il est attaché; & par les applaudissements nombreux qui partoient de la loge, il étoit aisé de juger de l'intérêt qu'on y prenoit au succès de la piece. Le chevalier, dès la fin, avoit eu la prudence de se retirer promptement.

12 *Mars*. Extrait d'une lettre de Besançon, du 3 mars 1783..... Messieurs, mortifiés du silence de la cour, laissent enfin percer des copies de leur arrêté, qui est fort long ; ils rendent compte de ce qui s'est passé dans leur assemblée, & en voici les circonstances intéressantes.

L'assemblée, pour délibérer sur le travail des commissaires, fixée au 12 février, avoit été renvoyée à huitaine : en conséquence, les chambres se sont assemblées le 19. M. le premier président y a prononcé d'adord la déclaration suivante.

« Messieurs —— il me revient de toutes parts
„ qu'on me fait l'injure de me soupçonner d'être
„ l'auteur, le conseil, le rédacteur des ordres
„ que le roi a fait exécuter le 6 septembre
„ dernier.

„ Je déclare que je n'y ai d'autre part que
„ d'avoir fait tout ce qui dépendoit de moi pour
„ l'empêcher, en représentant fortement qu'il ne
„ falloit ni prorogation, ni enrégistrement avant
„ la levée des séances du parlement, pour un
„ impôt qui ne devoit avoir lieu qu'à com-
„ mencer du 1 janvier suivant. »

Jaloux, comme je dois l'être, Messieurs, de conserver votre estime dans tous les temps, c'est à vous-mêmes que je me plains de cet injurieux soupçon, & je dépose au greffe ma présente déclaration.....

Ce qui a été fait, & n'a détrompé personne.

Ensuite, M. le premier président a dit que messieurs les commissaires étoient prêts de rendre compte à la cour de l'exécution de ses ordres; sur quoi tous messieurs les commissaires ont été entendus successivement, & la matiere mise en délibération. On a formé un arrêté très-long, mais haché, mutilé, parce que celui des commissaires infiniment plus fort, a trouvé des contradicteurs dans plusieurs membres pusillanimes & gagnés par la cour, ou par le premier président. Au reste, en voici le résultat.

La cour persistant dans ses protestations du 5 septembre 1782 & en celles qui ont suivi, proteste de nouveau contre tout ce qui a été fait au préjudice de l'autorité du roi, des loix de la monarchie, des droits de la nation, de l'honneur & de la dignité de la magistrature, se réservant de statuer sur l'effet desdits arrêtés & protestations.

A délibéré de faire au roi de très-humbles & très-respectueuses remontrances sur tous les objets dont mention est faite au présent arrêté.

Suit une longue énumération de doléances & de griefs sur lesquels la cour supplie S. M. de faire droit.

Arrêté de plus, que le seigneur roi sera supplié de permettre que lesdites remontrances lui seroient portées par une grande députation de son parlement.

En outre, pour donner plus de poids à cette démarche, plusieurs membres, instruits de l'intérêt que le parlement de Paris prenoit à cette affaire, d'une dénonciation relative entamée par M. *Robert* à la troisieme chambre des enquêtes, qui attendoit les pieces juridiques pour y donner suite & la former en regle à l'assemblée des chambres, avoient ouvert l'avis d'ordonner que, vu la difficulté de faire parvenir la vérité aux pieds du trône, il seroit envoyé expédition de tous les arrêts, arrêtés & remontrances de la cour, aux princes, aux pairs & aux divers parlements du royaume, & qu'ils seroient engagés d'interposer leurs bons offices auprès du roi, afin d'éclairer sa religion surprise.

Cette délibération, dont les ministres redoutoient les suites, a été vivement combattue par leurs créatures, en sorte qu'elle n'a eu que vingt-trois voix à l'affirmative contre vingt-huit pour la négative, & ce coup de parti a manqué.

13 *Mars*. Le procès des *Montesquiou* s'accusant réciproquement d'être de faux *Montesquiou*, se plaide constamment aux requêtes de l'hôtel avec la plus grande solemnité. Il attire plus de monde aux audiences que le procès des *Crequi*. Toute la noblesse s'y intéresse encore plus vivement, en ce que le *Montesquiou*, premier écuyer de *Monsieur*, ayant voulu s'élever infiniment au dessus d'elle par la prétention de venir de la premiere race des rois de France, elle ne seroit pas fâchée de le voir humilié & rabaissé au niveau des gentilshommes ordinaires. On rappelle à cette occasion le mot du comte de *Maurepas*, lorsqu'il remit à monsieur de *Montesquiou* les lettres-patentes de *Louis XVI*, qui lui accorde sa demande. « Avant,
„ lui dit-il, il faut que vous me donniez votre
„ parole d'honneur sur un point que le roi exige,

,, & qu'au surplus vous lui devez par reconnois-
,, sance. Voilà l'acte authentique suivant lequel
,, vous êtes *Fezenzac*, conséquemment descendant
,, de *Clovis*.....mais au moins laissez-nous trôner.,,

En outre M. *de Montesquiou* passe pour fort altier, fort insolent; ce qui révolte tous ceux qui ont affaire à lui, & même les courtisans qui sont dans le cas d'y avoir rapport. On assure que la reine ne peut pas le souffrir, que S. M. ne seroit pas fâchée de le voir succomber & puni de son impudence. On raconte à cette occasion qu'un inconnu vint, il y a quelque temps, offrir à l'abbé de la *Boulbenne*, qui suit le procès au nom de sa famille, une somme de 24,000 liv. ce dont sa délicatesse fut d'abord offensée; mais que l'autre insista en lui disant : " Monsieur, ces fonds
,, vous viennent d'une main dont il n'est point de
,, gentilhomme dans le royaume qui ne puisse
,, accepter les secours, sans rougir.,,

Quoi qu'il en soit, il tombe à ces messieurs de l'argent de toutes parts ; &, malgré leur détresse, ils ont abondamment de quoi suffire aux frais immenses du procès.

Ce qui acheve d'aliéner à M. *de Montesquiou* tous les gens honnêtes & sensibles, c'est sa dureté envers ces messieurs *de la Boulbenne*, qu'il ne peut s'empêcher de reconnoître pour ses parents au moins du côté des femmes. On a déja dit comment il avoit empêché l'abbé, en le reniant, d'obtenir les faveurs du ministre de la feuille : il a également empêché un autre frere d'être reçu garde-du-corps dans la compagnie de Beauveau ; heureusement que le *duc de Villeroy* l'accueillit, malgré le désaveu de M. *de Montesquiou*; enfin, il ne voulut s'intéresser à faire obtenir une compagnie de cavalerie à un troisieme frere, qu'à condition qu'il signeroit un acte par lequel il se désisteroit d'être *Montesquiou*; démarche dont ses freres le blâmerent beaucoup, & dont il se rétracta bien vîte.

C'est M. *Polverel*, avocat fameux du parlement de Bordeaux, passé & fixé à Paris, qui plaide pour les *la Boulbenne*; il ne s'est décidé à les défendre qu'après avoir été sur les lieux prendre tous les renseignemens nécessaires, & s'être convaincu par lui-même de la légitimité de leur réclamation. On ajoute qu'il a découvert que M. *de Montesquiou* se nommoit *Civet* de son vrai nom, sur quoi un calembour. *C'est un animal*, fait-on dire à cet avocat, *que je ne rendrai supportable qu'en en faisant un civet*. Au reste, toutes les fois que cet orateur plaide, il est applaudi à tout rompre; mais aujourd'hui il s'est surpassé au point que ceux qui en desirant que ses parties gagnassent, regardoient intérieurement leurs titres comme très-mauvais, sont sortis convaincus, & trouvent leur cause excellente.

Au contraire, toutes les fois que M. *Treillard* parle pour M. *de Montesquiou*, il regne un silence morne parmi les auditeurs. Celui-ci s'est apperçu de cette défaveur & s'est écrié: *Je savois bien que j'avois beaucoup de jaloux & d'envieux; mais je ne croyois pas avoir autant d'ennemis*.

14 *Mars.* Les *Fastes de Louis XV*, sous ce titre magnifique, cachent une stérilité, une misere bien réelle. C'est une rapsodie véritable, sans goût, sans choix, sans méthode. L'auteur commence par décrier celui de la *Vie privée*, & il en copie quelquefois huit à dix pages de suite; il en prend des paragraphes entiers, les portraits, les opinions:

il pille également l'*Espion Anglois*, les *Anecdotes de madame Dubarri*, & plusieurs autres ouvrages, qu'il gâte souvent par des interpollations ridicules, par quelques expressions de son cru, triviales ou grossieres. Au milieu de sa narration, il la coupe par des vaudevilles du temps, par des bons mots pris dans les *ana*, par d'autres citations qui font perdre de vue l'objet principal... Sans doute l'histoire n'est pas un roman, un ouvrage d'imagination, les faits en sont communs à tout le monde ; mais c'est la maniere de les rendre, de les placer, de les discuter ; c'est la façon de peindre, de donner de l'intérêt & du piquant, une tournure philosophique aux moindres choses ; c'est le style convenable à la nature de la narration, qui en font le mérite & qui distinguent le véritable historien du compilateur ou du rapsodiste. Ce qui paroît appartenir sans contestation à l'auteur des fastes, ce sont des lettres impertinentes qu'il a composées & qu'il attribue à différents personnages importants bien étonnés, s'ils vivoient, du langage qu'on leur fait tenir.

15 *Mars*. Il perce ici des copies de l'arrêté du parlement de Besançon, du 19 février, qui est en effet très-long. On est effrayé de la quantité d'abus contre lesquels il réclame. Il supplie le roi,

1°. D'abréger la durée des vingtiemes, de supprimer 255,000 liv. ajoutées en 1772 & 1781 à l'abonnement des premier & second vingtiemes, & de retrancher le tiers du troisieme à raison de l'exemption de l'industrie.

2°. De maintenir l'exécution des loix qui défendent la perception d'aucuns impôts qui ne seroient pas établis par édit vérifié dans les cours ; en conséquence, de défendre la levée d'une somme de 60,000 liv. ordonnée par arrêt du conseil du 28 mars 1782, en sus du taux de l'abonnement des vingtiemes.

3°. D'ordonner que la déclaration du 13 février 1780 soit exécutée en conformité de son enregistrement, & que le montant de la capitation porté à 1,023,000 liv. sera réduit à 700,000 liv. de principal, avec les quatre sous pour livre pour le temps qu'ils doivent durer, & les frais de perception en conformité des édits concernant les receveurs généraux & particuliers.

4°. De diminuer le nombre des bataillons de milice de la province, à proportion de son étendue & de sa population ; de réduire l'entretenement de la milice à la somme de 102,686 liv. comme il étoit fixé avant la guerre, au lieu de celle de 334,050 liv. à laquelle il a été porté depuis 1780.

5°. De proportionner les frais du tirage & petit équipement de la milice à la dépense effective, sans qu'elle puisse être augmentée pour quelque prétexte que ce soit.

6°. De régler l'impôt connu sous le nom *d'excédent des fourrages*, suivant le nombre des troupes de cavalerie ou de dragons qui sont en quartier dans la Franche-Comté ; d'en supprimer toutes dépenses étrangeres, & d'en assurer la comptabilité.

7°. De ne pas multiplier les charges locales, de n'en ordonner que de nécessaires ; de fixer la dépense de chacune d'elles, sans pouvoir l'augmenter ni l'étendre.

8°. De ne comprendre dans la liste des logements dont les villes sont chargées, que les
officiers

officiers employés, & pour le temps de leur service.

9°. D'ordonner que le sol par pain de sel Roziere destiné au remboursement des charges de la chambre des comptes & autres dépenses d'utilité publique, détourné de sa destination, soit distrait du bail des fermes, pour être rendu à son premier emploi.

10°. De rembourser lesdites charges de la chambre des comptes avec les sommes perçues jusqu'à présent : & comme elles sont suffisantes pour effectuer ce remboursement, de supprimer après qu'il sera fait, l'imposition des 35,000 liv. levées pour cet objet.

11°. De rendre à l'ôpital des mendiants les trois deniers pour livre de l'imposition ordinaire qui lui étoient affectés par l'édit du mois de juillet 1724. De supprimer les trois deniers pour liv. des impositions extraordinaires qui les ont remplacés, & d'assurer la comptabilité des deniers de l'administration de cet hôpital.

12°. De ne pas permettre la multiplication des chemins inutiles au public, de défendre l'adjudication des corvées à prix d'argent, contre le gré des corvéables, & d'empêcher les vexations des commis aux ponts & chaussées.

13°. Que tous les impôts, ainsi que ses différentes dépenses d'administration, soient connus & désignés dans les mandements par leur nom, sans être déguisés & confondus dans une imposition générale.

14°. Que les retranchements faits sur les taxations des receveurs généraux & particuliers, par édit des mois d'octobre 1781 & janvier 1782, profitent aux contribuables, & ne soient plus compris dans la masse des impositions.

15°. De maintenir l'exécution de différents rachats faits par la province, d'offices & autres droits, & de réparer les atteintes qui y ont été portées.

Enfin, d'accorder au peuple tous les soulagements qu'il espere de la bonté de sa majesté & qu'il attend du retour de la paix.

15 *Mars*. M. de *Ragny*, enfermé depuis quarante ans, & peut-être plus, vient de terminer ses jours à Pierre-Scize; il laisse par sa mort 60,000 liv. de rentes de biens substitués à monsieur de Montigny, trésorier des états de Bourgogne.

Le crime de ce gentilhomme étoit d'avoir assassiné par jalousie un M. *de Jaucourt*.

Il jouissoit de sa fortune dans sa prison, avoit une sorte de liberté de voir & de recevoir du monde; il donnoit à manger, &c.

16 *Mars*. Outre les pieces énoncées déjà concernant la législation de la comédie italienne, il y en a d'autres concernant son régime, non moins bonnes à connoître.

1°. Un plan d'administration intérieure du 6 mars 1780, concernant la recette journaliere; la recette des loges à l'année, la dépense, les opérations annuelles, les réglements pour les habits que les acteurs doivent se fournir, & pour ceux que la comédie doit leur procurer.

2°. Réglement signé par les premiers gentilshommes de la chambre, relativement au comité, aux semainiers, aux assemblées, aux délibérations, aux débats, aux pieces nouvelles, aux droits des auteurs, & à divers autres objets de police intérieure.

3°. Réglement concernant l'orcheftre, & un autre pour la danfe.

Voici les articles les plus effentiels & les plus à connoître de tout ceci, relativement aux droits des auteurs. Les repréfentations des pieces à ariettes feront libres tous les jours de la femaine, excepté le mardi & le vendredi, fuivant l'accord fait avec l'opéra.

Les repréfentations des opéra comiques en vaudevilles & des comédies françoifes, feront libres quelque jour de la femaine que ce foit; mais les pieces de ces deux genres ne pourront être jouées la premiere fois que les mardi & vendredi.

La part des auteurs des pieces à ariettes, fera d'un neuvieme pour les pieces en trois actes & plus; d'un douzieme pour les pieces en deux actes, & d'un dix-huitieme pour les pieces en un acte.

Cette part d'auteur fera partagée en deux moitiés; l'une pour le poëte, l'autre pour le muficien.

Les parodies, de tel nombre d'actes qu'elles foient compofées, feront toujours regardées comme pieces d'un acte, & leur honoraire fera fixé au dix-huitieme, quelque jour de la femaine qu'elles foient données.

La part d'auteur d'une comédie françoife, ou opéra comique, vaudeville, variera fuivant les jours où la piece fera jouée. Les mardi & vendredi, cette part fera d'un neuvieme pour les pieces en trois actes & plus, d'un douzieme pour les pieces en deux actes, & d'un dix-huitieme pour les pieces en un acte. Les autres jours de la semaine, lorsqu'on jouera quelqu'une de ces sortes de pieces, avec ou sans une autre à ariettes, quelconque, la part d'auteur sera réduite à moitié, suivant le nombre des actes déja désignés.

Ces parts seront prises sur la recette journalière à la porte, & non sur le produit des loges à l'année ; sur cette recette on prélevera le quart franc pour les pauvres & 350 livres pour les frais journaliers.

Les auteurs enfin jouiront de leurs honoraires toute leur vie, excepté des représentations où la recette sera au dessous de 600 livres l'été, c'est-à-dire, à compter depuis le 15 mai jusqu'au 15 novembre, & de 1,000 livres l'hiver, depuis le 25 novembre jusqu'au 15 mai.

16 *Mars*. Il passe pour constant que M. le duc *de Chartres* se proposoit d'aller habiter Londres pendant quelques années, avec madame la duchesse & ses enfants, qu'il avoit même déja fait louer un hôtel à cet effet ; mais qu'ayant été demander la permission au roi, S. M. lui avoit témoigné le peu de regret qu'elle avoit de lui voir quitter la France, que madame la duchesse de Chartres étoit fort libre d'y aller, si ce séjour lui convenoit ; quant aux enfants, il lui a demandé qu'elle étoit son idée à cet égard, & M. le duc de Chartres ayant répondu que c'étoit pour les élever à l'angloise, le roi, indigné de ce propos indécent, lui a répliqué *qu'ils étoient à l'état*, & qu'il s'opposoit à ce qu'on les conduisît en pays étranger.

16 *Mars*. Les comédiens italiens annonçoient depuis long-temps un opéra comique, à ariettes en trois actes, intitulé : *le Corsaire*, dont les paroles sont de M. *de la Chabaussiere*, & la mu

fique de M. *Daleyrac* ; une incommodité survenue à Mlle. *Colombe* , le jour même de la représentation, l'avoit fait différer. Il doit avoir lieu demain ; il a été joué à la cour avec beaucoup de succès. On dit cependant la piece pleine de gravelures. On trouve la musique d'un excellent genre.

17 *Mars*. On a prétendu que *les Fastes de Louis XV* avoient été composés par un partisan des *Choiseul*, & à leur instigation pour contrebalancer dans le public les fâcheuses impressions qui pourroient résulter de l'anecdote grave, déja insinuée dans la *Vie privée de Louis XV*, & rapportée comme certaine dans *l'Espion dévalisé* ; mais les fastes ont paru avant celui - ci , & d'ailleurs les Choiseul eussent choisi un défenseur plus digne du héros. On trouve bien en effet dans le livre en question un éloge pompeux de l'ex-ministre, mais si fade & si outré , qu'on doute qu'il en soit fort content lui-même , & dans cette occasion on pourroit lui dire, comme *Rousseau* à *Catinat* :

O grand Choiseul ! quelle voix enrhumée
De te louer ose usurper l'emploi !
Mieux te vaudroit perdre ta renommée,
Que l'or cueillir de si chétif aloi.

17 *Mars*. M. *Freteau*, conseiller au parlement, jusqu'ici bien honnête, très - estimé, s'est laissé, dit-on, tourner la tête par l'ambition : à l'occasion de son beau-frere M. *Dupaty*, ayant eu lieu de voir beaucoup M. le garde-des-sceaux , il s'est fait connoître des ministres, & auroit le projet

d'être lieutenant de police. Du moins tel est l'objet, suivant le bruit général du palais, qu'il a eu en vue en dénonçant à sa compagnie des maisons de santé établies par ce magistrat aux quatre extrémités de la ville, comme autant de prisons privées où il receloit les victimes du despotisme des divers ministres. Il a même articulé aux chambres assemblées le fait d'un captif de cette espece, dont le hasard lui avoit fait tomber entre les mains la réclamation.

Quoi qu'il en soit, le roi a justifié lui-même le lieutenant de police à cet égard, en déclarant qu'il avoit une parfaite connoissance de ce prisonnier coupable envers sa personne. On veut que ce soit un homme véhémentement soupçonné de placards injurieux contre S. M., qu'elle a eu l'indulgence de ne pas vouloir mettre aux mains de la justice, & de punir ainsi.

17 *Mars*. La piece du *Déjeûner interrompu*, en prose & en deux actes, jouée aujourd'hui pour la premiere fois, dont les comédiens n'avoient pas une grande opinion, a été assez bien accueillie, sur-tout le second acte, où l'auteur femelle a porté toute l'intrigue & tout le comique de cette bagatelle. Du reste, le fonds en est peu neuf, même très-usé; & il n'est pas relevé par des détails assez piquants, assez frais, assez agréables pour mériter à l'auteur autre chose que l'indulgence due à son sexe, qu'on avoit réclamée indirectement en faisant mettre sur l'affiche, *par une dame*.

Cette dame est madame de *Montanclos*, ci-devant la baronne de Princen, qui a eu pendant quelque temps le privilege du *Journal des Dames*: elle a épousé en secondes noces un brigadier des gardes-du-corps; elle a la protection de la reine, dont elle s'est fait connoître comme allemande, & a mérité ses bontés au point que S. M. a daigné tenir sur les fonds de baptême un fils qu'elle a eu de son second mariage. Elle étoit très-brillante du temps de son premier mari; mais par défaut de conduite, ils ont tout mangé, & elle s'est trouvée réduite à vivre de ses ouvrages. Elle avoit composé une piece à l'occasion de la naissance de monseigneur le dauphin ; mais le roi n'ayant pas voulu permettre qu'on jouât rien à ce sujet sur aucun théatre, elle n'a pu être exécutée.

18 *Mars*. Le parlement depuis quelques temps est en fermentation; mais, par sa mollesse, il ne produit rien, & ne reçoit sur les divers objets qui l'occupent, que des mortifications de la cour.

L'article des cabriolets, sur lequel l'on ne l'eût peut-être pas arrêté, n'a paru susceptible d'aucun réglement. On a senti qu'il n'étoit pas possible de les supprimer, en forçant d'aller à pied ceux qui ne pourroient avoir deux chevaux ; qu'il seroit illusoire d'un autre côté de menacer d'une amende ceux qui n'iroient pas au pas : comment constater le fait ? Faut-il punir de son impéritie un homme qui n'aura pas l'adresse de contenir son cheval & de le réduire au pas, lorsqu'il voudra prendre une autre allure ? Messieurs se sont contentés de se promettre de ne point donner de mauvais exemple à cet égard, & d'en faire un du premier étourdi qui se trouveroit mis en justice pour semblable délit.

L'article des prisons privées ou bourgeoises a paru mériter une toute autre considération. C'est

M. *d'Epremefnil* qui en a d'abord fait une dénonciation générale, qui a fait un discours touchant sur cette maniere illégale d'attenter à la liberté des citoyens, & sur la nécessité de réprimer l'excès de la tyrannie sous un prince qui ne veut régner que par les loix, qui aime sincérement la justice, qui desire le bonheur de ses sujets & s'en occupe essentiellement. Il a fait frémir les auditeurs en articulant, qu'il y avoit dans Paris & les environs vingt-deux maisons de cette espece; qu'il avoit fait le relevé des malheureux punis de cette sorte de captivité durant l'année 1777, & qu'il avoit trouvé que le nombre en étoit égal à celui des prisonniers conduits & arrêtés dans le même espace de temps, dans les prisons de la cour & autres judiciaires.

Il a été ensuite articulé deux faits, celui dont a rendu compte M. Freteau: d'un nommé *Merlincourt*, dont, par un hasard heureux, il avoit eu le renseignement dans un papier foulé aux pieds; ce qui l'avoit mis sur la voie, & dans le cas de remonter à la source des plaintes de ce malheureux; que par les notions qu'il avoit acquises à son sujet, il se trouvoit détenu depuis quarante-trois mois, sans avoir été interrogé; qu'il convenoit à la vérité, qu'après avoir été déja en chartre privée de la même maniere, & en être sorti, on l'avoit accusé d'avoir, pour premier usage de sa liberté, affiché dans le fauxbourg Saint-Antoine des placards contre le roi; mais qu'il falloit d'abord constater s'il y avoit eu réellement des placards de cette espece, & à cette époque, & que, y en eût-il eu, il défioit qui que ce soit de prouver qu'il fût coupable de ce crime de lèse-majesté; que dans tous les cas il demandoit que son procès lui fût fait en justice pour être puni suivant la rigueur des loix, s'il se trouvoit réellement atteint & convaincu de ce crime, ou élargi, s'il étoit innocent.

L'autre fait concerne un nommé *Minguet*, détenu d'abord dans une prison de cette espece, & transféré depuis plus d'un an à bicêtre, sans que sa femme ni son fils aient pu le voir. Ils savent bien qu'en général il est accusé d'avoir fait la contrebande; mais ils le regardent comme innocent. En un mot, on a péché également à son égard, en ne constatant pas le corps du délit, en ne l'interrogeant pas, en ne le mettant pas en justice réglée.

La cour, en se réservant de faire au roi des remontrances plus étendues sur le fonds, a arrêté toujours que, provisoirement & attendu l'urgence du cas, le premier président seroit chargé de se retirer pardevers le roi, pour lui donner connoissance de ces deux faits, lui exposer l'illégalité de pareilles détentions, & la nécessité que des commissaires de la cour puissent visiter ces maisons, comme les autres prisons, & en avoir l'inspection; enfin, demander que les deux accusés, s'ils sont prévenus de quelque délit, soient remis aux mains de la justice.

Le roi a répondu sur le premier chef qu'il désapprouvoit fort que son parlement voulût mettre des bornes à sa bienfaisance à l'égard du prisonnier qui s'étoit rendu coupable envers lui; que ce n'étoit point au parlement à s'immiscer dans les secrets de sa justice, & a fini par ces paroles dures & remarquables: *Que cela ne vous arrive plus.*

Sur le second chef le roi a dit au parlement

que ce *Minguet* étoit un contrebandier, que l'affaire regardoit la cour des aides.

Enfin, le roi en reconnoissant le droit qu'a le parlement de visiter les prisons, & sans lui ôter tout-à-fait celui de prendre connoissance de ces nouvelles, l'a restreint au premier président & au procureur-général qu'on instruiroit du nombre des prisonniers, de leur qualité, de leur délit & circonstances, & dont ils rendroient compte à la compagnie, lorsqu'ils en seroient requis; mais cependant avec la circonspection que mériteroient les différents cas.

Ces divers articles de la réponse ont donné lieu à une grande assemblée, où, sans acquiescer à la restriction mise par le roi, l'on a pris acte de l'espece de reconnoissance qu'il faisoit du droit du parlement, & l'on a arrêté que les deux magistrats se mettroient incessamment en état d'instruire la compagnie.

L'assemblée remise à la semaine prochaine.

18 *Mars*. Hier l'opéra comique du *Corsaire*, joué aux Italiens, a eu un plein succès.

On doit donner aujourd'hui au même théâtre la premiere représentation *des Aveux difficiles* de M. le baron d'Estat, comédie en un acte & en vers.

19 *Mars*. M. *Franklin*, aujourd'hui que l'indépendance, déja acquise de fait des états-unis, est confirmée de droit par la paix, fait frapper une médaille relative à ce grand événement. Elle représente Hercule au berceau étouffant deux serpents: un léopard surpris de sa force veut se jeter sur lui: il est repoussé par la France qui, sous la figure de Minerve, lui présente son égide où sont trois fleurs de lis: au bas sont les an-

nées 1777 & 1781, époques des capitulations des armées de *Burgoyne* & de *Cornwalis*, figurées par les deux serpents. Au revers est la Liberté, sous l'emblême d'une belle femme & dans l'exergue *Libertas americana*.

Il est également question d'ériger à *Louis XVI* sur la place principale de Philadelphie, en face du palais du congrès, une statue de bronze, avec cette inscription.

POST DEUM
DILIGENDA ET SERVANDA EST LIBERTAS
MAXIMIS EMPTA LABORIBUS
HUMANIQUE SANGUINIS FLUMINE IRRIGATA
PER IMMINENTIA BELLI PERICULA ;
JUVANTE
OPTIMO GALLIARUM PRINCIPE REGE
LUDOVICO XVI.
HANC STATUAM PRINCIPI AUGUSTISSIMO
CONSECRAVIT,
ET ÆTERNAM PRETIOSAMQUE BENEFICII
MEMORIAM GRATA REIPUBLICÆ VENERATIO
ULTIMIS TRADIT NEPOTIBUS.

19 *Mars*. *Monsieur* songe très-sérieusement à tirer parti du terrein qu'on lui a fait détacher de son jardin du Luxembourg ; il est question d'y établir la foire Saint-Germain ; mais un projet plus vaste a été aussi adopté par son altesse royale, comme très-propre à embellir son palais & à donner plus de valeur aux bâtiments qu'il se propose d'y faire construire.

M. *de Fer*, membre de l'académie de Dijon, ancien capitaine d'artillerie au service des colonies, l'auteur du mémoire lu à l'académie des sciences contre le pont de Neuilly, a présenté à *Monsieur* un projet, où, réformant celui de MM. *de Partieux* & *Peronnet* pour amener les eaux de l'Yvette à Paris, il en change la route, ainsi que les moyens indiqués, & surtout diminue la dépense au point que portée par les académiciens à huit millions, il l'a réduit à moins d'un million. C'est ce projet qu'il est question d'exécuter aux frais de son altesse royale, & dont il veut avoir la gloire. En conséquence, il ouvrira un emprunt, ou du moins l'on en parle déja.

M. *de Fer* est auteur d'un livre en trois volumes in-4°. intitulé: *Théorie générale des canaux de navigation.*

Il prétend avoir trouvé les moyens de conduire la Loire & la riviere d'Eure à Versailles, & de substituer à la Seine un canal de navigation depuis Paris jusqu'à Rouen, canal qui passeroit par Versailles & seroit alimenté par les mêmes eaux qui auroient décoré les jardins de ce palais & ceux de *Trianon*.

Ce projet effrayant par son étendue, jugé en partie physiquement impossible sous Colbert, n'a point découragé M. *de Fer*, & il en démontrera la possibilité sans de grandes dépenses.

Il a fixé l'attention du gouvernement sur un autre projet de garantir des inondations de la Saône, plus de cinq cents mille arpents de prairies; ce qui procureroit évidemment 15 millions de revenu annuel & peut-être 45, avec une premiere dépense de moins de 6 millions.

La Bresse, à ce qu'il nous apprend, s'occupe actuellement des moyens de faire exécuter son plan dans la partie qui la concerne.

Au surplus, M. *de Fer* n'est point un charlatan qui craigne le grand jour & les yeux des savants ; il n'a jamais proposé une idée au gouvernement sans l'avoir soumise au jugement de l'académie des sciences.

19 *Mars.* Depuis long-temps on crie contre le peu de soin des aménagements des forêts de sa majesté, contre l'énorme consommation de bois qui se fait à Paris ; on menace que le bois y manquera : on n'en a tenu compte. Le luxe n'a contribué qu'à faire croître cette dépense par la mollesse des grands seigneurs & des gens riches qui veulent des tuyaux de chaleur par-tout, des poëles jusques dans les escaliers ; enfin cette année, quoique l'hiver n'ait pas été rigoureux, on commence à s'appercevoir de la disette, tellement que le onze de ce mois le bureau de la ville a rendu une ordonnance qui défend aux marchands de bois de donner plus d'une demi-voie à la fois, & veut qu'il y en ait toujours 6,300 en réserve à l'usage des boulangers.

Le roi a ordonné sur le champ une coupe extraordinaire dans les bois de Vincennes & de Boulogne, & la ville a envoyé des échevins à la découverte pour faire arriver par terre, la riviere n'étant point navigable, le bois qui se rencontrera, suivant le droit qu'elle prétend avoir de s'emparer de tout ce qui se présente pour l'aprovisionnement de la capitale.

Les chantiers ne sont autorisés qu'à fournir l'intérieur de Paris, & les habitants de la banlieue ne peuvent s'y pourvoir.

Cet événement ne fait que redoubler les clameurs contre le prévôt des marchands. Ceux qui ne voient pas tout en noir, assurent que ce n'est pas le bois qui manque, & attribuent la disette actuelle à l'incurie du bureau de la ville, ou à son défaut de condescendance à des arrangements qu'on lui proposoit. On ajoute que S. M. a fait de vifs reproches à M. *de Caumartin*, & lui a dit qu'il vouloit que le réglement fût suivi, qui ordonne que Paris soit toujours approvisionné de bois pour deux ans.

19 *Mars*. Aujourd'hui devoit intervenir le jugement dans le procès de messieurs *de Montesquiou*. On assure que les conclusions étoient en faveur des Fezenzac ; cependant l'affaire a été appointée, tournure que les juges prennent lorsqu'ils ne veulent pas terminer.

20 *Mars*. Depuis les lettres-patentes du roi, enrégistrées en parlement le 31 décembre 1779, qui ont autorisé le grand-aumônier à aliéner l'hôpital, les terreins & biens des quinze-vingts, les administrateurs qui lui étoient associés à ce régime, ont donné leur démission combinée chez un notaire, suivant laquelle ils croyoient devoir renoncer à des fonctions qu'ils ne remplissoient point par le despotisme du chef, faisant tout sans les appeler.

Ces quatre administrateurs étoient monsieur l'abbé *Farjonel*, conseiller de grand'chambre ; M. *de Quincy*, correcteur des comptes ; monsieur *Henri*, secretaire du roi, & M. le procureur du roi du châtelet. Depuis ce temps ces places étoient restées vacantes.

Un sieur *Maynier*, maître & administrateur, ayant des provisions du roi, a été dépossédé par un sieur *Prieur*, administrateur honoraire, & ne croyant pas que la nomination du grand-aumônier pût prévaloir sur celle de sa majesté, il avoit fait assigner au châtelet ledit *Prieur*, & la cause étoit en instance ; mais monsieur le lieutenant civil, comme on étoit sur le point de rendre une sentence, reçut une lettre du garde-des-sceaux, qui l'invitoit à surseoir.

Tous ces faits & beaucoup d'autres ont été dénoncés vendredi 14 à l'assemblée des chambres, dont l'abbé *Farjonel* a demandé à se retirer comme partie intéressée. En conséquence de la dénonciation, il a été rendu arrêt qui commet messieurs de *Chavannes*, doyen, & *le Fevre d'Ammecourt*, conseiller de grand'chambre, pour se transporter le lendemain samedi à trois heures de relevée à l'hôtel des quinze-vingts, s'y emparer de la caisse & des registres, recevoir toute plainte, y interroger quiconque voudra parler, & prendre tous les renseignements qu'ils pourront sur l'état des lieux, des choses & des personnes.

Quelqu'un observa que peut-être seroit-il plus expédient d'ordonner sur le champ la descente de messieurs les commissaires, afin de prévenir les effets de l'intrigue & de l'obsession où sembloit être le monarque. On ne croit pas devoir mettre tant de précipitation, & parce que le parlement ne faisoit rien que de très-sage, n'outrepassoit en rien les limites de son pouvoir & se renfermoit dans la grande police dont il est chargé par essence ; & parce que M. le cardinal *de Rohan* n'étoit pas dans des circonstances assez favorables pour que la cour en dût redouter le crédit.

On avoit avant requis le ministere des gens

du roi & leurs conclusions ; ils avoient déclaré, s'en rapporter à la prudence de la cour.

Dès le samedi matin, il y eut assemblée des chambres, où le premier président rendit compte qu'il étoit mandé à Versailles pour le lendemain dimanche, & M. *de Chavannes* portant la parole pour son confrere, déclara qu'ils avoient reçu chacun une lettre de cachet qui leur ordonnoit de surseoir jusqu'à nouvel ordre. Il dit que sachant que la cour n'avoit aucun égard aux lettres closes, peut-être devoit-il se dispenser de parler même de celle-ci, & n'en pas moins remplir sa mission ; mais que, puisque l'occasion se présentoit de rendre compte à la cour de ce fait & de consulter sa sagesse, il avoit cru plus expédient de lui en faire part.

Sur quoi, la matiere mise en délibération, il a été arrêté que pour ne pas compromettre deux de ses membres en les mettant dans le cas de désobéir personnellement aux ordres du roi, la cour approuvoit leur réserve, & que cependant le premier président seroit chargé de représenter au roi combien cette interruption fréquente de la justice nuisoit au bien public.

Le dimanche, M. le premier président s'étant rendu à Versailles, le roi lui a dit que l'administration des quinze-vingts ne regardoit pas le parlement, qu'il lui défendoit d'en connoître, & qu'il venoit de casser son arrêt par un arrêt de son conseil.

Le lundi matin 17, le premier président ayant rendu compte aux chambres assemblées de son entrevue avec le roi, il a été arrêté de faire des remontrances.

20 MARS. Il est aisé de juger par les *Aveux diffi-*

ailes de M. le baron *d'Eſtat*, joués avant-hier aux Italiens, qu'il y a un plagiat viſible quant au fonds du ſujet, quant à l'intrigue & au dénouement : comme M. *Vigée* ne nie pas auſſi formellement qu'il le faudroit, avoir eu directement ou indirectement connoiſſance de la piece de ſon ami, qu'il eſt conſtaté que celle-ci eſt de beaucoup antérieure à l'autre, il eſt reconnu que M. *Vigée* eſt le coupable. Beaucoup de gens aiment mieux ſa comédie ; & en effet les détails en ſont plus agréables, l'expoſition plus nette, la marche moins compliquée, & la fin plus ſatisfaiſante ; du moins le jeu ſupérieur des comédiens françois le fait croire ; malgré cela, l'on trouve une tête plus dramatique dans M. le baron *d'Eſtat* ; il entend mieux l'imbroglio ; il intrigue plus fortement, trop fortement même pour une piece en un acte, ce qui l'a forcé de bruſquer le dénouement. Enfin, ſi l'on a été obligé de donner gain de cauſe, quant à la forme, à ſon rival, on a jugé le fonds en faveur du baron, & il eût fallu que ſa cauſe eût été bien mauvaiſe pour ne pas triompher, tant le public étoit indigné contre l'un & prévenu pour l'autre. Le mauvais jeu des acteurs auroit à coup ſûr nui à ſon ſuccès, ſi l'on n'eût été diſpoſé auſſi favorablement.

20 *Mars*. Depuis long-temps on ſe plaint des brigandages du palais, & pluſieurs fois meſſieurs des enquêtes & requêtes ſe ſont efforcés de les dénoncer. Meſſieurs de grand'chambre intéreſſés à les ſoutenir, puiſqu'ils y participent en grande partie, avoient arrêté juſqu'ici l'effet du zele des jeunes gens. Enfin ils viennent de faire une nouvelle tentative. M. *d'Epremeſnil*,

de la premiere des enquêtes, & M. *d'Outremeit* de la troisieme, ayant échauffé leur chambre respectivement, il s'est fait une explosion si violente, elle a été si fortement secondée par deux présidents à mortier pleins de nerf & d'honnêteté, messieurs *de Lamoignon* & *de Rozambo*, qu'on est entré en matiere, & qu'il a été convenu de tenir à ce sujet des conférences qui auront lieu tous les lundis, & dont la premiere a commencé lundi 17.

Ces conférences sont composées de dix présidents à mortier, de quatre conseillers de grand'chambre, d'un conseiller de chaque chambre des enquêtes & requêtes, & des gens du roi.

Le motif qui a déterminé les vieux grands chambriers, sur-tout les *gens à sac*, à entrer en pourparler, c'est l'assurance que leur a donné M. *de Lamoignon*, que la cour songeoit à s'occuper de cet objet; il leur a fait sentir que le parlement n'étant pas bien venu en cour, n'ayant aucun crédit, aucune consistance sous ce regne, se trouveroit fort mal de la besogne, s'il la laissoit faire par les ministres; qu'il seroit beaucoup plus sage de la faire & de se réformer soi-même que de l'être.

On a commencé par exposer quels étoient les abus : on en a trouvé de toute espece; les premiers de la part du roi qui levoient des droits énormes, incroyables sur les malheureux plaideurs, en sorte que depuis l'abbé *Terrai* les huit sous pour livre étoient montés à douze. On est bien convenu de faire des représentations à cet égard; mais on a dit qu'il ne seroit pas décent de les présenter avant d'avoir donné l'exemple;

c'est donc de messieurs dont il est question, des épices, des vacations, des secretaires. Ensuite on passera aux greffiers, aux procureurs & autres subalternes.

Les quatre commissaires de la grand'chambre, sont MM. *de Chavannes*, *le Fevre d'Ammecourt*, l'abbé *Sommyer* & *Nouette*. Le plus récalcitrant de ceux-ci est l'abbé, qui, ayant l'oreille du premier président & n'étant pas content de cinquante mille livres en bénéfices, se fait plus de trente mille livres de rentes de son cabinet.

Tous les commissaires honnêtes ont été indignés quand ils lui ont entendu dire qu'il ne voyoit rien à diminuer sur les épices & vacations ; qu'il faudroit plutôt les augmenter, parce que le nombre des affaires diminuoit, & que l'année derniere n'ayant eu que cinq cents instances de jugées au lieu de quinze cents, il en résultoit pour messieurs un *deficit* des deux tiers.

21 *Mars*. Le sieur *Desparda* est sorti de la bastille le lundi 15, gros & gras, très-gai, & se louant beaucoup du gouverneur & de l'état-major, qui paroissent avoir eu pour lui toutes sortes de soins & d'égards. Ainsi tout ce qu'on avoit dit du courroux du roi & du dessein de S. M. de faire un exemple sur ce coupable, se trouve faux, ou du moins sans effet.

21 *Mars*. Ce qui fait présumer que le bois commence à manquer réellement, ou du moins qu'on en a des craintes fondées, c'est le projet manifeste du gouvernement d'amener & de favoriser l'usage du charbon de terre à Paris ; c'est ce qu'on voit dans un arrêt du conseil en date du 16 mars 1783, qui réduit presque de deux

tiers les droits sur le charbon entrant dans cette capitale, & de beaucoup plus celui entrant dans la banlieue.

Comme cette diminution est au préjudice tant de la ville que de l'hôpital général & des fermes, S. M. se réserve de leur accorder une indemnité & de la fixer.

On calcule que par l'emploi du charbon de terre pour les manufactures, pour différents commerces & métiers, on peut économiser cent mille voies de bois dans un an.

Enfin, on parle de mettre en coupe les réserves des communautés religieuses, ce qui, suivant le calcul, peut fournir à l'approvisionnement de bois pour douze ans; mais il faut bien employer cet intervalle, sans quoi ce seroit la derniere ressource.

22 *Mars.* On ne sait trop comment M. le cardinal *de Rohan*, moins agréable au roi que jamais depuis la banqueroute du prince *de Guimené*, a trouvé une protection assez forte pour arrêter & aussi promptement l'agression vigoureuse des magistrats. On prétend qu'instruit sur le champ par un faux frere de la compagnie, il a eu recours à la reine, & a sollicité son auguste médiation. Quoi qu'il en soit, il a présenté sa cause sous un très-beau jour; puisque, suivant un arrêt du conseil du 14 mars, c'est-à-dire, rendu le même jour où l'on le peignoit aux chambres assemblées comme un despote & un déprédateur, en se conformant au plan qu'il avoit présenté à sa majesté & approuvé par elle, il a fait des biens infinis à l'hôpital des quinze-vingts, dont voici les articles principaux.

1°. Par l'emploi des revenus ordinaires il a

trouvé de quoi améliorer le sort des trois cents aveugles ; en supprimant la quête & la mendicité.

2°. Par l'accroissement des revenus qu'ont procuré les revirements avantageux, il leur a fourni un traitement beaucoup plus considérable dans l'intérieur, & gradué selon les besoins. Les garçons & les veufs, outre les autres douceurs en denrées, ont vingt sous par jour, les personnes mariées à des étrangers, vingt-six sous, & celles mariées à des aveugles de l'hôpital, trente-six sous.

3°. Il a destiné des fonds pour contribuer à élever les enfants des aveugles mariés jusqu'à l'âge de seize ans, & leur faire apprendre des métiers, & ensuite pour l'établissement d'une infirmerie dans l'intérieur de l'enclos pour les aveugles domiciliés & malades, ci-devant obligés de solliciter leur transport à l'hôtel-dieu.

4°. Il a créé vingt-cinq places pour des gentils-hommes & huit pour des ecclésiastiques pauvres & aveugles ; en outre des pensions alimentaires de 100 livres, de 150 livres pour trois cents pauvres aveugles de province, enfin de quoi fournir le pain à cent cinquante aveugles choisis parmi les pauvres aspirants.

5°. Il a fondé vingt-cinq lits pour des pauvres de province qui, affligés de la maladie des yeux, y seront reçus, nourris & traités gratuitement, jusqu'à leur guérison, ou jusqu'à ce que la cécité parfaite soit décidée.

6°. Il attachera au service de l'hôpital d'habiles oculistes, lesquels donneront deux fois par semaine gratuitement leur temps, leurs soins

& les secours de leur art à tous ceux qui viendront les consulter.

7°. Enfin, il doit être décerné un prix annuel de 400 liv. au meilleur mémoire dont le sujet aura été proposé sur les maladies des yeux, sur la maniere de les prévenir & de les guérir, avec le prix des remedes à employer.

22 Mars. L'*Avis aux souscripteurs des Annales politiques, civiles, &c.* de M. Linguet, est daté de Londres le 1 janvier 1783, & ouvre son numéro 72. Ce qu'il contient de remarquable, c'est l'abjuration qu'il fait de son correspondant qu'il appelloit autrefois *l'honnête Lequesne*. Il l'accuse de l'avoir trompé, volé depuis cinq ans, d'avoir été depuis sa premiere sortie de France jusqu'au 27 septembre 1780, l'espion de la police auprès de lui; d'en avoir été l'agent pour sa détention, instruit depuis six mois de l'existence de la lettre de cachet décernée contre le journaliste; de n'avoir été occupé qu'à écarter de son esprit les terreurs dont il etoit frappé; de l'avoir attiré à Paris; de l'avoir forcé d'y venir par des ruses multipliées; de l'avoir fait prendre dans ses bras; & l'escortant jusques dans l'intérieur du château, d'être devenu ainsi le dépositaire forcé de ses dernieres volontés; d'avoir volé à Bruxelles en cette qualité pour y seconder un exempt de police & le chargé d'affaires de France: il ajoute que la tradition des papiers & des effets du prisonnier éprouvant des obstacles des loix du pays, le sieur *Lequesne* étoit revenu pour lui demander une procuration que monsieur Linguet n'avoit pu remplir que du nom de cet agent; qu'armé de cette piece, il s'est emparé de ce qu'il a voulu que madame *Bulté*, sa

maîtresse, alors à la tête de sa maison, refusant de lui livrer l'argent, il lui avoit fait accroire que cet argent serviroit à tirer son amant de *Pierre-Scize*, où il étoit transféré ; qu'heureusement cette femme courageuse ayant soustrait les papiers les plus importants du prisonnier, & s'étant transportée à Londres avec ce dépôt précieux, avoit contenu par-là les ennemis de M. Linguet, & le sieur *le Quesne* lui-même. Il insinue que sans cela il ne doute pas que le bruit de sa mort, semé d'avance à dessein, ne se fût réalisé, & que le traître n'eût joui de la sorte impunément des dépouilles de son ami prétendu & du fruit de ses perfidies.

23 *Mars*. Mad. *Poitrine*, avant qu'on sévrât M. le dauphin & qu'il fût hors de ses mains, avoit imaginé de faire venir pour amuser ce jeune prince, un de ses nourrissons, fils du docteur *le Tenneur*, professeur de chirurgie latine. Cet enfant, âgé de quatre ans environ, a si fort amusé M. le dauphin, que, lorsqu'on a voulu le faire retirer, il s'est mis à pleurer, à crier, à se dépiter, & qu'il a fallu référer au roi : S. M. a dit qu'il n'y avoit qu'à laisser cet enfant auprès de lui, & afin qu'il n'y fût pas inutilement, elle l'a nommé sur le champ valet de chambre de son fils.

23 *Mars*. Les charades, après les calembours, sont fort à la mode aujourd'hui ; &, pour en amuser les oisifs, à la suite des énigmes & des logogryphes, le Mercure depuis quelque temps a soin d'en insérer, que des faiseurs ingénieux lui fournissent périodiquement. En voici une de cour qu'on répand dans les sociétés. *Ma premiere partie est le nom d'un animal rampant, ma seconde est celui*

d'une superbe capitale, & mon tout le nom d'un grand ministre.

Sans chercher beaucoup, on trouve que le mot est *Vergennes*.

23 *Mars*. C'est un substitut du procureur général, nommé *Langlard*, qui a porté la parole aux requêtes du palais dans l'affaire des *Montesquiou*, & qui, ayant paru absolument partial en faveur du marquis, non-seulement dans ses conclusions, mais dans tout le courant de son plaidoyer, a été fort hué du public.

Ce jugement, dont le marquis *de Montesquiou* a appellé sur le champ, ne fait que confirmer la mauvaise opinion de sa cause, dont toute la faveur dont il jouit n'a pu qu'empêcher la perte absolue.

Ce jugement a dû lui persuader aussi encore plus combien il est détesté.

On a oublié de citer une anecdote du bal de l'opéra à son sujet, qui a dû le piquer singulièrement. Il y étoit en habit bourgeois ; un masque le rencontre & lui dit : bon jour, beau masque. Beau masque, reprend-il ; ce discours ne peut s'adresser à moi dans le costume où je suis. *Si fait, si fait, c'est à toi qu'il s'adresse ; car, malgré cela, tu es bien masqué ; mais prends garde qu'on ne t'arrache ton masque.*

23 *Mars*. Le parlement de Besançon, dans son arrêté mémorable du 17 février, s'éleve contre l'audace des ministres qui ne contestent plus même l'infidélité commise dans l'expédition des lettres-patentes, objet principal de la querelle ; contre le silence qu'on a imposé en présence du roi à ses députés, pour qu'ils ne pussent éclairer sa religion surprise ; contre l'ordonnance de son rétablissement

du

du mois de mars 1775, que ces ministres mettent en avant pour justifier leur conduite, comme si elle étoit en vigueur & n'avoit pas été rejetée par toutes les cours, en ce que son exécution transformeroit la monarchie en gouvernement arbitraire.

Le parlement dévoile dans la cassation de son arrêt les manœuvres de l'esprit d'intérêt & de fiscalité, qui seroit d'abolir le droit de l'enrégistrement, de le transférer au ministre des finances, seul ordonnateur en cette partie, aux intendants dans les provinces, à leurs commis même ; enfin, de livrer aux traitants les peuples qui resteroient sans secours & sans interpretes.

Il repousse certaines maximes erronées mises en avant par les ministres, qui disent *que la promesse de Louis XIV n'a pas pu engager à cet égard ses successeurs*, qui font dépendre de l'obéissance aveugle des magistrats les actes de justice & de bienfaisance du roi ; qui font déclarer à S. M. *que tout ce qui se fait en son nom, se fait par ses ordres* ; ce qui empêcheroit de distinguer à l'avenir la volonté directe de l'énoncé seul de son nom ; ses ordres exprès, des volontés ministérielles ; celles des ministres, des volontés de leurs commis, & présente une foule de dangers pour les droits de la couronne & pour ceux de la nation.

Le parlement se justifie vigoureusement sur l'accusation *d'inexactitude dans les faits qu'il expose*. Sans le silence imposé à ses députés qui avoient de quoi répondre à des inculpations aussi injustes que téméraires, la religion de S. M. auroit été éclairée.

Tome XXII. H

Dans cette extrêmité, dans le renversement général de toutes les loix & de toutes les formes, l'assemblée des états de la province, confirmée par les capitulations, demandée en plusieurs occasions par le parlement, & la convocation des états-généraux du royaume, lui paroissent aussi avantageuses qu'indispensables pour le maintien de l'autorité royale & de la liberté légitime des sujets.

On juge, sur-tout par ce paragraphe, combien l'arrêté a été atténué, puisque le parlement n'y ose proposer que comme un bien, ce qu'il devroit demander comme un droit inhérent à la constitution du royaume, & spécialement aux capitulations de la province.

Malgré cet affoiblissement, en général cet arrêté est superbe, plein d'une excellente logique, & d'une éloquence sensible & vigoureuse.

24 Mars. Le Corsaire, dont le succès croît, s'il est possible, & a attiré aujourd'hui à la quatrieme représentation, autant de monde qu'à la premiere, est très-mal-à-propos intitulé comédie; c'est un drame tout-à-fait noir; on pourroit dire une tragédie, puisqu'il y a une conspiration, un combat & beaucoup de sang répandu; ce qui est assez ridicule sur la scene italienne ; l'intrigue, d'ailleurs, en est très-compliquée, surchargée d'incidents bizarres, multipliés, pricipités au point qu'ils deviennent absurdes, incroyables & perdent tout leur intérêt : malgré ces défauts, il y a des détails charmants, & sur-tout deux personnages épisodiques & une soubrette qui jettent beaucoup de gaieté & de piquant au premier & au second actes : la derniere devient amoureuse du castrat; de-là quantité de gravelures ingénieuses & fines

que le public saisit avec avidité, & dont s'amusent même les femmes, & rient avec le secours de l'éventail.

Quant à la musique de M. *d'Aleyrac*, on a trouvé qu'il avoit fait beaucoup de progrès depuis son essai de *l'Eclipse totale*, & qu'il s'étoit surpassé. Tous les motifs sont naturels, bien sentis & singuliérement diversifiés ; mais il a trop prodigué les cris ; il y en a de douleur, de reconnoissance, de surprise, de joie, de toutes les especes, en un mot, & ils en deviennent fatigants pour les oreilles des spectateurs. D'ailleurs, les acteurs, & sur-tout les actrices, sont obligés de forcer leur voix, qui se gâteroit à la longue, s'ils jouoient souvent cette piece.

24 *Mars.* Les généalogistes & gens qui se piquent de connoître les anciennes maisons de France, conservent précieusement le billet d'enterrement du marquis du Guesclin, brigadier des armées du roi, décédé le 20 mars, & le dernier du nom, a-t-on soin d'y remarquer.

24 *Mars.* Monsieur devoit partir incessamment pour l'Italie ; mais les désastres arrivés dans cette partie du monde le font suspendre jusqu'à ce qu'on sache bien au juste quelles ont été les suites & les causes de l'épouvantable tremblement de terre du 5 février, qui a désolé toute la Calabre, & donné pour Messine des craintes qui se sont heureusement trouvées mal-fondées, du moins à un certain point.

25 *Mars.* Ce qui fait espérer que cette fois le parlement s'occupera sérieusement de se réformer sur ses épices, vacations, sur les secretaires & autres *mangeries* du palais, comme les appellent énergiquement les plaideurs, c'est un coup de

fouet qu'il a reçu de la cour. Cette compagnie ayant fait des représentations à l'occasion d'évocations fréquentes qui diminuent de plus en plus les affaires au palais, S. M. a répondu par une lettre, où elle dit qu'elle s'y porte sur-tout pour épargner les frais trop considérables en certains cas.

25 Mars. Le roi de Suede, l'exemple de ses pareils, si précieux à l'humanité, à la philosophie & aux lettres, vient de donner une preuve combien il honore les talents : il a gratifié le sieur *Valade*, son imprimeur à Paris, d'une médaille d'or, représentant la Liberté, & frappée à l'occasion de la derniere révolution.

26 Mars. M. *Amelot*, secrétaire d'état au département de Paris, vient de perdre sa mere, qui, veuve d'un ministre, avoit épousé en secondes noces M. *d'Amezaga*, gentilhomme Espagnol, major de régiment, ayant 3,000 liv. de rentes.

En conséquence d'un usage très-honorable sans doute pour la place de ce ministre, comme chargé du département de Paris & de la maison du roi, S. M. l'a envoyé complimenter à Paris par un gentilhomme ordinaire, que M. *Amelot*, suivant l'étiquette, a conduit jusqu'à son carrosse. Les princes & princesses sont venus faire leur visite en personne.

Madame la comtesse de Maurepas étoit si attachée à madame la Marquise *d'Amezaga*, que, malade elle-même & mourante dans son lit, elle envoyoit savoir de ses nouvelles d'abord toutes les heures, & ensuite toutes les demi-heures.

M. le prince *de Condé* fait tant de cas du marquis *d'Amezaga*, que, quoiqu'il ne soit attaché par aucune fonction à son altesse sérénissime, elle lui a écrit qu'elle comptoit que libre désormais, il pourroit venir loger dans son palais, & qu'en conséquence elle lui faisoit meubler un appartement.

26 *Mars*. On parle toujours d'un mémoire imprimé du comte *de Grasse*, mais qu'il lit dans les sociétés & qui ne perce point: il y a apparence que celui qu'on avoit annoncé depuis long-temps, comme devant être vendu, est autre chose, quoique sorti de la même source & concourant au même but; mais la forme en est différente. Il est encore d'une excessive rareté, & a pour titre: *Journal d'un officier de l'armée navale en Amérique en* 1781 *&* 1782, avec cette épigraphe fastueuse: *Magnus sœclorum nascitur ordo*. Il est tout entier à la louange de ce général, à qui seul, si l'on en croit l'historien, les Américains doivent leur indépendance reconnue aussi promptement, & l'heureuse paix dont ils vont jouir.

27 *Mars*. Les amateurs de la danse à l'opéra, & ils sont en grand nombre parmi les hommes, & sur-tout parmi les femmes, sont partagés entre deux jeunes sujets qui y débutent depuis peu.

La premiere est Mlle. *Zacharie*, de treize à quatorze ans, qui a paru pour la premiere fois le dimanche 16 dans l'opéra de *Renaud*. Elle est éleve du sieur *Vestris* pere, & proche parente de Mlle. *Guimard*, qui lui donne ses soins. Elle a une figure agréable & une taille avantageuse, elle est remplie de graces & de sensibilité; mais sa timidité & une complexion foible nuisent aujourd'hui à son talent; on n'y feroit aucune attention sans les coryphées qui s'intéressent à elle & la font prôner par leurs partisans.

Mlle. BAſſy, âgée de dix-ſept ans, eſt la ſeconde; celle-ci eſt de l'école du ſieur *Dauberval*.
Cependant ſon genre eſt le noble & le gracieux.
Elle a fixé l'attention du public le mercredi dix-
neuf; où l'on jouoit *Théſée* pour la capitation des
acteurs. Elle a de la grace, de la préciſion, & ce
qu'on appelle de *l'élevation*, en terme de l'art;
mais elle eſt gênée, & ſes mouvements ſont encore loin de cette ſoupleſſe & de ce moëlleux
qui font le principal mérite de la danſe. Il y a
rivalité entre les deux ſujets, & l'on ſe partage
pour ou contre, ſuivant qu'on aime plus ou moins
le maître de chacune.

28 *Mars*. En liſant le journal dont ont a parlé,
on voit clairement qu'il a été compoſé non ſous
la dictée du comte *de Graſſe*, incapable de l'avoir
fait, mais ſur les matériaux qu'il a fournis à
une plume exercée. C'eſt ſa juſtification la plus
adroitement tournée qu'il eſt poſſible, ou plutôt
c'eſt un éloge magnifique de ſa campagne. A en
croire ſon panégyriſte, le comte de Graſſe a accepté le généralat malgré lui, & pour obéir au
roi. Tout ce qui s'eſt fait de bien pendant qu'il
a été chargé eſt dû à ſes talents, à ſon activité,
à ſa bravoure; s'il n'a pas complétement réuſſi
dans quelques occaſions, c'eſt la faute des inſtru-
ments & des agents qu'on lui a donnés, ou quelquefois il a été obligé par prudence de ſacrifier
des ſuccès plus brillants, mais incertains, à des
avantages ſolides & durables.

C'eſt ſur-tout dans l'expédition de *la Cheſapeak*.
qu'il a déployé ſa capacité; s'il n'a pas eu le
mérite de l'avoir imaginée, il a du moins celui
d'avoir ſenti combien ce projet étoit préférable à
l'autre, qui étoit d'entreprendre le ſiege *de New-*

York; mais les moyens de l'exécution lui sont dus tout entiers ; sont zele infatigable les a fait réussir avec l'intelligence, la précision & la rapidité nécessaires ; en sorte que c'est à lui que les Américains doivent leur indépendance, qui étoit encore fort incertaine, & par contre-coup la paix dont ils jouissent aujourd'hui.

Cet étalage de louanges est très-propre à jeter de la poudre aux yeux des sots, des ignorants, des gens crédules, qui prennent pour vrai tout ce qui est moulé ; mais les connoisseurs, ou les gens un peu au fait, trouvent qu'il résulte seulement de la narration de l'historien, que le comte de Grasse, toujours supérieur en force aux Anglois, leur a toujours été inférieur en manœuvres ; de maniere que, sans examiner quelles ont été les causes secondes, quelque belles occasions qu'il en ait eues, il n'a jamais pû les défaire ou les entamer ; & qu'au contraire la seule fois où les ennemis ont eu la supériorité du nombre, ils en ont profité, & ont battu complétement le comte de Grasse.

Du reste, le journal n'est point mal écrit : il y a peu d'anecdotes ; mais la narration en est assez piquante, sur-tout par une diatribe des plus véhémentes contre le comte d'Estaing qu'il ne nomme pas, mais qu'il désigne de façon que l'on ne peut le méconnoître.

29 *Mars. Louis XVI*, qui veille avec un soin paternel sur son frere naturel, M. l'abbé *de Bourbon*, jeune homme de grande espérance, pour mieux le former à l'état ecclésiastique, aux exercices religieux & aux dignités dont ce prince est susceptible par sa naissance, a desiré qu'il entrât dans le chapitre de l'église de Paris. S. M. en a fait

écrite en conséquence à M. l'archevêque. Le prélat a répondu au roi que l'admission ne dépendoit pas de lui, mais du chapitre. Sur la connoissance que celui-ci a reçue des intentions du roi, il s'est assemblé. Le doyen, pour faire sa cour, a proposé d'accorder une distinction à ce candidat en faveur du nom auguste qu'il porte, & comme par acclamation on est convenu que M. l'abbé de Bourbon, sans avoir fait de stage, seroit reçu chanoine honoraire, ce qui a été fait. Il quitte la maison de Saint-Magloire, va loger dans le cloître, se propose d'assister régulièrement aux offices; & il aura des lettres de grand-vicaire, dès que son âge le lui permettra; il n'est pas encore prêtre, & n'a que vingt-deux ans.

29 Mars. Les couplets criminels dont on a parlé sont au nombre de sept: ils ne partent vraisemblablement pas de la même main qui a composé les précédents : ils sont mieux faits; on y respecte le roi; on y en fait même l'éloge, & la satire qu'ils contiennent porte principalement sur la dépravation des mœurs de la cour, sur les *Polignac*, les *Polastron*; & Mad. la princesse *de Lamballe* n'y est pas non plus épargnée, sous la qualité de surintendante.

On a fait aussi une chanson sur Mad. la comtesse de Châlons, née d'Andlau par son pere, & Polastron par sa mere. C'est une des plus jolies femmes de la cour, adorée autrefois par le duc de Coigny; ce qui faisoit dire dans la *lettre du marquis de Caraccioli: l'idolâtrée comtesse de Châlons traîne après elle son captif...* Ce seigneur s'en est dégoûté, l'a quittée, & il paroît qu'elle n'a point manqué d'amants depuis, ce qui fait le sujet du vaudeville, sur l'air à la mode, *Marl-borough s'en va-t-en guerre*. Celle-ci a treize couplets, dont quelques-uns assez joliment tournés.

29 *Mars*. Le bruit court ce soir que M. de Fleuri, qui de temps en temps offre sa démission au roi, a renouvellé le jeu aujourd'hui, mais a été pris au mot. On ajoute que S. M. a dit à M. de Vergennes: Puisque le ministere des finances lui est si à charge, j'accepte sa démission, & je donne la place à M. d'Ormesson. C'est un intendant des finances supprimé par M. Necker, qui n'a que trente-deux ans.

29 *Mars*. M. de Jean est un petit-maître, un agréable débauché, tel qu'on en trouve beaucoup parmis nos jeunes gens d'aujourd'hui: il est abymé de dettes & ne sachant de quel bois faire fleche: en attendant les bienfaits de deux oncles fermiers généraux qu'il a, il s'est imaginé de jouer une farce dont il a trouvé le modele dans le Légataire universel.

M. de Chalut, un de ses oncles, a une campagne à Saint-Cloud, limitrophe de Surene; pendant cette saison où son oncle n'y va point, M. de Jean ayant arrangé sa comédie avec des libertins comme lui, chacun fait son rôle, les uns de domestiques, les autres de médecins, de garde-malades, un plus hardi, celui du malade même, qui avoit fait venir des notaires de Paris par l'entremise de son neveu: ces messieurs arrivés, il dicta un testament, par lequel il léguoit 200,000 liv. à M. de Jean; il déclara ne pouvoir signer. Le Neveu régala magnifiquement les officiers de justice, suivant les ordres de son oncle, & l'on se sépara fort content.

Quelques jours après, M. de Jean pressé fut

chez le notaire qui devoit être dépositaire du testament, lui emprunter une somme à compte des 200,000 liv. dont il ne pouvoit ignorer que son oncle, qui alloit de plus mal en plus mal, le faisoit légataire. Le notaire, amorcé par le gros intérêt que le jeune homme lui offrit, lui prêta la somme. Au bout de quelque temps ne voyant point mourir l'oncle, il s'impatiente, il s'informe de la demeure de M. de Chalut, & va le trouver... il lui témoigne sa satisfaction de le voir aussi bien revenu de la cruelle maladie qu'il a eue.... Celui-ci ne sait ce que cela veut dire, lui déclare qu'il se porte à merveille depuis long-temps.... Embarras de ces deux hommes, qui ne s'entendent point; le notaire proteste à M. de Chalut qu'il a reçu son testament avec un de ses confreres, qu'il l'a chez lui ; il lui en détaille toutes les circonstances ; bref, l'on reconnoît la fourberie de M. de Jean. Il est arrêté par lettre de cachet & conduit dans une maison de force pour économiser, en attendant qu'il puisse jouir de la succession de ses deux oncles.

30 *Mars*. Tout le monde est révolté de la sortie de l'apologiste du comte de Grasse contre le comte d'Estaing. Il le représente d'abord « comme
» déshonoré dès sa jeunesse; comme chassé par
» le mépris public de son pays, & obligé d'aller
» pirater sur des côtes lointaines, comme n'é-
» chappant ensuite que par une main royale au
» salaire légitime dont les Anglois savent payer
» l'infidélité à sa parole. »

Il lui reproche ensuite « des accès de bassesse
» & de hauteur, de timidité & de rodomon-
» tade, de familiarité & d'indiscrétion avec les
» subalternes ; de dissimulation & de jalousie pué-

« rile avec les chefs. Il a, suivant le satirique,
« des moments lucides de conseil & de raison
» avec les plus rares incohérences, quelques idées
» au premier coup d'œil, hardies & lumineuses,
» toujours incomplètes ou avortées dans l'ensem-
» ble ou dans l'exécution .... une disposition
» ancienne & de naissance à supposer des avan-
» tures fabuleuses, des combats imaginaires, des
» visions nocturnes & en plein jour. »

Il entre ensuite dans l'énumération des fautes du *comte d'Estaing* durant sa campagne de Toulon, qui sont : « d'être parti du port sans avoir
» voulu seulement assurer sa mâture ; de s'être
» exposé à périr dans un golfe voisin ; d'avoir
» perdu un temps précieux à passer le détroit,
» par son obstination à ranger des côtes con-
» traires ; de s'être jeté de là dans des calmes,
» pour ne pas suivre une des deux routes com-
» munes ; enfin, d'avoir montré par-tout un
» amour constant pour une tactique bizarre &
» périlleuse, la cause de tous ses désastres. »

M. le *comte d'Estaing*, suivant son détracteur,
« avançoit ou reculoit toujours à contre-temps,
» a fait tuer huit cents hommes dans une atta-
» que impossible, au lieu de détruire facilement
» une escadre à la rade. S'il a pris une isle mal
» défendue, cette victoire même est punissable,
» puisqu'il l'a préférée à la belle occasion de saisir
» plusieurs vaisseaux & un convoi entier ; enfin,
» il a fini par sacrifier gratuitement quinze cents
» hommes, & par déserter sa flotte.... »

30 *Mars*. Tout le monde paroît assez content du choix que S. M. a fait de M. *d'Ormesson*. Il étoit connu personnellement du roi à l'occasion de la maison de Saint-Cyr, dont il avoit l'admi-

niſtration, eſpece de petit miniſtere qui le mettoit dans le cas de travailler directement avec S. M. Cependant on ne doute pas que M. *de Vergennes* n'ait merveilleuſement influé dans ce choix. On ne ſait point encore quel titre aura M. *d'Ormeſſon*, ſi l'on rétablira pour lui la charge de contrôleur-général, ou s'il ſera directeur, ou miniſtre des finances, &c....

31 *Mars.* Depuis que le traité des lettres de cachet & des priſons d'état fait grand bruit, & qu'on dit aſſez généralement qu'il eſt de M. *de Mirabeau*, on aime à ſavoir les aventures de l'auteur, qui n'eſt âgé que de trente-quatre ans, & dont la vie eſt déja un roman.

Tout jeune il étoit à Aix, lorſque ſes camarades lui mirent dans la tête d'épouſer une jeune héritiere de cette ville, devant avoir un million de bien, mais déja promiſe & dont le mariage alloit ſe conclure. Il adopte cette bizarre entrepriſe, il parvient d'abord à empêcher & à faire rompre l'hymen projeté ; il gagne enſuite l'eſprit des parents au point que ceux-ci écrivent au marquis *de Mirabeau* pour lui demander ſon fils en mariage. Le pere répond très-ſagement qu'il ignore ſi ſon fils a la tête aſſez mûre pour l'hymen ; que, puiſqu'ils l'ont ſous leurs yeux, ils peuvent l'éprouver & en juger. Les parents perſiſtent dans leurs engouement ; le mariage ſe fait. Peu après, le nouvel époux ſe dérange ſi fort, qu'il eſt endetté de 300,000 liv. On veut aſſurer la dot de la demoiſelle, & arrêter les écarts du jeune homme ; on le fait interdire ; on obtient une lettre de cachet contre lui ... il redevient libre ; il fait d'autres fraſques avec ſa ſœur madame de *Cabris.* On le fait enfermer dans la citadelle de Dijon ; on l'élargit encore ; & afin de juger de sa résipiscence, on lui donne la ville pour prison ; il devient amoureux de la femme d'un président, qui consent à se laisser enlever.... Le mari lui intente un procès en crime de rapt, & il est condamné à avoir la tête tranchée : on le fait arrêter ; il va en Hollande ; on l'y poursuit ; le sieur *Jacquet de la Douey*, déja voué à la police, s'offre d'aller arrêter M. *de Mirabeau*. Il prend une croix de Saint-Louis ; il se rend sur les lieux, il se suppose un officier obligé de s'expatrier pour des persécutions ; il se lie avec M. *de Mirabeau* & fait si bien qu'il gagne sa confiance, l'entraîne à l'écart, s'empare de sa personne & le ramene en France en 1777. C'est alors que M. *de Mirabeau* a été enfermé au Donjon de Vincennes. On ne l'en a laissé sortir que pour faire juger sa contumace & le blanchir, ce qui a eu lieu. Cependant M. *de Mirabeau* s'est expatrié encore, s'est refugié pendant quelque temps à *Neuchâtel*, où il a fait imprimer *le gazetier dévalisé*.

Enfin on le dit aujourd'hui à Aix, où, à l'instigation du bailli *de Mirabeau*, son oncle, qui l'aime, il va intenter un procès à sa femme pour l'obliger à revenir avec lui. Telle est la maniere dont ses parents racontent son histoire, & l'on sent qu'il ne faut y croire qu'avec précaution.

3¹ *Mars*. Extrait d'une lettre de Bordeaux, du 15 mars... M. *Dupaty* se trouve aujourd'hui président de tournelle en chef, par l'absence du président *de Levi* ; la plupart des membres sont assez de ses amis, & il a rendu depuis peu un arrêt mémorable qui va lui concilier plus que jamais le cœur de ses concitoyens. Un particulier ayant été arrêté par un ordre d'un grand prévôt de la maréchauffée & conftitué prifonnier, le détenu s'eft pourvu au parlement, qui l'a fait élargir, en inférant dans l'arrêt une défenfe à toutes perfonnes, même aux commandants, gouverneurs de la province, d'attenter à la liberté de tout domicilié, à peine de punition.

M. le maréchal *de Mouchi* eft furieux de cet arrêt; on dit qu'il eft allé chez M. le garde-des-fceaux s'en plaindre amérement, & lui a déclaré qu'il ne pourroit retourner en Guyenne que cet arrêt ne fût caffé. On a demandé en effet au parlement l'apport de la procédure.

1 *Avril* 1783. Depuis long-temps il paroît chez l'étranger: *Réponfe à la cenfure de la faculté de Théologie de Paris, contre l'Hiftoire philofophique & politique des établiffements & du commerce des Européens dans les deux Indes, par M. l'Abbé Raynal*: mais ce livre ifolé, peu intéreffant & affez ennuyeux, n'a point percé dans ce pays-ci. L'auteur, pour le débiter, a pris le parti d'en faire une efpece de fuite à fon ouvrage; car, quoiqu'il y parle en tierce perfonne, au ftyle emphatique on reconnoît aifément l'écrivain même du livre cenfuré, & fur-tout à l'amertume de fon excurfion violente contre les théologiens; il leve l'étendard de la rebellion dès l'épigraphe.

Les prêtres ne font point ce qu'un vain peuple penfe;
Notre crédulité fait toute leur fcience.

Il y a un *Avis au peuple*, un *Avant-propos*, dictés dans le même efprit: fuit la *Réponfe à la cenfure*, de mauvaife foi en ce qu'on ne cite point le texte original qu'il auroit fallu donner, qu'on le morcelle & qu'on n'en rapporte que ce qu'on trouve propre à paroître abfurde ou ridicule. Du refte, on ne lit dans cette longue differtation, moins apologétique de l'abbé Raynal, que fatirique contre la religion & fes miniftres, que ce qui eft par-tout : point de ces faits, de ces anecdotes qui nourriffent un ouvrage & en rendent la lecture piquante.

L'auteur même a eu foin de ne point irriter le parlement, de ne point répondre au réquifitoire de M. *Seguier*, dont l'hiftorique auroit été fort curieux. On juge par là qu'il ne défefpere pas de rentrer en France comme *Rouffeau*, malgré le décret qui fubfifte contre lui. Il fe flatte fans doute qu'au bout d'un certain temps on fermera les yeux fur fon incartade. Mais le citoyen de Geneve n'étoit pas turbulent & effréné comme l'exjéfuite ; mais il ne déclamoit point, il ne cabaloit point, il ne tenoit point de conventicules, il n'avoit point des relations, des émiffaires, des correfpondants dans les deux mondes, comme l'abbé Raynal ; mais il vivoit dans la fimplicité, l'obfcurité & la retraite.

1 *Avril*. Tout fe fait fous ce regne avec honnêteté : *Louis XV* renvoyoit fes miniftres d'une façon dure ; l'exil accompagnoit prefque toujours leur difgrace, & ils n'en étoient pas moins à charge à l'état, puifqu'ils emportoient chacun de groffes penfions. Point d'exil aujourd'hui ; des compliments, & malheureufement auffi trop d'argent. On dit dans la gazette de France. « Le fieur Joli
» de Fleuri, confeiller d'état, ayant fupplié le
» roi de lui permettre, à raifon de fa fanté, de
» fe démettre du miniftere des finances dont il
» étoit chargé, S. M. a daigné y confentir. »

Il est aisé de conclure de cette tournure étudiée, que M. de Fleuri, quoique ministre, a véritablement déplu & n'entrera plus au conseil.

Le 29, M. *d'Ormesson*, conseiller d'état, a été nommé pour le remplacer avec le titre de contrôleur-général des finances, qu'on rétablit en sa faveur.

On rapporte qu'ayant objecté modestement au roi sa jeunesse, S. M. lui avoit répondu en riant : « mais c'est me faire indirectement un mauvais » compliment, car je suis plus jeune que vous. »

2 Avril. L'historique concernant la petite piece de vers intitulée *la Nymphe de Spa à l'abbé Raynal*, qui se trouve dans sa réponse à la censure de la faculté de théologie, en est le seul morceau vraiment neuf, curieux & intéressant. On a déja annoncé cette anecdote vaguement; en voici les détails. Il faut se rappeller que M. l'abbé *Raynal*, obligé de quitter la France par le décret du parlement, fut d'abord à Spa, dans la saison des eaux, qu'il y fut très-accueilli de l'empereur & du prince Henri, frere du roi de Prusse, qui s'y trouverent. Un jeune homme, dont on ne met que la lettre initiale de son nom, M. B*******, âgé de vingt-deux à vingt-trois ans, de mœurs irréprochables, plein de franchise, vif, aimant la poésie & faisant quelquefois d'assez jolis vers, essaya de profiter de son talent pour se ménager une introduction auprès de l'illustre proscrit : il lui adressa l'épître dont il s'agit, & qu'il faut lire pour juger jusqu'à quel point de démence peut se porter le fanatisme persécuteur.

Cette piece de vers, manuscrite & très-innocente, tomba aux mains d'un M. *Ghisels*, chanoine trefoncier de Liege, membre du synode de cette ville, dont *Spa* ressortit, & qui y préside en l'absence du vicaire-général. Il la déféra au synode, & malgré la recommandation de M. l'évêque prince de Liege, qui daigna écrire au synode que cette affaire n'eût point de suite, on passa outre, & l'on rendit en son nom le mandement du 17 octobre 1781.

Cependant l'auteur, M. B*******, qui n'avouoit point la piece, qui n'y avoit pas mis son nom, & ne l'avoit point fait imprimer, fut sommé par trois fois à comparoir devant le synode. Il fut obligé d'insinuer au consistoire une protestation appellatoire, en forme de plainte à S. M. impériale, conservatrice des privileges & libertés des citoyens de Liege. Cette affaire pouvoit aller loin, & le prince évêque témoigna son desir qu'elle fût assoupie. Le jeune homme demanda une conférence dans le palais de Seraing en présence de *son Altesse Celsissime*, (qualification du prince évêque). Quatre membres du synode s'y rendirent par ordre de l'évêque, le poëte s'y expliqua avec beaucoup de noblesse & de fermeté ; mais pour prouver à S. A. C. combien il la respectoit, il renonça à son droit de recours. Messieurs du consistoire se retirerent fort contents. Il n'auroit plus été question de ce singulier procès, si le gazetier de Cologne, ex-jésuite, dans son numéro 90 de 1781, n'eût rallumé la fermentation.

Cette agression nouvelle que l'abbé *Raynal* a sentie dirigée encore plus contre lui que contre son panégyriste, a provoqué de sa part une *Lettre à l'auteur de la Nymphe de Spa* contre ces *Busiris en soutane*, ainsi qu'il les appelle, très-véhémente, où il fait sentir le ridicule, l'absurdité l'horreur, l'abomination de leur conduite.

Il paroît que la jalousie prise contre l'abbé *Raynal*, est entrée pour beaucoup dans toute cette persécution. Au mois de juin précédent, cet écrivain avoit passé à Liege ; il y avoit été reçu avec distinction par M. *Sabathier*, ministre plénipotentiaire de France. Il fut présenté au prince-évêque ; il mangea plusieurs fois avec lui.... *Inde iræ.*

2 *Avril.* Le goût des charades continue : en voici une singuliere, qui même en sachant le mot, laisse encore beaucoup de choses à deviner, tant elle est scientifique. Ce mot est *Angleterre*.

Mon premier peut former tiers ou quart à souhait.
Mon second que jadis par tiers on divisoit,
  Par quart aujourd'hui se partage.
Et mon tout qui par tiers à sa division,
  Grace à l'habileté d'un sage,
Perd moitié dans le quart dont s'accroît son second.

2 *Avril.* M. *Clément de Boissi*, maître des comptes, frere du *Clément* dont la réputation souffre beaucoup aujourd'hui des bruits de sa banqueroute, a cru devoir assembler les semestres de sa compagnie, & leur rendre un compte détaillé de l'état des affaires de son frere, suivant lequel il n'y auroit qu'un engorgement. Il a fini par supplier messieurs de vouloir lui conserver la bonne opinion & l'estime qu'ils s'efforceroit toujours de mériter d'eux.

3 *Avril.* On a dit comment le bois étoit à la veille de manquer : à la fin du mois dernier,

il n'y en avoit plus que pour une semaine, & la crue des eaux faisoit craindre que les bateaux ne pussent arriver, en sorte que, pour exciter le zele des fournisseurs, on avoit proposé pour les dix premiers qui déchargeroient, la remise des deux tiers du droit.

On n'a pas manqué de consigner cet événement singulier & mémorable dans un vaudeville assez malin, en ce qu'il embrasse avec le présent, le passé & l'avenir, en ce qu'il frappe sur trois prévôts des marchands à la fois.

Sur l'air : *le Prévôt des marchands.*

Messieurs les prévôts des marchands,
Chacun bénit vos soins touchants :
Près d'un grand feu, le bon Jérôme (1)
Nous fait étouffer au printemps.
Caumartin, non moins habile homme,
L'hiver, nous laisse grelotants.
Le successeur (2) de celui-ci
N'aura pas un pareil souci ;
Car pour cette place éminente
Briguant depuis long-temps le choix,
Il a pris femme intelligente,
Qui l'a déja fourni de bois.

---

(1) M. Bignon.
(2) M. Pelletier de Morfontaine.

4 Avril. Ce qui prévient en faveur de monsieur *d'Ormesson*, c'est qu'on le regarde au moins comme honnête homme, comme ayant de la bonne volonté, comme aimant le travail. D'ailleurs, on est fort aise d'être débarrassé de monsieur *de Fleuri*, qui n'a fait que du mal & point de bien, même à ses parents & amis. On lui reproche seulement de s'être enrichi lui & sa maîtresse ancienne, Mad. *de Font-Pertuis*, par les gros pots de vin qu'il s'est fait donner, & à elle sur plusieurs affaires, & sur-tout à l'occasion du rétablissement des receveurs généraux des finances, dont chacun a dû se cotiser de 40,000 liv. C'est ce qui a fait dire au roi, lorsqu'il a annoncé son choix à la reine : Madame, *c'est un homme qui a des mœurs.*

M. *d'Ormesson* est chef du conseil pour l'administration du temporel de la maison royale de Saint-Cyr, & en cette qualité, chargé de ce petit ministere, travailloit directement avec le roi, ce qui l'en a fait connoître. On raconte un trait récent qui lui en a donné la meilleure idée, & a peut-être déterminé le choix de S. M. dans cette circonstance.

Il vaquoit plusieurs places très-sollicitées suivant l'usage par la reine & la famille royale d'un côté. Il présenta le nom des protégés apostillés de leurs augustes protecteurs, & mit d'un autre côté les noms des demoiselles qui n'en avoient point, mais dont les peres étoient morts au service de l'état dans cette guerre, & dit qu'il croyoit que celles-ci méritoient la préférence. Ce courage a plu beaucoup au jeune monarque.

M. *d'Ormesson* n'est pas d'une figure agréable, il a la vue très-basse ; il ne passe pas pour un aigle ; mais il a une mémoire locale qui le fert très-bien, & qu'il applique à propos ; il eft homme de loi, & cite toujours l'ordonnance à côté de fon opinion.

On raconte que dimanche, quoique nommé de la veille contrôleur-général, M. *d'Ormeſſon*, en qualité de conſeiller d'état, aſſiſtoit pour la premiere fois au bureau de la commiſſion pour l'examen des demandes en ſuppreſſion & union ou tranſlation de bénéfices & biens eccléſiaſtiques; il y reçut des compliments bien propres à l'enivrer : cependant il n'y perdit point la tête, & monſieur l'archevêque de Toulouſe, le grand faiſeur, ayant ouvert un avis ſur quelque deſtruction, avoit déja emporté toutes les voix, lorſque monſieur *d'Ormeſſon* vint à opiner comme le dernier ; & après un petit préambule oratoire ſur le malheur qu'il avoit de différer d'avis avec tous meſſieurs la premiere fois qu'il étoit dans le cas de ſiéger avec eux, il réſuma le dire du prélat, il diſcuta ſes raiſonnements, il les détruiſit, il établit les ſiens d'une façon ſi victorieuſe que tout le monde revint & ſe rangea de ſon côté.

Cela prouve ce qu'on accorde au nouveau contrôleur-général, qu'il ſera excellent pour le contentieux; mais on doute qu'il ait dans le génie les reſſources néceſſaires en finance aux maux de l'état, qui ont fait juſqu'ici le déſeſpoir de tous ceux qui l'ont précédé, ſauf du charlatan Necker.

5 *Avril*. On parle beaucoup d'une *Vie de monſieur Turgot*, par l'ami *Dupont*. Ce *Dupont* étoit à la tête du journal des éphémérides, depuis que l'abbé *Baudeau* l'avoit quitté. C'eſt un grand économiſte que M. *Turgot* avoit appellé auprès de

lui lorsqu'il fut nommé au contrôle-général, qu'il y avoit même logé. Il donne aujourd'hui cette marque de reconnoissance au ministre défunt qu'il exalte beaucoup. Il fait voir, dit-on, que M. *Necker* n'a fait que suivre les plans de ce prédécesseur, qu'il a même morcelés & gâtés. On ajoute que l'ouvrage est plein d'intérêt & fort bien écrit.

6 Avril. Les *Mémoires sur la Bastille*, & la détention de l'auteur dans ce château royal depuis le 27 septembre 1780, jusqu'au 19 mai 1782, se répandent enfin : chacun s'empresse de se les procurer. On les lit avec avidité, & l'on est tout surpris après avoir lu, de ne rien savoir. Il en est des secrets que M. Linguet promettoit à cet égard, à peu près comme de celui de sa poste occulaire, auquel il doit sa sortie, dont on n'est pas plus instruit qu'auparavant.

Ces mémoires sont datés de Londres du 5 décembre 1782, & divisés en paragraphes.

Dans le premier il établit qu'on lui a fait une nécessité de revenir en Angleterre.

Dans le second que sa détention n'a eu aucun motif fondé.

Le troisième traite du régime de la Bastille.

Le tout est suivi de longues notes, & embrasse à peu près trois de ses numéros.

L'estampe du frontispice de l'ouvrage est curieuse & piquante. M. Linguet avertit que l'idée en est due au *Courier du Bas-Rhin*, c'est-à-dire à la feuille périodique la plus estimée des hommes honnêtes & éclairés, des vrais philosophes. Cette imagination se trouve dans le N°. 1, 1783, de cette gazette, où l'on annonce ces mémoires.

On voit la statue de *Louis XVI*, avec les

attributs de la royauté, élevée au milieu des débris d'un château renversé, qui est censé *la Bastille*.

Ce prince tend les mains avec bonté vers les prisonniers qu'il vient de délivrer; Me. Linguet est à la tête comme l'auteur indirect de leur délivrance; il est à genoux, & se distingue par une plus profonde reconnoissance.

Le geste du monarque, majestueux & doux tout à la fois, répond au demi-vers d'*Alzire*, placé au bas de la gravure : *soyez libres, vivez.*

Sur le piédestal on lit l'inscription très-noble indiquée par le *Courier du Bas-Rhin*.

A Louis XVI.

Sur l'emplacement de la Bastille.

Dans le lointain & au haut de l'estampe on apperçoit un cadran figuré sur celui de la Bastille, c'est-à-dire, supporté par deux figures d'homme & de femme enchaînées par le col, par les mains, par les pieds, par le milieu du corps, & dont les chaînes forment une espece de cartel au tour du cadran, & reviennent sur le devant se rassembler en un nœud énorme : il est frappé de la foudre, & au lieu de l'inscription gravée en lettres d'or, sur un marbre noir qui apprend qu'on est redevable de ce cadran à M. *de Sartines*, on a placé celle-ci relative à cet événement, tirée de la déclaration du 30 août 1780, sur les nouvelles prisons : " Ces souffrances inconnues,
,, & ces peines obscures, du moment qu'elles ne
,, contribuent point au maintien de l'ordre par

„ la publicité & par l'exemple, deviennent inutiles
„ à notre justice.... „

6 *Avril*. La clôture des grands théatres s'est faite hier. Il n'y a rien eu de remarquable au discours du théatre françois assez plat: on n'y a observé qu'un seul fait, c'est l'accroissement du zele des comédiens au point d'avoir joué ou remis vingt-deux pieces dans le cours de cette année dramatique, ce dont il n'y avoit peut-être pas d'exemple.

Il s'est passé quelque chose de plus piquant aux Italiens, où l'affluence a été plus grande: aussi le sieur *Favart*, le fils, a saisi l'à-propos de la circonstance de leur translation. Il a fait une petite piece intitulée le *Déménagement d'Arlequin*: ce qui amene d'une façon assez neuve la récapitulation, seche ordinairement, des acquisitions de l'année. Il l'a même varié en parlant généralement des pieces données depuis la refonte de ce théatre, & propres à former le répertoire de la nouvelle troupe, suivant le plan sur lequel elle est établie aujourd'hui. Une partie de ces ouvrages amene des couplets très-agréables, & dont quelques-uns ont été redemandés.

La dame Desforges, femme du sieur Desforges, auteur de *Tom-Jones*, qui devoit naturellement faire les honneurs de la piece de son mari, a annoncé au public par une tournure piquante une autre production du même auteur.

7 *Avril*. Voici le peu de faits qu'on peut extraire du volumineux ouvrage de M. Linguet; encore ne doit-on y ajouter qu'une confiance médiocre, par l'habitude invétérée qu'on lui fait de mentir, & de mentir souvent avec une impudence qui en imposeroit à ceux qui ne le connoîtroient

connoîtroient pas. On fuivra l'ordre dans lequel il les reconte, qui eſt un véritable défordre, fe reſſentant toujours de la fougue de ſon imagination.

A l'approche de la rupture entre la France & l'Angleterre où réſidoit M. Linguet en mars 1778, il écrivit à M. le comte de Vergennes, malgré ſa répugnance à s'adreſſer à un miniſtre qu'il avoit ſi cruellement outragé, afin de ſavoir s'il y auroit ſûreté pour lui à quitter un pays ennemi de ſa patrie.

Le 20 mars le comte de Vergennes approuva la réſolution de M. Linguet ; il lui ajouta que le comte de Maurepas l'approuvoit auſſi ; qu'il pouvoit bannir toute inquiétude & prendre le parti qu'il voudroit.

Le 7 avril ſuivant M. Linguet demande de nouveaux éclairciſſements ; il fait un ſacrifice plus pénible & plus noble que celui de ſon ſéjour. Il ne le révele pas ici parce qu'il a donné ſa parole de ne le pas révéler ; mais il en a été queſtion dans le temps, & il portoit, à ce qu'il inſinue, ſur des offres ſéduiſantes de la part de l'Angleterre, s'il vouloit ſe mettre à ſa ſolde durant la guerre.

Le 23 avril il reçoit une réponſe qui lui annonce, tant de la part du comte de Vergennes que de celle du comte de Maurepas, une ſûreté entiere pour ſa perſonne, & la liberté de continuer ſes travaux littéraires.

Sous cette ſauve-garde, M. Linguet s'eſt établi à Bruxelles. Il a fait pluſieurs voyages en France en 1778 & 1779 ; il a vu les miniſtres, les *Annales* ont eu un libre cours ; cependant le 27 ſeptembre il a été arrêté.

Sa captivité a paru finir le 19 mai 1782. M. le lieutenant général de police eſt venu en robe lui annoncer qu'il n'étoit plus priſonnier, qu'il étoit exilé, en vertu d'un ordre remis à M. Linguet qui le réléguoit dans un petit bourg à quarante lieues de Paris, avec défenſe de déſemparer, *à peine de déſobéiſſance*.

M. Linguet s'eſt ſoumis : il a demandé deux graces, l'une de reſter à Paris pour réparer ſa ſanté & faire ſes affaires ; l'autre d'aller à Bruxelles pour y arranger ſa maiſon de commerce. Il a offert, du reſte, de quitter la plume. Il a obtenu la premiere grace, il n'a pu avoir la ſeconde ; on lui a dit : *Partez pour Rhétel, & n'en déſemparez pas*. Il s'eſt rendu à Bruxelles ſecrétement. Il comptoit encore compoſer de là avec le gouvernement : il a continué ſes offres de ne pas reprendre la plume : il méditoit un voyage de pluſieurs années : après avoir été à Vienne, il vouloit paſſer en Italie, lorſque des amis fideles l'ont averti qu'on ne lui pardonneroit pas ſon évaſion, & qu'il n'étoit pas ſûr pour lui de continuer ſa route. Il a eu peur, & alors s'eſt déterminé à ſe retirer en Angleterre. Il a renoncé à la grace qu'on lui avoit promiſe, d'apprendre un jour, s'il étoit bien obéiſſant, le véritable motif de ſa détention, & il a cru ne pas devoir ſuivre le conſeil d'un homme en place qui lui a dit : *Si vous voulez vivre ici, tâchez de vous faire oublier*.

M. Linguet affecte donc d'ignorer pourquoi on l'a arrêté. On lui a dit que la lettre de cachet étoit émanée de la volonté directe du roi. A ſa ſortie, il a ſu les bruits qui couroient ſur les raiſons politiques données de ſa punition, comme criminel d'état ; il les nie toutes. Il ne nie pas la lettre au maréchal *duc de Duras*, qu'il reconnoît très-offensante & très-coupable. Il rapporte une lettre qu'il écrivit au roi de sa prison à ce sujet, où il demandoit grace & imploroit la générosité du maréchal ; ce qui fit dire au sieur *Moreau*, secretaire du comte de Vergennes : *Ha ! ha ! il fait donc le capon ?* Il s'excuse, au reste, auprès de S. M. sur ce que sa lettre étoit une lettre particuliere, l'effet d'un premier mouvement, & qu'il ne l'avoit pas publiée : il a cette sagesse même aujourd'hui. Personne ne la connoît que le maréchal qui l'a toujours niée, & la police dont le secret est sûr.

M. Linguet parle d'une autre du 8 avril 1780, le lendemain de celle au duc de Duras, adressée à M. le lieutenant de police pour les ministres au sujet de la suppression de ses N°. 59 & 60 en mars, à la sollicitation du maréchal & du parlement de Paris.

C'est à cette seule lettre contenant des menaces qu'il rapporte la cause de ses infortunes, parce que la lettre de cachet, en vertu de laquelle il a été arrêté, étoit déja décernée le 16 avril 1780. Au reste, on ne l'a gardé si long-temps en prison que parce qu'on le craignoit.

On lui a dit au bout de quinze jours : « Il ne » s'agit plus de votre détention ; mais ils craignent » que vous ne cherchiez à vous venger. »

M. Linguet passe ensuite à sa captivité ; il avoit rendez-vous, le soir même où il fut arrêté, avec M. le lieutenant-général de police qu'il alloit toujours voir le premier en arrivant à Paris.

A peine arrêté, le sieur de Bruignieres, exempt

de police, le même défendu par M. Linguet dans l'affaire du comte de Morangiès, fut à Bruxelles : alors M. *la Greze*, secretaire en cette ville de M. d'Adhemard, chargé des affaires de France, qui étoit chez M. Linguet tous les jours, vint trouver madame *Bulte* sa maîtresse. Il lui fit offre de ses services ; il voulut emballer lui-même les papiers les plus précieux de M Linguet dans la vache du carrosse de celui-ci, pour aller les cacher dans sa maison de campagne à quelques lieues de la ville ; il répéta plusieurs fois en travaillant au déménagement : *Si l'on savoit cela, je perdrois ma place*. C'étoit un traître. A peine arrivé au lieu du dépôt, il ouvrit la vache & fut bien sot de n'y trouver que de la paille. Pendant qu'il étoit allé souper, madame Bulté avoit eu l'adresse de faire la soustraction. On sait ce qui s'est passé ensuite. Une chose fort extraordinaire, incroyable de la part même de quelqu'un qu'on connoîtroit pour véridique, c'est que M. Linguet assure n'avoir subi aucun interrogatoire durant tout le cours de sa détention. Et cependant, au milieu de son bavardage, il lui échappe des choses qui indiquent parfaitement qu'il a été interrogé.

Dans le récit que M. Linguet fait des mauvais traitements qu'il a éprouvés, on ne trouve rien d'important. C'est une infinité de petits détails qu'il exagere à sa maniere ; bien plus, des faussetés avérées pour telles au su & au vu de tous ceux qui ont été à la bastille. Du reste, il prétend que ce n'est qu'à la fin de novembre 1781 qu'il a pu avoir quelque vêtement, qu'il a été huit mois sans aucune correspondance, même avec le sieur *le Quesne*; qu'après avoir été long-temps malade à la fin de 1782, perdant le peu d'espoir qu'il avoit eu de sa liberté lors de l'accouchement de la reine, par l'entremise de M. *de Maurepas* bien disposé, mais qui vint à mourir, il avoit désiré faire son testament & voir un notaire, ce qu'il n'avoit jamais pu obtenir ; de-là l'augmentation du soupçon que l'on favorisoit *le Quesne* pour lui faire échoir toutes les dépouilles du prisonnier en cas de décès.

Quelques anecdotes sur M. & Madame de Launay, tout-à-fait contraires au caractere connu d'honnêteté, de douceur, d'humanité de l'un & de l'autre, achevent de décréditer auprès de ceux qui ne se laissent pas toucher par une fausse commisération, la relation d'un historien qui, pour pallier tous ses torts, tous ses mensonges, toutes ses calomnies, s'est souvent rejeté sur son imagination qu'il ne pouvoit maîtriser.

8 Avril. M. *Linguet* avoue assez franchement aujourd'hui que l'argent de sa poste oculaire est *la lumiere*. Il confirme dans ses mémoires que l'essai en a été tenté avec succès, & que la seule objection qu'on lui eut faite, c'est que cet agent ne pourroit être utile pendant un temps de neige ou de brouillard.

8 Avril. Extrait d'une lettre de Bordeaux, du premier avril.... Voici plus de détails sur l'affaire qui a si fort scandalisé le maréchal de Mouchy. Il étoit question d'un procès entre deux particuliers que M. de Beaumont, commandant pour le roi dans une partie de l'Angoumois, avoit remis à l'arbitrage du grand prévôt de la maréchaussée & du subdélégué. Les plaidants y avoient acquiescé. Les juges, après avoir terminé la question civile, ont condamné une des parties à un mois de prison. Celle-ci qui avoit bien voulu mettre en compromis devant des étrangers, ses intérêts civils, mais non sa liberté, s'est pourvu au parlement de Bordeaux, qui a cassé la prétendue sentence de ces arbitres, les a décrétés, &c. On prétend cependant qu'il n'y a point dans l'arrêt l'injonction même aux gouverneurs dont je vous ai fait mention dans ma derniere lettre, assez naturelle cependant.

Le maréchal de Mouchy dont s'étoit sans doute autorisé M. de Beaumont, n'en est pas moins furieux. On ne croit pas que légalement l'arrêt puisse être cassé.

8 *Avril*. Une mulâtresse, dimanche dernier, a attiré à Versailles dans la galerie l'attention de tous les courtisans & même de la famille royale. Elle est du Cap, & libre, étant de l'accouplement d'une blanche avec un negre. Elle a gagné beaucoup à plusieurs métiers, & arrive ici chargée des dépouilles des riches Américains, & même de nos jeunes seigneurs françois qui ont été sur les lieux durant la guerre. C'est la *Dathé* & la *Gourdan* de Saint-Domingue. On la qualifie de la *Belle Ysabeau*. Elle ne paroît point telle à Paris; elle n'a pour elle que la taille, elle est vêtue avec la derniere élégance comme nos petites maîtresses; ce qui la rend encore plus ridicule, au point que la reine, quoiqu'habituée à voir des negres & négresses, à son aspect n'a pu s'empêcher de s'écrier dans un mouvement de répugnance involontaire: *Ah! que c'est laid.*

9 *Avril*. Si l'on en croit M. Linguet dans ses *Mémoires sur la Bastille*, M. Pelisseri, Genevois, dont le crime unique est d'avoir fait quelques remarques sur les opérations financieres de mon-

sieur Necker, étoit depuis trois ans à la bastille, ce dont il a été instruit.

9 Avril. M. de Fleuri non-seulement n'a pas donné sa démission volontairement, mais n'a pu contenir son humeur, au point que le dimanche 30 mars, jour où M. d'Ormesson lui avoit donné rendez-vous au contrôle général pour lui prendre le porte-feuille, & en recevoir les papiers essentiels, le nouveau contrôleur-général l'ayant un peu fait attendre, il l'a traité fort durement, lorsqu'il est arrivé : il lui a dit qu'il n'avoit pas le temps d'entrer dans de plus grands détails, & lui a jeté les clefs sur la table.

M. de Fleuri quitte toutes ses places ; il donne même sa démission de celle de conseiller d'état. Le roi lui conserve environ trente-quatre mille livres de bureaux qu'il avoit avant d'être ministre des finances ; il y joint la pension de vingt mille livres, ce qui fait un sort fort agréable. Il va vivre dans la retraite & en philosophe, autant que le peut un ambitieux.

10 Avril. Depuis dix à douze jours il est question d'une découverte singuliere dont on ne peut plus douter par l'aveu de personnages qui y figurent & y ont eu quelque part.

Voltaire n'avoit point oublié les mauvais traitements qu'il avoit éprouvés du roi de Prusse, son enlevement à Francfort, &c. &, quoiqu'il parût réconcilié avec ce prince qui lui avoit rendu depuis ses bonnes graces, & qu'il encensoit encore de temps en temps par politique, il en conservoit un ressentiment profond. Il avoit consigné tout cela dans un manuscrit auquel il avoit joint les anecdotes particulieres qu'il avoit pu recueillir, ou comme témoin, ou comme à portée de fouiller mieux qu'un autre dans la vie privée de ce prince.

Ce manuscrit s'est trouvé dans les papiers de Voltaire ; il étoit sous enveloppe, cacheté, & dans la suscription le défunt vouloit qu'il ne fût ouvert qu'à la mort du roi de Prusse. Madame Denis, qui auroit dû se rendre dépositaire d'un tel secret, & conserver le paquet, par inadvertence, par bonne foi ou par ignorance, l'a livré au sieur Pankouke avec le reste, lors de la vente qui lui en a été faite, & ce libraire fort étourdi, dans sa rétrocession au sieur de Beaumarchais, n'a pas eu plus de réserve.

Celui-ci ayant flairé le paquet, a jugé que ce pouvoit être du bon, & sans scrupule ni pudeur, a enfreint les volontés du testateur & l'a ouvert. Il a été enchanté de son trésor ; mais s'est trouvé embarrassé de l'usage qu'il en feroit. Ne pouvant se flatter que le roi de Prusse mourût avant l'impression de l'édition qu'il a entreprise des œuvres de Voltaire, il a senti l'impossibilité de l'insérer dans le recueil; d'ailleurs, par une infidélité envers ses souscripteurs, il a conçu qu'il en tireroit un excellent parti en le réservant pour une meilleure occasion : mais il n'auroit pas été sûr de le faire imprimer même clandestinement. 1°. Il falloit trouver un imprimeur assez hardi pour cette entreprise, & assez sûr pour garder le secret. 2°. On auroit même enfin découvert le mystere en remontant à la source, & en interrogeant le sieur Pankouke & Mad. Denis. Il a craint le ressentiment du roi de Prusse, & a imaginé de ruser d'une autre maniere. C'a été de lire ce manuscrit confidemment à quelques amis, de le communiquer de même à quelques grands seigneurs. Il s'est flatté que la nouvelle en parviendroit ainsi indirectement au roi de Prusse, & que ce monarque intéressé à la soustraction de l'ouvrage, en solliciteroit la remise, & le paieroit au poids de l'or.

Voilà très-vraisemblablement la vraie cause de la publicité que reçoit aujourd'hui cette anecdote, & de la fermentation qu'elle excite dans tous les bureaux littéraires.

11 *Avril.* Les assemblées du palais continuent pour procéder à la réforme des abus de la justice; elles sont chaudes, parce que beaucoup de grands chambriers ont peine à se départir de leurs bénéfices. Ce qui donne de l'espoir aux récalcitrants, c'est que le premier président en retire encore de plus gros que les autres, que celui-ci aime singuliérement l'argent, & qu'il ne renoncera que forcément au lucre de ce genre, qui est immense dans sa place : en voici un petit échantillon.

Tous les bureaux se tiennent chez le premier président, & il est passé toujours présent pour ses vacations, qu'il y assiste ou n'y assiste pas; il ne pourroit d'ailleurs se trouver physiquement à tous, puisque plusieurs ont lieu en même temps.

En outre, ces vacations s'estiment par heure, non suivant la durée physique du temps, mais suivant celui qu'il plaît à messieurs d'évaluer à raison de la difficulté de l'examen qui exigeroit deux heures d'un juge borné ou qui a le travail difficile, & ne coûte qu'un demi-quart d'heure à un magistrat intelligent & lumineux.

Quelqu'un a fait ainsi le relevé des heures que le premier président a touchées pour ses vacations depuis qu'il est en place, & l'on a trouvé qu'en ne faisant pas autre chose, il avoit déja vécu quatre cents ans.

Comme il est à craindre pour les pauvres plaideurs que la ténacité de messieurs de grand'chambre ne lasse la constance de messieurs des enquêtes & requêtes, dont les zele éphémere pourroit se rallentir, on a cru devoir les réchauffer par un petit pamphlet qui se répand très-clandestinement depuis quelques jours dans le public, mais qu'on a eu soin de faire parvenir en même temps à tous messieurs ; il a pour titre : *Conversation familiere de M. l'abbé Sauveur, conseiller de grand'chambre du parlement de Paris, avec Mlle. Sauveur, sa très-honorée sœur, & l'avocat P***, ancien ami de la maison.*

11 *Avril.* On s'entretien encore du nouveau contrôleur-général. On recherche son origine, & l'on raconte une anecdote que peu de gens savoient, c'est que les d'Ormesson prétendent descendre de Saint François de Paule, le fondateur des Lazaristes, & en conséquence n'ont pour livrée que des habits bruns.

M. d'Ormesson, le contrôleur-général, est riche, mais ne fait point l'hypocrite comme ses prédécesseurs. Il prend les émoluments de sa place. Dès le trente mars il a fait rendre des lettres-patentes, enrégistrées en la chambre des comptes le premier avril, qui ordonnent que le contrôle des expéditions de finances qui y sont sujettes, sera fait à l'avenir par le contrôleur-général des finances, comme avant les lettres-patentes de 1777.

Le charlatan Necker avoit affiché le désintéressement jusqu'à refuser ce droit de signature. M. de Fleuri lui succédant immédiatement n'avoit osé le faire revivre.

Le traitement d'un contrôleur-général pour l'objet de représentation est de 200,000 livres. M. de Fleuri n'y avoit pas renoncé tout-à-fait, d'autant qu'il ne falloit aucun acte d'éclat pour en jouir; mais il s'étoit fait valoir auprès du jeune monarque, ami de l'ordre & de l'économie, & avoit déclaré pouvoir se tirer d'affaire avec 160,000. On ne sait pas si pour ne point laisser perdre le droit de ses successeurs moins riches que lui, M. d'Ormesson ne sera pas conseillé de réclamer la somme entiere annexée à l'honorifique de sa place.

12 *Avril.* Entre les choses curieuses qui se trouvent dans le manuscrit de Voltaire sur le roi de Prusse, on parle d'une Ode que ce monarque, en guerre avec la France en 1758, composa après la bataille de Crevelt. On assure que dans cette philippique véhémente, le monarque poëte y peint des couleurs les plus fortes & les plus vraies l'apathie de Louis XV, sa maîtresse, sa luxure, tous les vices de sa cour & l'abâtardissement entier de la nation.

Voltaire eut de bonne heure une copie de l'ode: il y auroit volontiers répondu; mais, craignant de se compromettre, il la fit parvenir indirectement au duc de Choiseul. Ce ministre frémit de rage en la lisant; il fait appeler le sieur Palissot; il lui donne la clef de l'anecdote & le charge de répondre; ce que fit celui-ci de manière à contenter le duc de Choiseul, qui, craignant que Frédéric ne fît paroître son ode, pour le contenir, lui fit parvenir celle du sieur Palissot. Tout cela étoit resté dans le silence depuis cette époque, & est aujourd'hui révélé par l'indiscrétion du sieur de Beaumarchais.

On a interrogé le sieur *Palissot*, qui certifie l'anecdote, mais jette les hauts cris & contre le duc *de Choiseul* qui l'a compromis en laissant connoître son nom à *Voltaire*, & contre la méchanceté de *Voltaire* qui l'articule tout au long, & contre l'infidélité encore plus grande du sieur *Caron*, qui expose ainsi le vengeur de *Louis XV* & de la nation, au ressentiment d'un souverain outragé.

Du reste, on a par-là la clef de la haute protection que le sieur *Palissot* trouva dans le même temps auprès du gouvernement. On lui avoit promis une récompense qu'il n'eut point. Mais on lui donna la permission de faire jouer ses *Philosophes*, & de donner un libre cours à beaucoup de méchancetés qu'on n'auroit pas tolérées de sa part dans toute autre circonstance.

Quant à l'ouvrage même de *Voltaire*, ceux qui l'ont entendu lire, disent qu'il est divisé en deux parties, que la première est charmante, que la seconde n'est pas aussi bien faite.

12 *Avril*. Le pamphlet dont on a parlé, fait un bruit du diable au palais, parce qu'il révèle une foule d'anecdotes malheureusement trop vraies, à ce qu'on assure, & qui ne font pas honneur à quantité de messieurs les grands-chambriers.

L'auteur suppose que l'abbé *Sauveur* revient du palais, de la première assemblée où messieurs *d'Épremesnil* & *d'Outremont* ont fait la fameuse dénonciation des abus à réformer dans la justice : il est tout essoufflé & dans une colere affreuse ; sa sœur qui passe pour sa confidente & qui le mene à la lisiere, est alarmée de son état & veut en savoir le sujet. Il le conte avec beaucoup de peine ; elle le calme & lui dit qu'il ne faut pas perdre la tête ; que ce projet de réforme, tant de fois annoncé, n'a jamais eu lieu, & qu'il pourroit bien encore échouer cette fois. Elle veut discuter avec lui la matiere, calculer les formes qu'on peut opposer aux réformateurs ; elle passe en conséquence en revue tous les membres accrédités du parlement depuis le garde-des-sceaux, qui en est le chef ; ce qui donne lieu de donner le coup de patte à chacun suivant ses talents & son mérite, & il en résulte qu'il n'y a point d'inquiétude à avoir ; que, malgré la bonne volonté du monarque, malgré le zele de quelques présidents, & la chaleur des enquêtes & requêtes, les vieux routiers de la grand'chambre, plus fins & plus expérimentés, mettront en défaut l'activité de ces jeunes limiers.

L'avocat qui est en tiers, joue un grand rôle, & c'est lui qui est l'historien des vexations de messieurs, dont il choisit les plus criantes & les plus connues. Il est à souhaiter, si les faits sont vrais, que ce pamphlet puisse être assez répandu, pour démasquer tant de magistrats pervers, & les obliger au moins à se défaire de leurs charges.

Il paroît que l'auteur a choisi l'abbé *Sauveur* pour le premier de ses interlocuteurs, comme un bon homme sans malice, qui se laisse aller seulement à l'exemple, & qui seroit honnête, s'il vivoit avec des confreres qui le fussent.

12 *Avril.* Messieurs de la chambre des comptes

ont rempli aujourd'hui la religieuse cérémonie annuelle qui a lieu constamment à pareil jour. Le samedi, veille du dimanche des rameaux, ils se transportent en corps à la Sainte-Chapelle : on y chante une grand'messe en musique, & à la fin messieurs vont après trois génuflexions baiser la vraie croix : c'est le nouveau trésorier qui la leur a présentée cette fois.

Le sieur *le Gros*, qui n'avoit point voulu chanter à l'opéra sur la fin, a retrouvé sa voix pour cet acte de piété, & a brillé durant la messe.

On a remarqué avec douleur que les membres de la chambre qui assistoient autrefois en foule à cette adoration périodique, s'en exemptent assez légérement depuis quelques années, & sur-tout qu'à celle-ci il y avoit très-peu d'adorateurs.

12 *Avril*. M. *Jolas*, avocat aux conseils, peu connu, vient d'être interdit & d'acquérir tout-à-coup une grande célébrité. Il est question de mémoires qu'il a faits pour un sieur *Desastre* passé en Prusse, y ayant obtenu la confiance de ce souverain, & qu'il avoit mis à la tête de ses finances, ensuite chassé, &c. Il y a dit des choses qui ont paru indirectement injurieuses à S. M. Prussienne.

Fenouillet de Closey, son avocat adverse, a relevé ces paragraphes, les a rassemblés, & a fait voir combien ils blessoient la majesté du trône, & les magistrats les ont sans doute regardés comme tels, quoique M. *Jolas* prétendît qu'ils étoient inséparables de sa cause, & que c'étoit son adversaire qu'on devoit regarder comme le vrai coupable, puisque, par la méchanceté avec laquelle il les avoit réunis & présentés, il leur donnoit une existence nouvelle & les divulguoit.

13 *Avril*. On peut se rappeller la rixe du sieur *Neuville*, directeur de la comédie de Rouen, avec un perruquier. Comme celui-ci n'est pas mort de ses blessures, l'histrion n'avoit été condamné qu'à un bannissement perpétuel, à trente mille francs de dommages envers le roi, &c.

Il faut se rappeller aussi qu'un M. *Couronne*, le magistrat qui auroit dû informer le premier du délit, avoit été interdit pour sa négligence.

Quant à celui-ci, le conseil ayant demandé les motifs de l'arrêt du parlement de Rouen, ils ont été trouvés insuffisants, & l'arrêt a été cassé comme rendu *ab irato*, par humeur.

A l'égard du sieur *Neuville*, il poursuit aussi la cassation de son arrêt au conseil, & vient de se constituer prisonnier.

14 *Avril*. *Monsieur* vient de donner une marque de son goût pour les lettres, en commandant au sieur *Didot*, renommé pour ses chef-d'œuvres typographiques, une nouvelle édition de la *Jerusalem délivrée du Tasse*, contenant seulement le texte original en deux volumes in-4°. L'ouvrage sera orné de quarante estampes, & d'un frontispice dont ce prince a désigné lui-même les sujets. Les dessins en seront faits par M. *Cochin*, & la gravure par M. *Tilliard*, qui promet de se rendre sévere sur le choix de ses coopérateurs. La réunion de talents aussi distingués promet au public une édition digne à tous égards de passer à la postérité.

Monsieur, après en avoir retenu cinquante exemplaires pour lui & pour la famille royale, a permis qu'on reçût des souscriptions pour cent cinquante exemplaires seulement, qui coûteront douze louis chaque.

14 *Avril.* Le mercure de France est comme ces monstres voraces, qui ne grossissent que par la dévastation & le carnage : on a vu combien ce journal destructeur a déja absorbé de ses semblables. Aujourd'hui que par la paix il manque d'aliments, il menace d'en engloutir encore deux autres. L'un est le *Journal de la librairie*, qui contient la notice exacte des livres nouveaux, de la musique, des estampes & des arrêts, de l'invention du sieur D. *Pierres*, imprimeur ordinaire du roi : afin de ne point perdre de terrein, le Mercure charge sa couverture, qui est aujourd'hui d'un gris sale, de ce journal.

L'autre est la *Gazette des Tribunaux* de M. *Mars*, avocat : celui-ci lui sert à remplir le vuide de la politique.

Enrichi de toutes ces dépouilles, le Mercure n'en est pas moins sec, moins aride, moins monotone, moins ennuyeux, qualités qui, malgré les formes de toute espece qu'on lui a fait prendre depuis plus d'un siecle qu'il existe, tiennent sans doute tellement à son essence qu'il ne peut les perdre.

14 *Avril. Actions survivancieres instituées avec l'agrément du roi, par leurs altesses sérénissimes monseigneur le duc & madame la duchesse de chartres*, en faveur des officiers, employés, rentiers viagers, grevés de substitutions, douairiers & simples usufruitiers qui desireroient assurer, après leur décès, un capital disponible, pour servir de gage à leurs créanciers, de legs à des parents, amis, ou domestiques, & en cas de mariage,

de douaire à leurs femmes, de patrimoine à leurs enfants.

Tel est le *prospectus* d'un emprunt indéfini, imaginé par leurs altesses, extrêmement compliqué, & qui exige une longue méditation avant d'être compris.

15 *Avril.* On commence à s'entretenir de la nouvelle salle de la comédie italienne, du moins quant aux entours & à l'extérieur ; car les dedans n'ont pas encore été vus par beaucoup de monde.

On s'apperçoit d'abord du premier défaut sensible aux plus ignorants, c'est que la façade auroit été infiniment mieux présentée du côté du boulevard, & que c'est une mal-adresse impardonnable d'avoir eu égard à la délicatesse des histrions qui ne vouloient, disoient-ils, avoir rien de commun avec les spectacles forains établis dans cette partie de Paris.

Un second defaut, c'est d'avoir laissé ce monument à la disposition d'un particulier qui, travaillant pour son compte & sans aucun égard aux grandes vues qui doivent diriger en pareil cas l'administration, n'a songé qu'à l'édifice, sans s'occuper des accessoires & des avenues.

De là point de rue en face du péristille ; de là nul point d'optique, la place qu'on y a construite n'ayant pas l'étendue qu'il lui faudroit, & n'étant guere plus grande que la cour d'un grand hôtel particulier.

On n'entre dans cette place que par deux rues latérales, courtes & étroites, de sorte que le spectateur ne peut saisir au premier coup d'œil l'ensemble du bâtiment, d'ailleurs enterré par l'excessive hauteur des maisons qui l'entourent, toutes plus élevées que lui.

Enfin les différentes rues qui y aboutissent ne sont point assez larges pour la circulation libre des carrosses, & sont très-dangereuses pour les gens de pied, faute de trotoir qui les mette en sûreté.

Tels sont les principaux défauts contre lesquels on crie déja & à juste titre.

16 *Avril*. On attribue à l'abbé *Baudeau* l'imagination des *actions survivancieres* : d'autres assurent que c'est un projet ancien ; mais le *pathos* du préambule est certainement de lui, & personne ne le lui conteste.

Cet auteur prétend qu'il manquoit à la France un établissement, au moyen duquel les jouissances purement viageres pussent concourir au bonheur de l'individu qui les possede, & profiter encore à ses successeurs.

Les richesses des bénéficiers, des grevés de substitutions, des usufruitiers, des rentiers viagers, des employés à appointements, périssent en général avec les personnes qui en jouissent. En vain la surabondance des revenus fait-elle naître le projet d'accumuler & de mettre en réserve ; en vain la bienfaisance même invite-t-elle à l'économie. On jouit du présent ; on compte sur l'avenir ; la vie se passe ; les fruits se consomment, & le rentier, avec qui tout périt, emporte au tombeau le regret stérile de mourir inutile à sa famille, à ses amis, souvent même infidele à ses créanciers.

D'ailleurs, les jouissances viageres & non transmissibles isolent les individus, & il importe à la société de multiplier l'union entre tous ceux qui la composent. La générosité d'une part, la reconnoissance de l'autre, en formant les plus doux liens qui puissent attacher les hommes les uns aux autres, sont le germe de presque toutes les vertus sociales : favoriser l'action respective de ces deux sentiments, ouvrir à la patrie une nouvelle source de libéralité & de gratitude, est un ouvrage vraiment digne de la spéculation d'une belle ame, du développement des ressources d'un grand prince, & de la protection immédiate du souverain.

En un mot, l'abbé Baudeau fait envisager le projet comme remédiant aux plaintes des politiques, se plaignant que les rentes viageres si communes en France depuis quelque temps, sont les moyens de finance les plus pernicieux & les plus destructeurs d'un état, puisqu'il en tarit la vraie richesse qui est la population.

Du reste, voici le résumé du plan de l'emprunt. Il ne peut avoir lieu que depuis huit ans jusqu'à soixante inclusivement.

Chaque actionnaire paiera annuellement à l'emprunteur 500 liv., & pour prix de cette prestation annuelle, il assure à sa succession un capital déterminé en proportion de l'âge, suivant une table annexée au prospectus.

Le cas où un prêteur cesseroit après plusieurs années de payer la rente est prévu ; il ne perdroit pas ses avances, mais ne feroit jouir ses héritiers qu'en proportion de ce qu'il auroit donné.

16 *Avril.* M. le Bas, graveur du cabinet du roi, conseiller de son académie royale de peinture & de sculpture, membre de l'académie des sciences & arts de Rouen, est mort ces jours-ci. Il n'est personne qui ne connoisse les ou-

vrages de cet excellent artiste, qui a beaucoup travaillé.

L'académie a perdu presque en même temps un autre membre en la personne d'André Bardon, peintre, directeur perpétuel de l'académie de Marseille, membre de celle des belles-lettres, sciences & arts de la même ville. Celui-ci étoit plus pour la théorie que pour la pratique; il a écrit sur son art sinon avec goût, au moins savamment & avec intelligence : il a composé aussi des ouvrages de littérature, & même de vers.

17 Avril. Les personnages qui figurent dans la nouvelle correspondance au sujet des épices, des secretaires & autres brigandages du palais, sont M. le garde-des-sceaux, dont l'auteur disposé à tout voir en mal, représente la Finesse, comme fausseté; la Patience, comme pusillanimité; la Douceur, comme foiblesse.

Vient ensuite le premier président d'Aligre, qu'il peint comme un vilain, un avare, un homme sans mœurs, joignant à l'indécence l'incapacité; se laissant mener par son secretaire Dufour, dont il tolere & autorise les friponneries qu'il ne peut ignorer.

Presque tout le grand banc est passé en revue. On reproche à M. d'Ormesson sa lâcheté d'avoir accepté le partage des fonctions de la premiere présidence, sans en avoir aucun honorifique, de n'être que l'homme de peine de M. d'Aligre.

M. Saron est un académicien qui lit dans les astres, & ne sait pas ce qui se passe à ses pieds. M. de Fleuri est le plus faux de la famille, & c'est beaucoup dire.

M. Gilbert est une bonne dupe qui donne dans

tous les panneaux qu'on lui tend, & redoute sa femme comme son précepteur.

M. Pinon est un homme foible qui craint le bruit.

M. de Rozambo, gendre de M. de Malesherbes, n'a qu'un feu de mousquetaire (il s'étoit fait militaire durant la suppression) : il aime bien mieux les foyers des spectacles, les habits gris & les boudoirs, que la robe & les fleurs de lis du palais.

M. de Lamoignon même, dont on loue le zele & le désintéressement, n'est pas épargné sur les menées de son ambition sourde & active.

Le président de Guibeville, honoraire des requêtes, qui pourroit se dispenser de venir au palais, est la petite poste du président d'Ormesson, comme l'abbé Sabbathier est l'espion des enquêtes.

M. le Fevre d'Ammecourt est le major de la compagnie. C'est le plus intrigant personnage du parlement ; c'est un prothée qui tourne à tout vent, qui change cent fois de forme, & n'en conserve aucune.

Messieurs Chouart, Titon, Nouet, l'abbé de l'Attaignant, l'abbé Tandeau, l'abbé Pommier, tiennent aussi leur rang dans ce tableau, & l'on révele des anecdotes concernant chacun d'eux qui ne leur feroient pas honneur si elles étoient bien avérées.

M. de Chavanne, le doyen, est le seul épargné, le seul exalté pour son honnêteté & son sincere amour de la justice.

Une anecdote bien singuliere, dont on parle depuis long-temps, & qu'on donne ici comme très-constante, c'est que le premier président touche tous les ans 150,000 liv. de la cour pour dis-

-tribuer dans la grand'chambre à son gré, suivant qu'il juge nécessaire de se concilier certains membres, & de les attacher à son parti. Il s'enfuivroit à peu près la même corruption que dans le parlement d'Angleterre.

Le résultat est qu'au moyen de tous ces arcs-boutans, de tous ces bastionnaires de la grande chambre, les efforts des enquêtes & requêtes seront vains; qu'on surprendra la religion du roi; qu'on lui fera entendre que tout est au mieux possible; qu'il n'y a point d'abus au palais; que c'est une vision creuse des jeunes gens, & que dans le fait tout restera comme il est, ou plutôt ira de plus mal en plus mal.

17 Avril. Il a été question dans les papiers étrangers d'un *automate, joueur d'échecs*; on n'en parloit plus depuis long-temps. Il vient d'arriver à Paris, digne théâtre où il pourra s'exercer devant les connoisseurs.

C'est un M. *Anthon* qui l'a conduit de Vienne ici, & le public pourra commencer à le voir pour la premiere fois lundi 21.

Cet *automate* représente une figure d'homme de grandeur naturelle, habillée à la turque, & assise derriere une commode, sur laquelle est placé l'échiquier; il joue une partie aux échecs avec la premiere personne de la compagnie qui se présente. Avant que de commencer la partie, M. *Anthon* ouvre toutes les portes de la commode pour en faire voir l'intérieur, dont la plus grande partie est composée de rouages, leviers, cylindres, cadrans, ressorts, &c.; les portes refermées, l'automate commence sa partie.

Ce spectacle paroît bien supérieur aux autres méchaniques déja connues, au *canard qui digere*, *au flûteur &c.* en ce qu'il s'agit ici non-seulement d'opérations physiques, mais d'opérations intellectuelles soutenues.

17 *Avril.* Messieurs *Piis & Barré* depuis six mois étoient chargés de faire le compliment d'ouverture de la nouvelle salle du théatre italien ; mais ils annoncent que ce ne feront plus eux, tant ils redoutent la critique. On dit que c'est le sieur *Sedaine* qui les remplace.

18 *Avril.* Depuis qu'on s'occupe de la réforme du palais & sur-tout depuis la brochure dont on a parlé, il est singulièrement question du sieur *Dufour*, l'un des secrétaires du premier président, qu'on appelle plaisamment dans ce pamphlet *le premier président des secrétaires.* Les friponneries qu'on en révèle ont tellement indigné les clercs du palais & autres jeunes gens, que dimanche dernier, comme le sieur Dufour se promenoit, on se le montroit au doigt & l'on disoit..... *Ah ! le voilà, le voilà....* Il a voulu faire bonne contenance ; mais la foule grossissant & le poursuivant, il a été obligé de gagner la porte & de s'échapper, ce qui a fait courir le bruit que son maître avoit reçu ordre du roi de le chasser.

18 *Avril.* Comme M. *le Fevre* a l'honneur d'appartenir à M. le duc *d'Orléans* ou du moins à madame *de Montesson*, en qualité de secrétaire de ses commandements ; qu'il préside aux spectacles de cette dame, & vraisemblablement lui donne ses conseils sur les divers ouvrages qu'elle compose ; que d'ailleurs elle s'intéresse fortement à lui ; qu'elle l'a marié & lui a procuré une fortune, elle a été fort touchée des tergiversations de l'ambassadeur d'Espagne, & de la

mollesse de M. le garde-des-sceaux, qui n'a pas voulu prendre sur lui de laisser passer la tragédie de *Dom Carlos*, dont on a parlé. Ceux qui connoissent cette piece, assurent qu'il n'y a pas un mot d'offensant contre la cour de Madrid. En conséquence, pour narguer l'un & l'autre, il est décidé que les comédiens françois joueront mardi prochain 22 cette tragédie au théâtre de madame *de Montesson*, & tous les gens de lettres sont sur pied pour avoir des billets.

On doit jouer aussi incessamment au même théâtre une tragédie en vers de madame *de Montesson*.

18 *Avril*. Si l'on en croit la conversation familiere de M. l'abbé Sauveur, la *vie de M. d'Aligre* est toute faite & imprimée; mais la distribution en a été arrêtée il y a huit mois.

Quoi qu'il en soit, l'apparition de la premiere brochure le désole presque autant; il a fait l'impossible pour empêcher qu'elle ne se répandît. Il y a eu des perquisitions séveres. On a remonté bien près de la source, à ce qu'on assure; mais enfin la vigilance des officiers de police s'est trouvée en défaut. Il en résulte seulement qu'elle se vend fort cher.

18 *Avril*. On parle d'un nouveau prix annuel extraordinaire, proposé par l'académie royale des sciences pour l'année 1784.

Le même citoyen anonyme dont la compagnie a déja adopté deux fondations, l'une ayant pour objet des expériences dirigées vers l'objet le plus utile aux classes de la société les plus malheureuses: l'autre de rendre les opérations des arts méchaniques, mais mal-saines ou moins dangereuses, a adressé un mémoire à l'académie très-bien

bien rédigé, où il explique ses nouvelles intentions, qui sont de réduire les procédés de ces arts à la plus grande simplicité possible.

La fondation est aussi une somme de 12,000 livres qui sera placée; & avec l'intérêt on fera frapper une médaille, récompense du vainqueur.

La premiere sera de la valeur de 1,080 livres. Elle sera décernée dans l'assemblée publique d'après pâque. Le sujet est *de perfectionner la construction des moulins à eau, sur-tout de leur partie intérieure, de maniere qu'ils soient plus simples, s'il est possible; qu'ils donnent & plus de farines & des produits plus distincts dans la qualité de ces farines; que par la réunion & le jeu des blutteries, à mesure que la farine est extraite du grain, ils deviennent propres à la nouvelle espece de mouture adoptée depuis quelques années dans les moulins de Corbeille, & dans quelques autres voisins de la capitale; enfin, qu'ils renferment différentes méchaniques, pour qu'ils puissent, au moyen de la force qui les fait mouvoir, produire les divers effets nécessaires à leur service.*

19 Avril. Les amis de M. d'Ormesson sont fâchés qu'à son âge il se soit déterminé à prendre une place aussi critique que celle qu'il occupe. Il est riche, il a plus de 100,000 livres de rentes; il avoit l'estime & la considération générale; s'il ne fait pas des opérations utiles & brillantes, on ne manquera pas de lui savoir mauvais gré d'avoir accepté un fardeau au dessus de ses forces. On veut que sa mere même se soit expliquée de la sorte, & ne lui donne que trois ou quatre ans pour être sous la remise.

La réponse à tout cela, c'est que le roi l'a voulu. Il passe pour constant aujourd'hui que M. le comte *de Vergennes* avoit proposé à sa majesté d'abord M. *le Feyre d'Ammecourt*, ensuite monsieur *de Calonne*, d'autres ajoutent M. *Foulon*, & que le roi n'ait voulu d'aucun de ces messieurs comme notés dans le public & lui étant désagréables.

Quoi qu'il en soit, *Louis XVI* en espere mieux sans doute que ces partisans si zélés de la gloire de M. *d'Ormesson*. Il continue à se féliciter de l'avoir choisi. *Pour le coup*, s'est écrié sa majesté, *on ne dira pas que ce soit la cabale qui ait fait nommer celui-ci*.

19. *Avril.* Le sieur de *Beaumarchais*, qui aime à entretenir toujours le public de lui, ne pouvant obtenir de faire jouer à la comédie françoise son *mariage de Figaro*, comme une piece trop ordurière, a imaginé de solliciter madame la duchesse *Jules*, de vouloir bien permettre qu'on l'exécute devant elle, afin d'en juger. Il se flatte que toutes ces vilainies pourront passer à la faveur du jeu brillant des acteurs, & que si cette favorite de la reine lui accorde sa protection, le crédit de cette dame l'emportera sur les magistrats trop sévères.

20. *Avril.* Il est question d'établir une *Ecole des mines*, à l'instar de celles qui ont été fondées avec beaucoup de succès sous le feu roi pour les ponts & chaussées. On parle d'un arrêt du conseil rendu à cet effet le 19 mars. Cette institution, imaginée sous le ministere de M. de *Fleury*, est sans doute une des meilleures qu'il ait fondées, & lui doit faire honneur.

21 *Avril.* Les débouchés de la nouvelle salle du théatre italien étant étroits, le bureau des finances de la généralité de Paris a cru, pour la

sûreté publique, devoir rendre une ordonnance le 21 du mois dernier, concernant le placement des bornes dans les rues adjacentes.

21 *Avril*. Il continue à débuter au concert spirituel différents virtuoses qui viennent tous les ans faire l'admiration du public. Beaucoup de cette espece y ont paru depuis peu.

M. *Ficher* a chanté plusieurs morceaux de basse; l'étendue de sa voix a causé un étonnement général: il descend jusqu'au *ré*. Malgré ce tour de force, il n'a pas brillé dans ces deux morceaux: on a trouvé sa voix quelquefois un peu sourde, principalement dans les passages où il se rencontroit des roulades. Peut-être auroit-elle mieux convenu à quelque air d'un tout autre caractere.

M. *Pin* le fils, qui a été page de la musique du roi, a touché avec assez de précision, sur le forte-piano, un concerto de sa composition; mais il ne fait qu'annoncer d'heureuses dispositions, & il doit regarder comme de simples encouragements les battements de main qu'on lui a prodigués.

M. *Michault*, âgé au plus de dix-huit ans, ayant joué un concerto de violon avec beaucoup de justesse, a été très-bien accueilli, mais toujours à raison d'espérances flatteuses qu'on en a conçues.

C'est ainsi que M. *de Vienne*, déja goûté il y a un an, par la belle qualité de son qu'il tire de sa flûte & par la netteté de son embouchure, a paru avoir fait des progrès considérables qui lui ont valu de nouveau le suffrage des amateurs.

On a été fâché que M. *Borkh*, pour ainsi dire encore enfant, paroisse trop tôt sur ce brillant théatre, & en recherchant des aplaudissements prématurés, se mette dans le cas de n'en pas obtenir plus tard. Son instrument est le violon. Il y hasarde des difficultés dont la recherche pénible pourroit lui gâter la main, au gré des experts.

On a beaucoup admiré M. *Murgeon*, qui a débuté d'une maniere très-heureuse dans le *stabat* de *Pergoleze*. Il a rendu plusieurs morceaux de chant avec beaucoup de justesse & de précision. Il a été fort applaudi.

21 *Avril.* Il paroît constant que le cocher mutilé par le jeune *Choiseul-Meuze* est mort de ses blessures ; que la famille, pour éviter les poursuites de la justice contre lui, a eu recours au roi, qui a ordonné qu'il seroit mis pour vingt ans en prison. On le dit à Pierre-Scize. On veut en outre que la famille ait fait une pension à la veuve & aux enfants.

22 *Avril.* L'art de découvrir & d'exploiter les mines, n'ayant pas en effet acquis en France la perfection dont il étoit susceptible, on a déterminé S. M. à faire examiner dans son conseil les causes de ce défaut de progrès, & les moyens de les accélérer.

On a trouvé que dans le nombre de ceux qui ont obtenu de concessions en ce genre, les uns n'en ont fait aucun usage, d'autres y ont employé sans fruit des fonds considérables ; & que ceux qui ont réussi n'en ont pas tiré tout le profit qu'ils devoient en attendre, par la difficulté de rencontrer des directeurs intelligents. On a rapporté qu'au contraire les états voisins retiroient un grand avantage de cette espece d'industrie.

On a reconnu que ce n'étoit pas assez de donner des encouragements à ceux qui voudroient se livrer à la recherche & exploitation des minéraux, qu'il falloit encore former des sujets pour conduire les ouvrages avec autant de sûreté que d'économie, & que le seul moyen d'y parvenir étoit de créer une *école des mines*.

En conséquence il a été ordonné de nommer deux professeurs pour enseigner les sciences relatives aux mines & à l'art de les exploiter. Les éleves qui auront suivi pendant un temps déterminé ces professeurs & subi les examens prescrits, & auront été reconnus pourvus de la capacité nécessaire, auront un brevet de *sous-ingénieur des mines*.

S. M. destine chaque année une somme de 3,000 mille livres pour douze places d'éleves, à raison de 200 livres chacune, en faveur des enfants des directeurs & des principaux officiers des mines, qui n'auroient pas assez de fortune pour les envoyer étudier à Paris. Le surplus sera distribué en prix.

La nouvelle école sera sous l'inspection de monsieur *Douet de la Boullay*, intendant-général des mines, minieres & substances terrestres de France.

22 *Avril*. Par le décompte fait à l'académie royale de musique de la dépense & recette de l'année dramatique, il se trouve que, quoique l'administration n'en ait pas été à beaucoup près aussi parfaite qu'elle pourroit l'être, le gouvernement, toujours obligé de venir à son secours de 50,000 écus au moins, en sera quitte à moins de 50,000 livres, économie dont il n'y avoit pas encore d'exemples dans les fastes de l'opéra. Cependant, malgré le succès du régime actuel, on

doute qu'on le conserve tel long-temps. Il ne paroît pas que la forme puisse en être changée cependant à cette époque, & il va reprendre comme ci-devant.

Mais il y a une grande fermentation entre les sujets. Le sieur *le Gros* dégoûté, desireroit sa retraite. La cour voudroit qu'il restât, & ses camarades ne peuvent le souffrir ; ils lui reprochent de la dureté, du despotisme. Il joue un grand rôle dans le *comité*, & est le premier des deux représentant les acteurs copartageants.

Le sieur *Dauberval*, le second des représentants les premiers sujets & le corps de la danse, qui ne se soucieroit pas de quitter, est au contraire en butte à une cabale formée par la Dlle. *Peslin*, qu'il a voulu faire expulser comme trop vieille, ou du moins mettre à la pension comme émérite. Celle-ci a beaucoup de partisans parmi ses camarades, & remue ciel & terre contre le sieur *Dauberval*.

22 *Avril*. Le premier emprunt du duc *de Chartres* n'embrasse que les prêteurs depuis l'âge de huit ans jusqu'à celui de soixante. Il a voulu donner aussi une amorce aux enfants au dessous, & aux vieillards au dessus par des *sociétés d'actions survivancieres* en leur faveur.

Cet autre *prospectus* concernant cette espece de tontine est encore plus compliqué & plus savant que le premier ; il présente même des difficultés qui ne peuvent guere se résoudre que par les gens de l'art.

23 *Avril*. On voit ici depuis peu un abbé *della Roca*, vicaire-général de l'évêque de l'isle de *Syra*, l'une des Cyclades dans la mer Egée, (une des mers du levant) qui est autorisé par le

gouvernement à faire une quête en faveur des insulaires du diocese.

Ces insulaires, tous catholiques romains, sont très-attachés à la France ; ils en ont donné des preuves, soit dans les temps de peste où de naufrage, soit dans le cours de différentes guerres qu'elle a eu à soutenir, & sur-tout durant les deux dernieres, en prenant les armes pour défendre & délivrer nos vaisseaux attaqués & poursuivis jusque dans les ports par les pirates ou corsaires ennemis.

Ceux-ci se sont vengés par le ravage des campagnes, l'enlevement des troupeaux, le pillage des habitations, & la dévastation des vignes, seule richesse du pays.

L'excès de la misere a déja déterminé plus de cent familles à se réfugier parmi les Turcs, & les autres seront obligées d'en faire autant, si l'on ne vient à leurs secours.

Le corps des négociants & capitaines de Marseille, s'est empressé d'offrir un témoignage public de leur reconnoissance pour les services qu'ils ont reçus de ces malheureux habitants, & notre ambassadeur à la Porte a certifié les faits aux ministres du roi. En conséquence, S. M. a déja donné l'exemple en étendant ses libéralités sur ce peuple infortuné.

23 *Avril.* Mad. *d'Epinay* vient de mourir. C'est cette femme rendue célebre par *Rousseau*, qui en étoit devenu amoureux, qu'elle logeoit dans son château en un petit bâtiment du jardin destiné pour lui seul, & qu'elle appelloit son *ours*. C'est celle aussi qui tout récemment a été couronnée par l'académie françoise, comme auteur du livre des *Conversations d'Emilie*, à cause de la

bonne morale qu'il contient ; mais au demeurant d'un ennui mortel.

Elle n'avoit jamais été jolie ; elle n'étoit plus jeune, & au défaut des aventures galantes sur lesquelles elle avoit peu à compter par sa figure, elle avoit donné dans le bel esprit.

24 Avril. Deux nations rivales de notre industrie ont une main-d'œuvre plus chere que la nôtre, & cependant vendent plusieurs de leurs marchandises en concurrence avec les nôtres, ou même obtiennent la préférence ; une des raisons principales de ce phénomene de commerce, est que chez ces nations la fabrique est plus simple. A *Amsterdam* & à *Birmingham*, un grand nombre d'instruments, peu connus ou peu communs en France, remplacent les opérations manuelles, & on a observé qu'en Hollande & en Angleterre, à mesure que la main-d'œuvre enchérit, les manufactures & les artisans inventent des machines, des instruments, des procédés qui diminuent le nombre des agents, & en faisant baisser le prix, facilitent le débit.

La nation françoise crée moins en général qu'elle ne perfectionne ; elle a enlevé à *Venise* ses glaces, à *l'Italie* ses étoffes de soie. Le Languedoc pourvoit le levant de draps nommés *Londrins* ; les étoffes nommées *Velours d'Utrecht*, se fabriquent par nos artisans, tandis qu'on trouve peu d'exemples d'arts inventés en France, & perfectionnés par l'étranger. Il ne faut pas croire cependant que notre nation ait moins d'imagination que d'adresse ; mais on est rebuté de découvrir par un préjugé reçu chez nous, ou plutôt par une expérience trop fréquente, que l'on s'enrichit plus dans la pratique d'une méchode reçue qu'en l'imaginant. Il est donc utile au progrès des arts & du commerce, d'honorer & d'indemniser l'auteur de toute invention, qui, en abrégeant le travail, en assure le rabais, & multiplie pour le pauvre les moyens de subsister & de jouir.

Tel est l'objet, suivant l'excellent mémoire envoyé à l'académie par l'anonyme, du nouveau prix proposé en faveur d'un *mémoire soutenu d'expériences qui tiendra à simplifier les procédés de quelque art méchanique.*

24 *Avril.* Un des principaux griefs de la révolte séditieuse des sujets de l'opéra contre le sieur *le Gros*, c'est que mécontent du sieur *Rey*, maître de la musique, chargé de diriger l'orchestre, avec lequel il avoit eu quelque querelle d'intérêt, il vouloit le déplacer pour lui substituer le sieur BECK, arrivé ici depuis quelque temps de Bordeaux.

Ce BECK a composé un *stabat mater*, qui doit être exécuté demain au concert spirituel. Il y a une forte cabale des sujets de l'opéra qui doivent se rendre en foule au concert pour en empêcher le succès & le siffler.

25 *Avril.* M. *de la Borde* marie sa fille au chevalier *d'Escars*, capitaine des gardes-du-corps en survivance de M. le comte d'Artois. C'est un mariage de vanité de la part de ce banquier. M. le chevalier *d'Escars* est un cadet qui avoit la croix de malte & la quitta. Du reste, il est sans fortune, il n'a qu'une abbaye qu'il conservera fort singuliérement. On a obtenu un bref du pape pour réunir ce bénéfice à l'évêché *de Quebec*; & attendu que le Canada est aux Anglois, on ne

homme point à cet évêché, dont M. *d'Escars* est seulement établi par le roi administrateur temporel & séquestre, ce qui lui donne la facilité d'en toucher les revenus & de les manger. On prétend que depuis *Louis XIII*, on ne s'étoit point avisé de cette singuliere tournure.

25 *Avril.* La cour a voulu voir le sieur *Anthon* & son automate, en sorte qu'on ne peut encore en jouir à Paris.

M. le duc de *Bouillon* s'est présenté pour jouer aux échecs contre lui. Voici le méchanisme de cette figure. Elle porte la main sur une des pieces, la saisit des doigts, la transporte sur une autre case, l'y lâche & retire sa main pour la reposer sur un coussin qui se trouve près de l'échiquier ; elle donne échec, & elle en avertit son adversaire en faisant signe de la tête trois fois, si c'est la reine. Si son adversaire fait une fausse marche, elle secoue la tête, prend la piece mal jouée, & la remet à sa place ; mais alors le coup de l'adversaire est perdu, parce que l'automate joue son coup immédiatement après. Si de part ou d'autre l'on donne échec & mat, & qu'ensuite on voulût jouer encore un coup, il refuse en secouant la tête.

La partie finie, il fait la marche du cavalier de la maniere suivante. Après que l'on a ôté toutes les figures de l'échiquier, quelqu'un des spectateurs prend un cavalier, le met sur une case qu'il choisit à son gré ; aussi-tôt l'automate le prend & parcourt toutes les soixante-quatre cases, en montrant chacune avec le cavalier, & sautant du blanc au noir, & du noir au blanc, sans venir deux fois sur la même case ; de quoi l'on peut s'assurer, en marquant d'un jeton chaque case sur laquelle il a été : revenu à la première case dont il est parti, il y lâche le cavalier & en retire sa main.

M. le duc de Bouillon a éprouvé tout cela ; il a gagné l'automate moins par la force de son jeu que par la complaisance de l'adversaire, qui a montré de l'intelligence & des combinaisons supérieures dans le sien.

Après la partie, ce seigneur a demandé à l'automate s'il joueroit bien contre le sieur *Philidor*, qui passe pour le plus fameux joueur de l'Europe. L'automate a répondu en montrant sur une table d'alphabet successivement, les lettres qui écrites ont fait sa réponse : *je ne suis pas digne de me mesurer contre un si habile joueur.*

25 *Avril.* La piece de *Dom Carlos*, jouée mardi chez Mad. *de Montesson* avec une grande affluence, n'a pas extrêmement réussi. Les deux premiers actes ont été plus applaudis que les trois derniers, froids & languissants : le dénouement est ce qu'on a trouvé de mieux. Du reste, point d'intelligence de la scene, une grande incorrection dans le style, de petits moyens dans l'intrigue & très-peu de vers saillants. Voilà comme s'expriment aujourd'hui les amateurs qui n'osoient alors s'expliquer aussi ouvertement.

On n'a rien observé dans le cours de la piece qui ait pu déplaire à M. l'ambassadeur d'Espagne ou à sa cour. L'objet de cette représentation est sur-tout de forcer la main à ce ministre, & de l'obliger de s'expliquer cathégoriquement.

26 *Avril.* Le *stabat* de M. *Beck*, dont une partie a été exécutée hier & l'autre aujourd'hui,

n'a pas été trouvé une chose triste, mais une triste chose : il n'étoit pas besoin d'une cabale pour faire tomber ce morceau de musique, très-plat en lui-même, & incapable de se soutenir.

26 *Avril*. M. le duc *de Choiseul* avant de livrer aux comédiens italiens la nouvelle salle, a voulu y faire faire une répétition de la piece qu'on doit y jouer pour l'ouverture, intitulée : *Thalie à la nouvelle salle*, dont on a dit que les paroles étoient du sieur *Sedaine*, & la musique du sieur *Gretry*. C'est jeudi que la fête devoit avoir lieu ; mais, comme il n'avoit pas fait au maréchal duc *de Richelieu*, le supérieur en exercice de ce spectacle, la politesse convenable, celui-ci leur a défendu de se rendre au desir de l'ex-ministre. Il y a eu des lettres vives écrites de part & d'autre, à ce qu'on assure, & le duc de Choiseul a été obligé de s'en tenir à un simple concert ; ce qui a singuliérement mortifié ce magnifique seigneur, qui avoit invité beaucoup de monde. Il a été si piqué, qu'il n'a pas voulu que les acteurs y fissent aucune répétition particuliere, & qu'il ne leur livrera les clefs que la nuit du dimanche au lundi, à minuit, rigoureusement aux termes du traité.

26 *Avril*. On raconte à l'occasion de la mort de Mad. *d'Epinay*, une anecdote peu connue, & qui indiqueroit dans *Rousseau* un esprit de vengeance, de méchanceté, de noirceur, dont sans doute il sera accusé dans ses confessions, à l'époque où il parle de cette dame. On a dit qu'il en avoit été très-amoureux : lors de leur rupture, fondée sur un motif assez léger, & injuste de la part de celui-ci, il affecta de renvoyer à Mad. d'Epinay quelques meubles qu'elle lui

avoit prêtés, & de mettre au cul de la charrette le portrait de cette amante, la face tournée du côté de tous les passants, afin que personne ne l'ignorât.

27 *Avril*. La nouvelle salle de la comédie italienne, présente un bâtiment isolé sur trois faces; la principale donne au midi, sur une place, & les deux autres sur les nouvelles rues de *Favart* & de *Marivaux*; il y a aussi une rue de *Gretry*: honneur distingué accordé à ce musicien.

Depuis l'ordonnance du bureau des finances on a provisoirement posé des barrieres, en attendant un trotoir ou parapet, lequel doit être établi pour les gens de pied aux deux côtés latéraux du bâtiment dans les rues de *Favart* & de *Marivaux*.

L'intérieur en paroît assez bien pour le coup d'œil à ceux qui l'ont vu. La salle est extrêmement dorée, & peut-être trop. Les clabauderies élevées contre le parterre assis des françois, ont fait qu'on sera debout à celui des italiens.

Par un nouveau réglement, on ne laissera placer à l'orchestre personne, dont la coëffure ou le vêtement pourroit gêner la vue des spectateurs.

Il y a trois rangs de loges seulement, les premieres & les secondes consacrées au public, les autres seront à l'année.

On comptoit former un quatrieme rang de loges; mais une corniche énorme, qui termine le pourtour de la salle dans son ceintre, les eût tellement masquées, qu'on a pris le parti d'en faire une simple galerie tournante à très-bas prix; il y en a cependant quelques-unes encore près le théatre pour ceux qui ne veulent point être vus,

Le total des spectateurs peut monter à dix-neuf cent trente, savoir :

	Places.	Prix.	Total.
Orchestre pour hommes & femmes au moins.	200	6	1200.
Balcons pour hommes.	36	6	216.
Amphithéatre	80	6	480.
Premieres loges.	168	6	1008.
Secondes loges	120	3	360.
Galerie tournante au 4e. pour hommes & femmes.	136	1 - 16	244.
Parterre, environ.	650	1 - 4	780.
	1309.		4288.

Les petites loges donnent environ. . . . . 540 places. . . . .

27 *Avril*. Les suicides continuent fréquemment. Les médecins & chirurgiens du châtelet, chargés de l'emploi de visiter les cadavres, assurent qu'il n'y a pas de jour peut-être dans l'année où il n'arrive de ces sortes de malheurs ; mais on n'en parle point par prudence, sur-tout de ceux du peuple, à moins qu'ils ne se passent en public, comme celui d'une femme qui s'est dernierement coupé le cou dans l'église des célestins.

Le suicide d'un M. de *Mobert*, conseiller de l'élection, fait plus de bruit, & par son auteur, & par sa singularité, & par la juridiction à laquelle il avoit l'honneur d'appartenir.

La fonction principale de ces conseillers est de faire la répartition de ces impôts dans les villages. On s'étoit plaint de celle faite par M. *Mobert* dans une partie qui le concernoit ; les habitants vouloient même réclamer contre, & le procureur qui en étoit chargé, l'en avoit prévenu. Il n'a pû résister à l'idée de cette injustice & aux reproches qu'on lui faisoit. Il est allé à Charenton, il s'y est soulé ivre mort, afin sans doute de se mieux monter la tête; il a auparavant écrit plusieurs lettres, dont entr'autres une à M. le lieutenant de police; il est allé ensuite pour se jeter par dessus le pont: un charretier a pensé l'écraser, l'a gourmandé sur ce qu'il s'étoit mis dans le cas d'être roué. *Vous auriez bien fait*, *mon ami*, lui a-t-il répondu. Enfin, une femme le voyant s'essayer à se jeter par dessus le pont, lui a crié de prendre garde, que cet endroit étoit le plus périlleux de la riviere, qu'on n'en pourroit échapper. Ces menaces l'ont encouragé & il a fait le saut périlleux. Il a ôté son habit noir, a mis dans ses poches sa montre & son argent avant de sauter: il laisse vingt mille livres de rentes. Il étoit garçon; pauvre tête il est vrai.

27 *Avril*. M. *de la Borde* donne à sa fille, le seul enfant de ce sexe qu'il ait & qu'il aime beaucoup, un million comptant; il lui assure un million à sa mort, & loge, nourrit, &c. le mari & la femme tant qu'ils voudront.

27 *Avril*. Quoique le régime de l'opéra reste le même à l'extérieur, le sieur *Morel* en va désormais être le directeur véritable, sans titre. Le comité a ordre verbal de ne rien faire sans ses conseils; & quand il veut quelque chose, il met toujours en avant le ministre. Ce *Morel* a d'ailleurs la manie d'être auteur; il a fait ou refait deux ou trois poëmes, & par son crédit les fera passer sans doute avant les autres. Le sieur *Gossec* est son musicien attitré, & le sieur *Suard* son blanchisseur.

28 *Avril.* Du 9 avril 1782 au 5 avril 1783, durée de la derniere année dramatique, les parts des comédiens françois ont été de vingt-deux mille trente livres & plus, ce qui eſt ſans exemple à ce théatre. La nouvelle ſalle & plus de travail du côté des acteurs leur ont valu cette augmentation. En ouvrages neufs ils ont joué quatre tragédies en cinq actes, deux comédies en cinq actes, trois comédies en trois actes, une comédie en deux actes, quatre comédies en un acte. Ce qui fait quatorze nouveautés.

Ils ont remis en outre trois tragédies en cinq actes, une tragédie en trois actes, une comédie en cinq actes, une comédie en trois actes, une en deux actes, une en un acte, en tout huit pieces remiſes.

Outre ces ving-deux ouvrages, les comédiens ont repréſenté à la cour deux tragédies: l'une nouvelle, *Electre*, par M. *de Rochefort*, & l'autre ancienne, *Veniſe Sauvée*, par M. *de la Place*.

28 *Avril.* Tout devient épidémique dans ce pays-ci, les bonnes & mauvaiſes inſtitutions, les bons & mauvais exemples. Le goût & la nouveauté ſont les grands mobiles de notre nation légere, qui fait le mal ſans méchanceté, & le bien ſans un cœur plus excellent que celui des autres.

La fureur eſt aujourd'hui de mettre tout en hôpital, depuis que madame *Necker*, à l'aide de ſon mari, a fait des proſélytes en ce genre de commiſération.

Pluſieurs paroiſſes, à l'inſtar de Saint-Sulpice, ont établi des hoſpices pour les malades & dernièrement celle de Saint-Méderic.

Quelques voisins du nouvel hospice ont cru devoir s'opposer par la voie juridique à son établissement, dans la crainte des maladies contagieuses qui pourroient résulter d'un pareil voisinage.

M. *Bosquillon*, docteur-régent de la faculté de médecine de Paris, lecteur du roi, professeur en langue grecque au collège royal, invité vraisemblablement par le curé, les marguilliers, & autres fondateurs & coopérateurs de l'établissement, a fait un mémoire défensif, dont l'objet est de prouver que cet hospice, de la plus grande utilité pour les pauvres, ne peut nullement nuire à la salubrité de l'air.

29 *Avril*. Madame *Todi* & madame *Mara*, qui, pendant tout le temps qu'a duré le concert spirituel, ont chanté alternativement & quelquefois le même jour, se sont enfin livré dimanche un dernier assaut, où toutes deux ont été applaudies à tout rompre.

Il est certain que madame *Mara* a l'organe infiniment supérieur; que les connoisseurs les plus difficiles, les étrangers qui ont le plus voyagé, assurent qu'il n'y en a pas deux de cette espece; sûreté, netteté, pureté, aisance, étendue, elle a toutes ces qualités au suprême degré; elle se joue des difficultés, elle excelle dans les airs de bravoure; mais madame *Todi* a infiniment plus de sensibilité & la surpasse de beaucoup dans le *cantabile* ; en un mot, la premiere n'est que cantatrice ; c'est peut être la plus parfaite qu'on ait entendu pour flatter l'oreille ; la seconde remue le cœur & le pénetre. Une dame balançant la couronne entre elles deux, a fait à cette occasion le madrigal suivant.

> *Todi*, par sa voix touchante
> De doux pleurs mouille mes yeux;
> *Mara*, plus vive, plus brillante
> M'étonne, me transporte aux cieux.
> L'une & l'autre ravit, enchante;
> Et celle qui plaît le mieux,
> Est toujours celle qui chante.

Ces deux chanteuses ont aussi donné lieu à un calembour de la part d'un amateur à qui l'on demandoit celle qu'il aimoit le mieux; il répondit: Ah! c'est bientôt dit (*c'est bien Todi.*)

29 *Avril.* La récapitulation des ouvrages donnés au théatre lyrique jusqu'à la vacance, annonce aussi beaucoup de zele & d'activité de la part du comité & des sujets exécutants, d'autant qu'il y en a eu de tous les genres, allemands, françois, italiens. Le détail consiste en six ouvrages nouveaux, deux remis avec des changements considérables, dix autres enfin mis au courant du répertoire.

On a fait en outre les répétitions de plusieurs ouvrages qu'on a essayés, acceptés ou rejetés.

29 *Avril.* Relation de la séance de l'académie royale des inscriptions & belles-lettres pour sa rentrée publique d'après pâque, aujourd'hui mardi.

On a été surpris de voir à cette assemblée infiniment plus de monde que de coutume, beaucoup de femmes sur-tout, les tribunes presque toujours défertes en étoient garnies, quelques-unes même s'étoient répandues dans la falle, & le cercle des étrangers de diftinction étoit confidérable.

Tel eft l'effet de la nouveauté & du zele d'un homme intelligent. On étoit envieux d'entendre le fecretaire qui a remplacé M. *Dupuy*; & il a fort à cœur d'imiter fes confreres des autres académies, & d'employer, s'il le faut, jufqu'à leur charlatanerie pour affimiler fa compagnie aux leurs & en rendre les féances aufli courues, aufli fêtées; en conféquence il a cherché à attirer le fexe, bien fûr que les hommes ne manqueroient pas d'arriver à fa fuite. Il a auffi introduit l'invitation par billet, qui ne s'eft pas encore trouvée de rigueur cette fois, mais qui le deviendra fans doute inceffamment.

Quoi qu'il en foit, ce nouveau fecretaire eft M. *Dacier*, peu ancien & dont les talents ne font pas encore bien établis; cependant, la compagnie l'a préféré à d'autres membres plus connus ou plus méritants, mais dont elle craignoit le crédit, l'efprit de domination & de defpotifme.

M. *Dacier*, fuivant l'ufage, a commencé par dire que l'académie avoit propofé pour fujet du prix à diftribuer dans cette féance, de déterminer: *Quelle étoit l'étendue des domaines de la couronne lors de l'avénement de Hugues-Capet au trône; quelles poffeffions ce prince y ajouta; comment & par quels moyens ces domaines s'accrurent jufqu'au regne de Philippe-Augufte exclufivement.*

Il a continué: « Les mémoires n'ayant pas fa-
» tisfait pleinement aux vues de l'académie, elle
» propofe de nouveau le même fujet pour pâque

« 1785, & invite les auteurs à se renfermer
« dans les bornes de la question, sans se livrer à
« des discussions qui ne tendent pas directement
« à l'éclaircir. »

Le secretaire a encore lu l'annonce du sujet d'un autre prix à distribuer à la Saint-Martin 1784, qui est d'examiner : *Quel fut l'état du commerce chez les Romains, depuis la premiere guerre punique jusqu'à l'avénement de Constantin à l'empire.*

Il est passé de suite à *l'éloge de M. Danville*. Par un concours de circonstances fâcheuses il s'est trouvé que le défunt étoit aussi membre de l'académie des sciences, & que son secretaire infiniment actif avoit déja rempli son ministere. Encore, si M. *Danville*, comme beaucoup d'autres savants, eût eu plusieurs genres de travail qui eussent laissé la liberté de le présenter sous des aspects différents! mais il n'avoit jamais été que géographe ; il n'avoit jamais étudié que la géographie ; il ne s'etoit occupé que d'elle toute sa vie ; & il falloit absolument revenir sur les mêmes études, sur les mêmes ouvrages, sur les mêmes faits ; car, pour surcroît d'embarras la vie du défunt uniquement concentrée dans son cabinet, n'offroit pas même le choix d'une foule d'anecdotes dont les meilleures, sans doute mises en œuvre par le premier orateur, auroient du moins laissé au second la faculté de faire briller son art en faisant valoir les autres, en les enchâssant, en les présentant sous un point de vue philosophique qui donnât à l'auditeur lieu d'exercer sa sensibilité ou sa réflexion.

M. *Dacier* n'a donc pu que glaner après son confrere, en revenant avec lui sur le goût inné de M. *Danville* pour la géographie ; fur ces cartes qu'il traçoit dès fon enfance. Il a parlé d'un profeffeur, qui, regardant d'abord ce travail étranger à l'étude du moment, comme une diftraction ou un jeu, fe difpofoit à le punir, lorfque frappé de la fagacité & des lumieres de fon écolier, il l'encouragea par fes louanges, au contraire, à fuivre une carriere dans laquelle il montroit tant de difpofitions à courir avec fuccès.

Lors de la difpute élevée entre les favants fur la figure de la terre, M. *Danville* prit parti, & prétendit la déterminer d'après fes connoiffances & obfervations géographiques ; mais les expériences faites fous l'équateur & au pôle s'étant trouvées abfolument contraires au fyftême du géographe, il fut obligé de convenir de l'infuffifance de fa maniere de juger, que c'étoit dans les cieux, remarque ingénieufement monfieur Dacier, qu'il faut apprendre à connoître notre planete.

M. *Danville* avoit eu pour confeil & pour guide l'abbé *de Longuerue*, un des plus favants hommes de fon fiecle, auquel il s'étoit attaché. Celui-ci, qui n'étoit pas admirateur, très-cauftique même & dépréciateur ordinaire des talents, ne put s'empêcher de rendre juftice à ceux de fon éleve, & de convenir qu'il en feroit furpaffé.

Le panégyrifte n'a pas omis une circonftance affez finguliere de la vie de fon héros, fur laquelle n'avoit pas dû pefer le membre de l'académie des fciences pour l'honneur de fa compagnie ; c'eft qu'elle ne l'adopta qu'au moment prefque où il n'étoit plus en état de travailler, à l'âge de foixante-quinze ans : il eft vrai que

M. *Dacier* observe qu'il n'y a dans cette compagnie qu'une seule place pour les géographes ; mais quand on eût fait une exception en faveur de M. *Danville*, elle n'auroit certainement pas tiré à conséquence.

Tel est le petit nombre de faits que s'est approprié plus particuliérement M. *Dacier*. Du reste, il s'est fait écouter avec attention ; il a mérité quelquefois & obtenu des applaudissements ; il ne court point trop après l'esprit ; mais il ne le laisse point échapper quand il se présente à portée : sa maniere est moins philosophique, son style moins ferme, moins noble que celui de M. *de Condorcet* ; mais on ne peut le juger encore définitivement sur cet essai, & il faut attendre quelque éloge, où n'ayant point été devancé, il puisse n'imiter personne & se montrer tout entier.

A cet éloge a succédé la lecture d'un *mémoire sur la marine des Carthaginois*, par M. le Roi. Il y fait voir que les grands vaisseaux des anciens ont eu cinq voiles latines, le *Dolan*, l'*Acatian*, l'*Epidrome*, l'*Artimon* & le *Suparum* : par voiles latines on entend des voiles triangulaires ; on s'en sert particuliérement sur la Méditerranée, & dans les vaisseaux de bas-bord qui vont à la voile & à rames. M. le Roi, pour plus d'intelligence, avoit mis sous les yeux des spectateurs les figures gravées de ces différentes voiles.

Il en a voulu faire l'essai & joindre la pratique à la théorie ; cependant il y a fait faire des changements par les conseils d'un homme de l'art, du sieur *Midoucet*, capitaine de navire marchand, d'une habileté reconnue, & qui devoit passer le duc *d'Harcourt* dans l'expédition méditée en 1779.

Il a fait ensuite gréer ces voiles nouvellement arrangées sur un canot, & il prouve, ou veut prouver par des expériences qui ont été faites à Rouen & à Paris, que si on les adaptoit au *Pentecontore* impérissable des Grecs, les marins embarqués sur ce bâtiment pourroient, sans s'exposer à de grands dangers, parcourir presque toutes les mers du globe.

On juge facilement que l'objet de ce mémoire est une suite de la manie de tous les amateurs de l'antiquité, y découvrant sans cesse des choses merveilleuses & supérieures aux découvertes des modernes. Mais M. le Roi ne persuadera à personne que notre marine ne soit pas infiniment meilleure que celle de tous les premiers peuples navigateurs, & nul des nôtres ne sera tenté d'adopter aucune invention de l'enfance de cet art.

M. l'abbé *Arnaud* a fait part ensuite aux auditeurs d'un *mémoire sur la vie & les ouvrages d'Apelle*, mémoire qu'il a prétendu rentrer essentiellement dans les études de l'académie, spécialement vouée à la recherche des principes, des progrès, des découvertes, & de l'histoire des arts chez les anciens.

Après avoir dit un mot de la dignité à laquelle la Grece éleva les arts du dessin, l'auteur a parlé de son héros, de ses premiers pas dans la carriere, de ses heureux talents & de ses succès; il a insisté sur la grace qui lui fut particuliere; il a entrepris une discussion légere de la différence qui se trouve entre le gracieux & la grace; dans le cours de sa narration de la vie *d'Apelle*, il n'a pas oublié les persécutions qui se mêlerent aux honneurs dont cet artiste fut comblé; il a insisté sur le cas que faisoit ce grand homme des jugements de la multitude ; il a prouvé qu'il faut en faire dans tous les arts, dont l'objet le plus réel est de plaire & d'aller au cœur par les sens & l'imagination : parmi les anecdotes qu'il a rapportées, il n'a fait que ressasser les anciennes; mais il les a rajeunies par son goût, sa méthode & sa critique : il a distingué celles auxquelles on doit ajouter foi, d'avec les autres à rejeter. Enfin, ce mémoire offre des rapprochements curieux entre les aventures d'*Apelle* & celles de quelques peintres modernes, & il est semé de réflexions & de conjectures sur le degré de perfection où les diverses parties de la peinture furent portées chez les anciens.

Le troisieme mémoire lu étoit de M. *de Rochefort*. Il roule sur une tragédie de sa façon, imitée du grec, & intitulée *Antigone*. On connoît l'enthousiasme de cet académicien pour ses modeles. Il a d'abord établi que son sujet étoit un de ces sujets heureux qui doivent faire fortune dans tous les temps, dans tous les lieux, & intéresser tous les hommes, puisqu'il roule sur la piété sacrée de rendre les derniers devoirs à une personne chérie. Il est convenu que le sujet étoit trop simple, & sans doute un peu nu pour notre théatre. Il a rendu compte des moyens qu'il a employés pour l'y adapter. De-là une digression sur l'amour, passion que les anciens mettoient rarement en jeu & que les modernes y mettent trop souvent, parce que tous les caracteres & tous les sujets ne sont pas susceptibles de cette effervescence, de ces effets violents qu'il doit produire. M. *de Rochefort* n'a pas oublié les chœurs ; & supposant assez mal-à-propos qu'ils eussent beaucoup réussi dans son

Electre,

Electre, il compte encore mieux dans cette piece sur ce ressort vraiment tragique. En un mot, M. *de Rochefort* a dit d'excellentes choses sur-tout cela; il s'agit de savoir s'il les aura exécutées aussi bien qu'il les a conçues, & malheureusement ses essais en ce genre n'ont pas encore été fortunés.

M. l'abbé Brothier a fermé la séance par un *Mémoire sur le tableau de Jalisus*, peint par *Protegene*, & sur la peinture à plusieurs enduits, reconnue dans une peinture antique découverte à Smyrne sur la fin du dernier siecle.

Cet art, qu'on a perdu, consistoit jusqu'à répéter sept fois le même sujet, de maniere qu'une couche enlevée, il en restoit une seconde, d'où résultoit un tableau non moins beau, & ainsi de suite. Le savant académicien n'a pu entrer dans tous les détails intéressants d'un pareil procédé ou du moins de ses effets; l'heure fatale ayant sonné, le directeur lui a coupé impitoyablement la parole, en levant la séance, malgré le vœu du public qui sembloit desirer la suite du mémoire.

Il est bien à souhaiter que le nouveau secretaire, dans les améliorations qu'il paroît avoir à cœur de procurer à ces séances publiques, fasse sur-tout abolir cet usage scholastique, contre lequel on s'est déja récrié si souvent & trop inutilement.

30 Avril. Relation de la séance de l'académie royale des sciences tenue aujourd'hui mercredi pour sa rentrée publique d'après pâque.... Le secretaire a d'abord, selon l'usage, fait lecture du programme des prix pour les années suivantes, après avoir proclamé le seul vainqueur qu'il y ait eu à cette séance, M. *Henri-Albert Gosse*, de Geneve. Le sujet étoit de *déterminer la nature &*

les causes des maladies auxquelles sont exposés les doreurs au feu ou sur métaux, & la meilleure manière de les préserver de cette maladie, soit par des moyens physiques, soit par des moyens méchaniques. En couronnant le mémoire de monsieur *Gosse*, l'académie annonce qu'elle auroit desiré que l'auteur y eût aussi renfermé des moyens de mettre à l'abri de ces maladies les doreurs de grosses pieces, & elle engage monsieur *Gosse* à tourner ses vues de ce côté important, & à tirer de son fourneau préservateur une utilité plus générale.

La médaille obtenue par M. *Gosse*, est de 1,080 liv. & la premiere décernée depuis la fondation du bienfaisant anonyme qui a légué un fonds de 12,000 liv. dont le revenu doit être appliqué chaque année à pareil usage en faveur d'un *mémoire* où *d'une expérience qui rendroit les opérations des arts méchaniques moins mal-saines ou moins dangereuses.*

Le sujet du prix de l'année 1784, déja connu & annoncé, est *relatif aux maladies des ouvriers employés à la fabrique des chapeaux, particuliérement de ceux qui secretent, & la meilleure maniere de les préserver de ces maladies, soit par des moyens physiques ou méchaniques, soit par des changements avantageux dans les différentes opérations de leur travail.* Et l'académie propose dès à présent pour le sujet du prix de 1785, de *déterminer la nature & les causes des maladies auxquelles sont exposés les ouvriers qui mettent les glaces au tain, & la meilleure maniere de les en préserver par des moyens physiques ou méchaniques.*

« L'académie ne se dissimule pas la difficulté
» de ce nouveau sujet, par la nature des opérations

» des ouvriers qui mettent les glaces au tain;
» mais elle a cru devoir le proposer, par le rapport
» qu'il a avec celui des doreurs qu'elle vient de
» donner, & dans l'espérance de pouvoir recueil-
» lir ainsi une suite de moyens de garantir ces
» différents ouvriers des fâcheux effets du mercure,
» dans les diverses manieres dont ils l'emploient,
» & de rassembler assez de détails sur ces effets,
» pour pouvoir en former ensuite une histoire
» bien circonstanciée des maladies qui en résultent.

„ L'académie regarde le sujet dont il s'agit ici,
„ comme d'autant plus digne d'occuper les sa-
„ vants & les artistes, & d'exciter leur zele, que
„ les ouvriers qui mettent les glaces au tain éprou-
„ vent en grande partie les mêmes maladies que
„ ceux qui dorent au feu, quoiqu'ils n'emploient
„ le mercure qu'à froid; car la maniere dont ils
„ en sont affectés, semble fournir une nouvelle
„ preuve de la volatilité de ce métal, & montre
„ en même temps avec quelle facilité il pénetre
„ dans les pores de la peau, puisque le travail
„ principal de ces ouvriers ne consiste qu'à em-
„ ployer du mercure, pour l'étendre sur les
„ feuilles du métal qui doivent servir à étamer
„ les glaces. „

A l'égard des prix fondés par feu monsieur *Rouillé de Meslay*, celui à décerner dans cette séance concernoit *la théorie des assurances maritimes*. Les mémoires reçus n'ayant pas paru à l'académie mériter le prix, elle propose le même sujet pour 1785, avec un prix double; c'est-à-dire de 4,000 liv. L'académie, toujours par l'organe de son secrétaire, a cru devoir donner aux concurrents quelques instructions détaillées sur la maniere de traiter cette question. Il a dit: " Par

,, théorie des assurances on entend particuliére-
,, ment l'application du calcul des probabilités aux
,, questions relatives aux assurances : ce sujet
,, a déja été traité par plusieurs géometres cé-
,, lebres.

,, Comme le risque auquel le négociant &
,, l'assureur sont exposés, l'un avant d'avoir fait
,, assurer, l'autre après avoir assuré, ne peut être
,, connu que par les événements antérieurs d'un
,, commerce semblable, on demande la maniere
,, de déterminer ce risque d'après les événements,
,, soit pour un seul bâtiment, soit pour un nom-
,, bre déterminé de vaisseaux.

,, Le risque étant supposé connu, on demande
,, ensuite quelle proportion on doit établir entre
,, le risque & le taux de l'assurance, pour
,, pouvoir remplir l'une & l'autre de ces deux
,, conditions, que le négociant ait intérêt de faire
,, assurer à ce prix, & que l'assureur y trouve son
,, avantage. Cette question doit être résolue dans
,, deux hypotheses différentes, d'abord en suppo-
,, sant que le négociant se détermine à faire
,, assurer avant que ses fonds soient exposés à
,, aucun péril, ensuite en supposant qu'il ne fasse
,, assurer qu'après que ses fonds sont déja ex-
,, posés.

,, Enfin, le nombre des vaisseaux qui ont péri,
,, & le nombre de ceux qui ont échappé au
,, danger, étant supposés connus par des registres,
,, ainsi que les différents taux auxquels ils ont
,, été assurés dans différentes circonstances, &
,, pour différents degrés de risque ; on propose
,, de trouver la loi suivant laquelle les assureurs
,, & les négociants ont réglé le rapport entre le
,, risque & le taux des assurances, c'est-à-dire,

„ comment ils ont résolu par la pratique, la
„ question dont on a demandé ci-dessus la résolu-
„ tion théorique. Par-là on pourra comparer la
„ pratique des négociants & celle des assureurs,
„ avec les résultats que donne la théorie.

„ L'académie exige seulement que les concur-
„ rents établissent & discutent les principes sur
„ lesquels les solutions de ces différentes questions
„ doivent être fondées, & qu'ils donnent les for-
„ mules qui renferment ces solutions, de maniere
„ qu'elles puissent être immédiatement applicables
„ à la pratique. „

A toutes ces annonces a succédé l'éloge de *Daniel Bernouilli*, qu'a lu de suite le secretaire. C'étoit un associé étranger, dont le nom étoit depuis long-temps connu dans les sciences & à l'académie, puisque son pere & son oncle l'avoient déja illustré dans le même genre. Leur partie étoit la géométrie. On estime que *Daniel* a encore surpassé les deux autres, au point que son pere sur-tout en étoit devenu jaloux. Il avoit eu un frere qui auroit couru aussi la même carriere, & qui s'étoit assez montré pour qu'on jugeât qu'il n'auroit pas dégénéré, si la mort lui eût laissé le temps de développer ses talents.

M. *de Condorcet* a observé avec raison que ç'auroit sans doute été un phénomene unique dans les sciences, de trouver ainsi sans interruption dans la même famille quatre sujets aussi distingués.

Daniel Bernouilli a fait plusieurs découvertes en géométrie, & a beaucoup écrit sur cette science; son panégyriste s'est peut-être un peu trop appesanti sur l'analyse des divers mémoires de ce grand homme, dont les ouvrages sont très au dessus de la sphere ordinaire.

On a remarqué aussi qu'ayant occasion de parler plusieurs fois de M. *d'Alembert*, géometre quelquefois rival *de Bernouilli*, & qui étoit en face du secretaire, M. *de Condorcet* n'a pas manqué de lui donner le coup d'encensoir.

Il se trouve peu d'anecdotes dignes d'être retenues dans cet éloge. Une seule, très-frappante, a fait une grande sensation. M. *de Condorcet* a observé que *Daniel Bernouilli* passoit pour n'avoir pas infiniment de religion, même pour n'en avoir point du tout. On n'avoit pas manqué de répandre en conséquence sur son compte des bruits fâcheux, que, suivant son panégyriste, il n'avoit point affecté d'augmenter, mais qu'il ne s'étoit pas non plus embarrassé un instant de détruire.

C'est M. *Jean Bernouilli*, son frere, qui lui a succédé dans sa place d'associé étranger ; place qui depuis qu'elle a été créée, c'est-à-dire, depuis quatre-vingt-quatre ans, est devenue comme héréditaire dans cette famille.

M. le marquis *de Chabert* a pris la parole après M. le marquis *de Condorcet*, & fait part à l'assemblée d'un *Mémoire sur l'usage des horloges marines*.

Il y expose « qu'il est constaté, par les expé-
» riences des horloges marines, qu'on parvient
» à en construire qui surpassent l'exactitude exi-
» gée pour la solution du problême de la longi-
» tude ; que l'avantage résultant de cette solu-
» tion consiste, comme on sait, à trouver la
» longitude en mer avec une telle précision qu'il
» n'y ait au plus qu'un demi-degré d'erreur sur
» quarante-deux jours de route.

» Qu'outre ce premier avantage relatif à la
» navigation proprement dite, on peut, par le

» secours des horloges marines, porter avec au-
» tant de célérité que d'exactitude, les détails
» de la géographie à un degré de précision très-
» supérieur à celui qu'on obtenoit des moyens
» astronomiques & géodésiques, toujours lents
» & souvent impraticables.

„ Frappé de la double utilité de ces horloges,
» dont il a fait usage dans toutes ses campagnes
» depuis leur découverte, M. le marquis *de Cha-*
» *bert*, au commencement de la guerre, se char-
» gea d'en embarquer sur le vaisseau *le Vaillant*,
» sous les ordres de M. le comte *d'Estaing*, &
» depuis sur *le Saint-Esprit*, sous ceux de M. le
» comte *de Grasse*. Par-là, il a été assez heureux
» pour mettre ces généraux à portée de profiter,
» pour la direction de leurs routes, des avanta-
» ges qui résultent de l'emploi de ces horloges;
» & de son côté, il a saisi, au milieu des opé-
» rations de guerre, les occasions de s'en servir
» aussi utilement pour déterminer les positions
» respectives de plusieurs points essentiels des An-
» tilles & des côtes de l'Amérique septentrionale,
» dont on trouvera les résultats dans les mémoires
» de l'académie.

M. *Vicq d'Azir* a lu un *Mémoire* sur l'anatomie comparée du cerveau de l'homme & de celui
des différentes classes d'animaux. Le but de cet
ouvrage est de rechercher s'il existe entre ces parties considérées dans les différentes classes d'êtres
animés, des rapports qui aient entre eux des
proportions analogues aux divers degrés de leur
intelligence.

Pour mieux faire sentir cette comparaison,
l'anatomiste avoit mis sous les yeux du public &
de l'académie, le résultat de ses observations con-

signé dans plusieurs planches dessinées en grandeur & en couleur naturelles par M *Briceau*, artiste très habile.

Ce résultat consiste à établir que dans toute l'étendue de la chaîne qu'a parcouru ce médecin observateur, les organes nerveux vont toujours en décroissant, soit par le volume, soit par le nombre, soit par l'élégance des formes, à mesure que les classes d'animaux sont moins parfaites.

A ce mémoire non moins ennuyeux que celui de M. *de Chabert*, a succédé heureusement pour la clôture la lecture d'un second éloge, composé par M. *de Condorcet* : c'est celui de monsieur *Duhamel*. Ce savant avoit fait peu de progrès au college. La physique seule avoit eu des attraits pour lui ; & mal satisfait de la maniere dont on la lui avoit enseignée, il résolut de profiter de sa liberté pour l'apprendre mieux. Il cultiva les plus grands maîtres d'alors en ce genre, & ne tarda pas à se rendre utile en mettant en pratique la théorie. L'agriculture fut la partie à laquelle il se consacra davantage, & la *physique des arbres*, traité le plus instructif & le plus complet qui existe sur cette matiere importante, prouve qu'il n'avoit pas travaillé inutilement : il fut plus de trente ans à le rédiger.

M. *Duhamel* avoit aussi embrassé toute l'étendue de la science navale, & ce genre de connoissances avoit déterminé le comte *de Maurepas* à créer pour lui une place d'inspecteur-général de la marine. Celui-ci à son tour fit établir une école pour les constructeurs, qui n'avoient pas été jusques-là séparés de la simple classe des ouvriers ; il est aussi l'auteur de l'académie de marine.

Les officiers, qui n'eſtiment que leur corps, étoient jaloux de M. *Duhamel* : de-là quelques anecdotes peu honorables pour ces meſſieurs.

Le nouvel inſpecteur de la marine avoit donné un mémoire relatif au port de Toulon ; il n'avoit point été agréé dans ce département, & l'on avoit traité ſon projet de ridicule ou d'abſurde. Peu après le miniſtre lui communiqua ſur la même matière un mémoire venant de Toulon, & il ſe trouva que c'étoit le ſien qu'on s'étoit approprié.

Un jour qu'un jeune officier, cherchant peut-être à l'embarraſſer, lui fit une queſtion : *Je n'en ſais rien*, fut la réponſe modeſte du philoſophe. *A quoi ſert donc d'être de l'académie*, dit le militaire préſomptueux ? Un inſtant après, interrogé lui-même, il ſe répandit dans des réponſes vagues qui déceloient ſon ignorance. *Monſieur*, reprit alors M. *Duhamel*, *vous voyez à quoi ſert d'être de l'académie ; c'eſt à ne parler que de ce que l'on ſait.*

La tendreſſe de l'académicien défunt pour ſon frere, dont il a partagé pendant toute ſa vie la bienfaiſance & les travaux, occupe un épiſode conſidérable dans cet éloge. Enfin, M. *de Condorcet* le termine en obſervant que le nom de monſieur *Duhamel* fera époque, parce qu'il s'eſt trouvé lié avec cette révolution dans les eſprits, qui a dirigé plus particuliérement les ſciences vers l'utilité publique.

30 *Avril*. Avant-hier s'eſt faite l'ouverture de la nouvelle ſalle de la comédie italienne, & l'on ſe doute que cela n'a pas été ſans une affluence conſidérable. Il paroît que le grand nombre a été

assez content de sa forme, de ses commodités & de ses ornements.

On critique toujours le plan général du quartier du sieur *le Camus*, architecte du duc *de Choiseul*, comme triste & étranglé. Tous les bâtiments qui environnent la salle ont été exécutés d'après ses desseins ; au contraire, la salle est une maison qui y a été adossée, & que les comédiens, ainsi qu'on l'a observé dans le temps, ont eu l'insolence d'exiger, & les chefs la complaisance de leur accorder, pour intercepter la communication du boulevard : elle a été élevée par les soins & sur les desseins du sieur *Heurtier*, architecte du roi, & inspecteur général de ses bâtiments.

La face méridionale, ornée d'un avant-corps de six colonnes ioniques formant *porche*, produiroit un coup d'œil assez imposant, s'il y avoit un point de vue. Au dessous on lit en lettres d'or : *Théatre Italien*.

Dans les trois entrecolonnements du milieu sont les trois principales entrées d'un vestibule très-vaste.

Il y a sur les rues latérales deux entrées de deux autres vestibules secondaires, qui auront leur commodité pour ceux obligés d'attendre leur voiture.

Dans le grand vestibule de droite & de gauche, sont placés les escaliers principaux qui menent à tous les endroits de la salle, & d'abord au foyer, aussi beau & aussi vaste que le vestibule au dessus duquel il est. Il y a ensuite nombre d'autres escaliers de dégagement pour les diverses parties.

L'intérieur de la salle rentre dans la forme de nos anciennes salles ; il offre une forme ovoïde, ayant l'ouverture de l'avant-scene sur le petit côté, de l'œuf.

Ce qu'on appelloit corniche en terme de l'art, se nomme entablement corinthien ; il couronne toute la salle majestueusement ; il est lui-même surmonté d'une voussure ornée de caissons, dans lesquels on a ménagé des coulisses qu'on ouvre à volonté pour donner de l'air.

L'espace que laisse l'ouverture de la voussure est occupé par un plafond représentant *Apollon* au milieu des muses, peint par M. *Renou*.

L'avant-scene, dont la largeur est le même que celle de l'opéra brûlé, de trente-six pieds, est décorée par une partie de rideau, qu'une figure de renommée est supposée retrousser : il a semblé lourd.

On critique aussi la toile, de la même étoffe que le retroussé du rideau, d'une couleur qui contraste mal avec le reste de la salle ; on la croiroit de papier, & de vilain papier. Du reste, elle se releve droite comme un tableau, à l'instar de celle de la salle actuelle de l'opéra. On y a conservé la même devise de l'ancien théatre, imaginée par *Santeuil: Castigat ridendo mores*, devise de la vraie comédie, mais qui ne va plus guere au nouveau, où l'on joue plus d'opéra comiques que d'autres choses ; & l'on sait que les opéra comiques sont peu châtiés, & peu châtiant les mœurs.

Les loges des acteurs ont à tous les étages des corridors particuliers qui menent au théatre, & sont au nombre de quarante-neuf. Les magasins & les atteliers nécessaires au service du théatre, les bureaux, les logements de la garde militaire & des pompiers, du suisse, du portier, du concierge & autres, occupent le reste du bâtiment.

La Reine, *Madame*, madame *Elizabeth*, *Monsieur*, M. le comte *d'Artois*, les princes & princesses du sang, les ministres & autres grands personnages ont orné cette premiere représentation. La nouveauté servant de compliment d'ouverture, très-mal entendue par les brouhaha du public, qui, sans savoir pourquoi, s'est dégoûté dès le commencement, a été fréquemment huée quant à la partie dramatique; mais très-goûtée quant à la partie de la musique & du chant. Il faut attendre une seconde représentation pour en mieux juger.

30 *Avril*. Il paroît un imprimé sans titre qui contient certaines pieces choisies, relatives à ce qui s'est passé à Besançon; on ne sait pourquoi l'on n'en a pas donné la collection complete; apparemment parce que les arrêts & arrêtés précédents étant imprimés déja, l'on a craint de multiplier les êtres. Quoi qu'il en soit, on trouve dans ce recueil,

1°. *Extrait du regiftre des délibérations de la cour à la séance du 30 juillet 1783*. C'est l'arrêté dudit jour, relatif à l'édit des deux sous-pour livre d'augmentation, où l'on établit douze considérations devant former la base des itératives remontrances. On y trouve cette phrase remarquable : « Le roi ayant, dès les premiers
» moments de son regne, marqué sa volonté de
» remplir les engagements de ses prédécesseurs, il
» est de sa bonté & de sa justice, comme de sa
» gloire, de ne pas permettre qu'on enchérisse
» sur les opérations qui avoient décrié le régime
» des finances au moment où sa majesté a pris

» les rênes du gouvernement ; il est contre la
» majesté & la dignité du trône d'autoriser
» les agents de finances de transformer une aug-
» mentation de *deux nouveaux sous*, en une
» création tacite de *dix sous* pour livre, &c. »

2°. Un arrêté très-curieux de la séance du 5 septembre 1782, où la cour, sur le dire du premier président, que le comte *de Vaux* lui avoit fait visite le quatre en son hôtel, & lui avoit demandé l'assemblée des chambres pour le six, &c.

Décide que M. le conseiller *Bourgon*, & M. le conseiller *Boulignez* fils, sont restés députés pour recevoir M. le comte *de Vaux*, lorsqu'il se présentera au palais.

Et il a passé que le premier président demanderoit au comte *de Vaux* communication de ses ordres, ainsi que des lettres de jussion dont il seroit porteur, ou de la réponse du roi aux remontrances de la cour, pour y délibérer ; & au cas où il se refuseroit à ces diverses demandes, la cour proteste, &c. ; déclare en outre, qu'elle entend concourir ou acquiescer à tout ce qui se fera, & prétend se retirer pour se rassembler & reprendre sa séance après la sortie du comte *de Vaux* ; & au cas où il seroit porteur d'ordres qui lui enjoignent d'être présente à ce qu'il fera, elle proteste même contre sa présence forcée, &c.

3°. Le fameux arrêté de la séance du 19 février 1783, dont on a déja rendu compte.

4°. *Extraits des actes importants de la cour*, contenant les lettres-patentes enrégistrées, dans la séance du 9 janvier à Versailles, ainsi que la réponse du roi dudit jour, dont on a aussi rendu compte.

5°. La *lettre close* adressée au parlement. De par le roi, nos amés & féaux, nous avons chargé le sieur marquis *de Saint-Simon*, lieutenant-général de nos armées, commandant pour notre service en Franche-Comté, de vous faire connoître nos intentions. Voulons en conséquence que vous ayiez à le recevoir lorsqu'il le requerra ; que vous ayiez, en ce qu'il vous dira, & en ce qu'il fera de notre part, la même confiance que vous auriez en notre personne. Défendons à vous tous en général, ainsi que nous l'avons déja fait à chacun de vous en particulier, non-seulement de désemparer l'assemblée des chambres avant que ledit sieur marquis *de Saint-Simon* ait entiérement rempli la mission dont nous l'avons chargé, mais encore de faire aucunes protestations, ni de prendre aucunes délibérations ou arrêtés qui pourroient tendre à retarder, ou à empêcher l'exécution de nos volontés, le tout à peine de désobéissance, si n'y faites faute ; car tel est notre plaisir. Donné à Versailles, le 9 janvier 1783. Signé *Louis*, & plus bas *Gravier de Vergennes*.

6°. Copie des lettres de commission de M. *de Saint-Simon*, de la même date, pour son expédition derniere.

1 *Mai* 1783. Ces jours derniers M. *de Marivetz* (l'auteur de la physique du monde), entroit dans une maison avec M. le baron de *Montmorenci*; ils se trouverent ensemble dans l'antichambre, & un laquais annonce messieurs les barons *de Montmorenci & de Marivetz* : ce dernier baron de nouvelle date, & qui sentoit combien il figuroit mal avec le *premier baron chrétien*, craignant que cet accouplement ne fît un mauvais effet & ne déplût à M. *de Montmorenci*, s'écrie avec beau-

coup de préſence d'eſprit : *voilà bien une preuve que les extrémités ſe touchent !* & chacun d'applaudir, & de trouver que M. *de Marivetz* étoit homme d'eſprit, auſſi fin que ſavant & profond.

1 *Mai.* On a dit depuis long-temps dans le monde que madame *Eliſabeth*, touchée du bel exemple de ſa tante madame *Louiſe*, avoit l'intention de ſe faire religieuſe; mais le roi s'y eſt oppoſé, & a déclaré qu'il falloit que cette princeſſe, avant de prendre ce parti, eût vingt-cinq ans; qu'alors même il délibéreroit s'il étoit de ſa ſageſſe d'y conſentir. Il paſſe pour conſtant que madame *Eliſabeth*, ferme dans ſa réſolution, & ayant aujourd'hui dix-neuf ans, vouloit s'évader furtivement de la cour & aller ſe réfugier aux carmélites de St. Denis; que le projet a été éventé, & qu'elle n'a pu l'accomplir.

2 *Mai.* Le ſieur *Sedaine*, dégoûté de l'humeur du public, lorſqu'il s'attendoit au plus grand ſuccès, ne veut pas abſolument eſſayer un ſecond choc. Il paroît qu'en effet il y a eu de la malveillance ou défaut d'intelligence de la part des ſpectateurs. Cet auteur, qui vouloit jeter un peu de piquant dans ce début, avoit imaginé de traiter allégoriquement la queſtion des deux troupes; & il ne pouvoit mieux caractériſer le théatre françois, que par le perſonnage de *Melpomene*, jalouſe des ſuccès de l'autre théatre, cherchant à écarter ce rival, à le dégrader, à l'avilir, à le tourner en ridicule, c'eſt-à-dire, à faire tomber le projet de l'ériger inſenſiblement en rival du ſien; projet agité ſi long-temps dans les aſſemblées du bureau de légiſlation dramatique, ſoutenu vigoureuſement par M. *Rochon de Chabannes*, & regardé comme le ſeul capable de remédier à tout

promptement & facilement. Quoiqu'il n'ait pas passé, les comédiens françois qui en sentent l'excellence, craignent toujours qu'on ne l'adopte tôt ou tard.

Le public n'a point saisi tout cela ; il n'a vu dans la *Melpomene* du moment que la muse de la tragédie, c'est-à-dire, un personnage totalement étranger à la scene du vaudeville & des ariettes. La maniere dont madame *Verteuil* a rendu ce rôle en le chargeant beaucoup, adresse de sa part pour faire mieux sentir la parodie, n'a fait qu'indisposer davantage. Les sots, qui prennent tout à la lettre, ne trouvant que du sérieux & de l'ennui où ils s'attendoient à quelque chose de gai & de plaisant, se sont récriés sur l'absurdité du rôle, & il n'a plus été possible de suivre la marche du poëte & d'en saisir les intentions.

2 *Mai.* Le projet d'évasion de madame *Elisabeth* se confirme de plus en plus, & l'on veut que madame la vicomtesse *d'Aumale*, qui avoit été précédemment sa sous-gouvernante & étoit attachée depuis à madame royale, la soutint dans son dessein, & ait en conséquence été destituée & exilée. Il paroît que pour mettre plus d'adresse dans la négociation religieuse, dont la source remontoit à madame *Louise*, celle-ci ne paroissoit s'en mêler en rien, & c'étoit madame *d'Aumale*, qui rendoit les lettres & les conversations de la tante, à la niece.

On parle encore d'autres subalternes, de femmes de chambre entr'autres de *madame royale*, renvoyées aussi comme étant les derniers intermédiaires entre madame *Elizabeth* & madame *d'Aumale*.

Quoi qu'il en soit, on assure que la reine, instruite du jour où madame *Elizabeth* devoit s'arracher aux plaisirs de la cour, l'a adroitement invitée à *Trianon*, & depuis amenée à l'ouverture de la comédie italienne, jusqu'à ce ce qu'on eût rompu la chaîne de cette pieuse intrigue par l'expulsion de ses agents.

3 Mai. Malgré les clameurs du public, malgré les pamphlets, malgré les reproches & les injures de leurs confreres, les grands-chambriers épiciers tiennent bon, en sorte que le travail avance bien lentement.

M. *d'Outrement*, en faisant sa dénonciation, avoit proposé un arrêté qui étoit fait pour abréger, en ce qu'on y auroit fixé d'abord les objets de réforme, ensuite l'ordre & la marche, pour y procéder ; mais les intéressés à éluder les bonnes intentions de messieurs des enquêtes, empêcherent que l'arrêté ne passât, & il a fallu déterminer la forme avant de s'occuper du fonds.

Dans la seconde on a divisé les affaires en affaires d'audience, affaires sommaires & affaires appointées. On a voulu d'abord savoir quels étoient les abus dans le premier genre, & on a trouvé que les gens du roi présents étoient plus propres que tout autre membre à les connoître & à en rendre compte. On a interrogé en conséquence M. *Seguier*.

M. *Seguier* a répondu qu'il ne pouvoit rendre raison sur le champ de ce qu'on lui demandoit ; que d'ailleurs il étoit fort occupé ; que cependant il se conformeroit aux ordres de la cour, mais ne pourroit le faire qu'il n'eût lui-même conféré avec les avocats & les procureurs les plus honnêtes.

Dans la troisieme assemblée, M. Seguier a donné son mémoire.

Depuis ce temps sont venues les vacances de pâque, & l'on n'a encore statué sur aucune des parties de ce mémoire.

3 *Mai*. Extrait d'une lettre de Compiegne, du 28 avril. . . . Tandis que le roi déclaroit à Versailles qu'il ne vouloit point s'occuper de bâtimens, que les frais de la guerre ne fussent acquittés, on éludoit les intentions de ce bon maître en lui faisant dépenser des millions ici, c'est-à-dire, dans un château qui ne servira presque plus, puisque la reine ne s'en soucie pas. Quoi qu'il en soit, j'ai été émerveillé de ce palais que je n'avois pas vu depuis long-temps : il avoit autrefois l'air d'une grange ; aujourd'hui c'est une maison royale très-grande, très-magnifique, composée d'un vaste corps de logis, de deux ailes & de tous les accessoires nécessaires à l'habitation du premier souverain de l'Europe. La façade du côté de la forêt est sur-tout admirable.

On force les travaux, & il y a peut-être actuellement deux mille ouvriers.

3 *Mai*. La reine s'occupe véritablement de l'éducation de *madame royale*, & tous les matins à dix heures une sous-gouvernante amene la jeune princesse chez S. M., où elle reçoit les leçons de ses maîtres en présence de son auguste mere jusqu'à midi. Il paroît même que la reine est très-févere & ne lui passe rien. On raconte que madame royale, un jour degoûtée de lire, prétendit qu'elle avoit mal à la tête ; sur quoi S. M. se doutant qu'elle avoit de l'humeur, ordonna qu'on la fît mettre au lit & qu'on ne lui donnât point à dîner. L'appétit vint, elle voulut manger, on

lui objecta les défenses de la reine, & le besoin augmentant, elle fut obligée d'avouer sa petite supercherie, ce dont on rendit compte à sa mere, qui exigea avant tout qu'elle prît sa leçon.

On parle singuliérement de cette anecdote à l'occasion du renvoi des femmes de chambre de *madame royale*; en ce que n'en voulant pas donner la vraie raison dans le public, on a dit que c'est que la reine trouvoit que cette enfant étoit déja très-mal élevée, avoit beaucoup de hauteur, aimoit le faste, & qu'elle attribuoit ces petits défauts à l'adulation & au trop grand appareil de sa suite; qu'elle avoit déclaré que n'ayant eu elle-même que quatre femmes de chambre, elle avoit fait une réforme dans la maison de sa fille, & ne vouloit pas que madame royale en eût davantage.

4 *Mai*. On a fait une épigramme sur la nouvelle salle des Italiens en forme de calembourg, qui a cependant une sorte de justesse en deux points, & sur le goût connu de cette nation, & sur la gaucherie de l'architecte, n'ayant pas ouvert son édifice, suivant les regles de l'art, c'est-à-dire, du côté des boulevards où la foule abonde, & par où il auroit eu un point de vue, manqué de l'autre côté.

Qu'apperçois-je ? Quel est ce nouveau monument ?
J'approche & lis en très-gros caractere,
Théatre Italien,... italien vraiment;
Aux passants indignés il offre le derriere.

5 *Mai*. A la lecture du prologue imprimé de M. *Sedaine*, pour l'inauguration du nouveau

théatre italien, on trouve que cette piece, jugée sans avoir été entendue, est sinon détestable, au moins très-médiocre, & sur-tout très-longue comme piece à tiroir.

Melpomene curieuse de voir si *Thalie*, prenant possession de son nouveau domicile, est mieux logée qu'elle, s'introduit en scene assez naturellement, & la hauteur dont elle la traite & témoigne sa jalousie, indique bien une partie de l'intention maligne de l'auteur ; mais point assez pour le vulgaire, dont il faut frapper fortement les yeux & les oreilles au théatre.

Arrivent ensuite le bon homme Vaudeville, le Parodiste, l'Ariette. Tous ces personnages n'égaient point la scene autant qu'il le faudroit dans les débats qu'ils ont entr'eux sur la prééminence de leur talent, si susceptibles de piquant & de critique : ils n'ont rien de tel, sont même si froids & si ennuyeux, qu'on a été obligé d'abréger leur rôle à la représentation, & qu'on n'auroit pas mal fait de l'abréger encore à la lecture.

Ce qui est fort gauche sur-tout & a déplu généralement, c'est que sur le théatre italien, M. *Sedaine* se soit permis de déprimer le talent de *Boissi* & de *Marivaux*, auteurs qui en ont été long-temps les appuis, & dont les productions, sans être dans la maniere moderne, annoncent une grande intelligence de la scene, sont remplies de finesse & pétillent d'esprit, toutes qualités dont manquent souvent leurs successeurs.

5 *Mai*. Jusqu'à présent la seule retraite qu'on annonce au théatre françois, c'est celle de mademoiselle *Doligny*. On en voit dans le journal

de Paris un éloge si emphatique & si outré qu'on ne peut l'attribuer qu'à M. *Dudoyer*, son chevalier depuis vingt ans. On les prétend mariés il y a long-temps, ce qui ne peut se présumer: il n'en seroit pas resté si aveuglément épris, & rougiroit de ce qu'il en dit.

Mademoiselle *Doligny* est laide, couperosée, mal-propre & dégoûtante quant au physique.

Elle a débuté au théâtre en 1763, par le rôle *d'Angélique* dans la Gouvernante. Beaucoup de naturel, de vérité, de sensibilité, d'intelligence lui concilierent les suffrages; mais un foible physique, un ton pleureur & monotone, une figure froide & triste, une voix d'un timbre sonore & touchant, mais qui ne sortoit que par intervalles, ont toujours déplu aux connoisseurs & empêché qu'elle ne soit mise au rang des grandes actrices.

Beaucoup d'honnêteté, de candeur, de décence, de modestie, l'ont constamment rendue très-estimable; &, ce qui est peut-être sans exemple de la part d'une actrice, il n'est aucun auteur qui ait à s'en plaindre; elle s'est en tout temps comportée avec eux, avec les égards & le respect même que son état exigeoit.

Mlle. *Doligny* se sentant déplacée par sa façon de vivre, de penser & de sentir, au sein de la corruption & de l'infamie, aspiroit depuis long-temps au terme de sa retraite, fixé à vingt ans de service. Il y a un an qu'elle en prévint les gentilshommes de la chambre, qui ont tout tenté pour l'engager à continuer ses services; enfin, convaincus que des raisons de santé s'y opposoient absolument, ils n'ont pu lui refuser sa liberté.

Cette actrice ne dépensoit guere que 2,000

écus par an; avec les présents qu'elle a reçus, & l'argent qu'elle économisoit sur sa part, on assure qu'elle s'est ménagé environ 15,000 livres de rentes.

6 Mai. L'*automate* joueur d'échecs revenu à Paris, attire beaucoup de monde, & l'on en examine les moindres détails.

La commode devant laquelle il est, est large tout au plus de trois pieds, & haute de deux & demi. On n'entend durant la partie, quand l'automate joue, que le bruit d'une détente & d'une fusée, tel que celui d'une pendule qui va sonner.

Un homme se tient debout auprès de la machine, & comme il ne la quitte pas, on juge que c'est lui qui dirige ses mouvements, quoique rien ne semble l'indiquer. Quoi qu'il en soit, on regarde comme de la troisieme force l'automate. A vue d'œil il n'y a dans Paris que sept à huit personnes en état de lui faire avantage.

Un M. *Bernard* avocat, l'un des plus forts joueurs après le sieur *Philidor*, mais lourd & lent, se présenta contre l'automate, en présence du maréchal *de Biron* & sa compagnie, & quoiqu'il eût gagné par la force de son génie, il est convenu que son adversaire avoit déployé de grandes ressources.

On ne peut qu'admirer cette machine ingénieuse, qui suppose dans l'inventeur de grandes connoissances en mathématiques, en physique & en méchanique. En outre, il est d'une galanterie spirituelle, fine & vraiment françoise.

Il y avoit présente à la partie du duc *de Bouil-*

lon, une dame de qualité avec sa fille, âgée de dix à onze ans. On interrogea l'automate sur le compte de la jeune personne, on lui demanda si elle étoit sage? Il répondit: *Elle imite madame sa mere.*

6 Mai. M. *Desfontaines* a fait aussi une piece pour l'inauguration de la nouvelle salle italienne: elle a pour titre, le *Réveil de Thalie*. Elle est en trois actes & en vers, mêlée de vaudevilles & d'ariettes. Ceux qui ont vu la répétition de ce matin assurent que cet ouvrage ne vaut pas mieux que celui de M. *Sedaine*, qu'il est long, froid & décousu.

7 Mai. Depuis long-temps on parle d'un mémoire que M. *Linguet* a composé en faveur de M. *Radix de Sainte-Foy*, réfugié à Londres depuis son décret de prise de corps. On prétend aujourd'hui qu'il ne paroîtra pas, que l'affaire reste là, & qu'on ne poursuivra pas la contumace par ordre du gouvernement, qui veut le récompenser ainsi des peines qu'il a prises pour la paix; on raconte à ce sujet une anecdote.

M. *de Sainte-Foy* promit à quelqu'un qui partoit de Londres & revenoit à Paris, pour lui prouver qu'il étoit dans la bouteille à l'encre, de lui apprendre la paix avant qu'elle fût signée. On lui objecta qu'il n'oseroit pas sans doute s'expliquer par écrit sur une pareille matiere; il répondit qu'il n'écriroit point, mais enverroit une feuille de papier blanc pour le signal de cette grande nouvelle. On ajoute que la feuille de papier blanc est en effet arrivée avant la signature des préliminaires.

7 Mai. Extrait d'une lettre de Berlin, du 29 avril.... L'abbé *Raynal* a la manie dans ce pays-ci

de devenir, comme en France, fondateur de prix. Il en propose un, consistant en une médaille d'or de la valeur de mille livres, qui sera adjugée par notre académie des sciences, sur les questions : 1°. Quels sont les devoirs qu'un historien doit remplir, & quels sont les talents qu'il doit posséder ? 2°. Quels sont parmi les anciens & les modernes, les auteurs qui ont le mieux rempli le devoir d'historien ? 3°. Les historiens modernes ont-ils plus ou moins de difficultés à vaincre que les anciens ?

Ce philosophe vient en outre de doter deux pauvres filles, l'une de la religion réformée, l'autre catholique, qui ont été jugées les plus vertueuses & les plus diligentes de leur communion, par les conducteurs de leur troupeau respectif : vous voyez qu'il a affecté de choisir ses sujets dans les deux communions pour marquer l'esprit de tolérantisme qui le dirige, & qui fait la base de sa religion.

8 *Mai*. Extrait d'une lettre de Breslau, du 11 avril 1783.... Nos musiciens sont bien aussi fous que les vôtres de France, & si vous en doutiez, sachez que nous avons ici le pendant de votre *Rameau*, qui mettoit en musique la gazette ou le privilege du roi. M. *de Dittersdorf*, célebre sous le nom de *Ditters*, se dispose à donner au public quinze métamorphoses d'Ovide, dirigées sur ce qu'il a senti, en lisant chacune desdites fables. On attend avec impatience ce délire harmonique, qu'il faudra entendre, dit-il, son ovide à la main, pour connoître la marche & mieux éprouver les effets d'une musique aussi supérieure, & certainement aussi bizarre.....

8 *Mai*. En vertu de l'arrêt du conseil, suivant lequel

lequel le roi s'eſt fait une loi de conférer tous les ans des lettres de nobleſſe à quelques négociants qui ſe feront diſtingués dans leur état, le ſieur *Pierre Thomaſſin*, négociant fabricant en la ville de Troyes en Champagne, ſur un expoſé fait à S. M. de l'activité, du zele & de l'induſtrie de ce négociant, qui depuis long-temps rend à cette ville les ſervices les plus ſignalés & les plus utiles au commerce, vient d'obtenir cette faveur, ou plutôt cette récompenſe.

8 Mai. Le *Réveil de Thalie* n'a pas été plus heureux que *Thalie à la nouvelle ſalle*. Cette piece en trois actes eſt pourtant à tiroir, de maniere que le premier n'eſt point attaché au ſecond, celui-ci au troiſieme; les ſcenes mêmes ſont ſi peu liées entre elles, qu'on croiroit toujours que la piece va finir ſans finir jamais; ce qui la fait paroître encore plus longue & plus ennuyeuſe.

Ce qu'on y a trouvé de mieux, c'eſt le rôle d'un Gaſcon qui paroît au troiſieme acte, & dit des gaſconiſmes, genre de plaiſanterie très-propre à faire fortune, ſur tout dans ce ſiecle de calembours. La décoration de ce même acte repréſentant les ſtatues des principaux auteurs, acteurs & actrices qui ont illuſtré la ſcene italienne, fournit auſſi matiere à des couplets aſſez piquants en faveur de chacun d'eux; ces deux ſeuls endroits on réveillé ſinon *Thalie*, au moins le public de ſon aſſoupiſſement.

9 Mai. Un ouvrage poſthume de l'abbé *Guidi*, donne lieu d'en parler & de jeter quelques fleurs ſur le tombeau de ce homme de lettres, mort le 7 janvier 1780. Il étoit né avec beaucoup d'eſprit, & a compoſé pluſieurs ouvrages qui lui auroient fait un nom dans la littérature, s'ils eussent roulé sur d'autres matieres ; entr'autres un, intitulé : *Entretiens philosophiques sur la religion*, en trois volumes, qu'on ne connoît guere.

La brochure dont il s'agit aujourd'hui, a pour titre : *Ame des bêtes*. L'auteur embrasse le système de *Descartes*, qui les regarde comme de pures machines, système nécessité dans les principes de la religion, quelques absurdités qu'il entraîne. Elle est aussi écrite en forme de dialogue ; elle est très-ingénieuse ; le style en est vif, pressé, naturel.

L'abbé *Guidi* étoit vraisemblablement oncle de M. *Guidi*, censeur qui paroît beaucoup s'occuper de la langue italienne, la posséder à fond, & qui en a fait diverses traductions non imprimées.

9 Mai. C'est aujourd'hui que s'est faite l'élection du bâtonnier par l'ordre des avocats, & que s'en est arrêté définitivement le tableau, qui se renouvelle chaque année à cette époque. Les amis de M. *Courtin* craignoient fort qu'il ne fût question de lui dans l'assemblée d'une maniere désagréable.

On se rappelle son affaire contre Mad. *de Valory*, agitée il y a un an ; elle a été jugée le lundi-saint au châtelet. Cet avocat a gagné la question d'intérêt, mais a perdu la plus essentielle, celle de l'honneur. Mad. *de Valory* lui reprochoit des ingratitudes, des actes usuraires.

C'est M. *de Seychelles*, avocat du roi, qui portoit la parole, & a prouvé que cette dame ne pouvoit revenir par des lettres de rescision contre un acte qu'elle avoit confirmé plusieurs fois en six ans ; mais en même temps il n'a point dissimulé que si la forme étoit en faveur de M Courtin, le fonds étoit vraiment repréhensible. Du reste, il a dit que c'étoit la seule faute qu'on eût à reprocher à cet avocat, qui avoit joui jusques-là de l'estime de ses confreres & de celle du public; qu'en conséquence il se mettoit aux pieds de la cour, & requéroit son indulgence pour lui.

La sentence a donc confirmé l'acte comme valable; mais quant à la demande en réparation d'honneur, en suppression de mémoires, en publication & affiche du jugement, il a été mis *hors de cour*: ce qu'on regarde comme injurieux en pareille matiere. Cependant comme les deux parties en ont appellé au parlement, l'on ne statuera rien sur ce membre avant l'arrêt définitif.

10 MAI. Les grands chemins sont dans un état de délabrement si considérable, que le gouvernement se trouve nécessité de s'en occuper enfin avec le plus grand soin, & d'adopter à cet égard plusieurs choses de la police angloise.

Il paroît un arrêt du conseil en date du 20 avril 1783, motivé sur ce que les rouliers & voituriers négligent d'exécuter les dispositions de la déclaration de 1724, & autres réglements concernant le nombre des chevaux qu'il est permis d'atteler aux voitures à deux roues; sur ce que la charge énorme que l'on se permet de mettre dans des voitures à deux & à quatre roues, & la forme des roues, sont très-préjudiciables à la conservation des chemins; sur ce que les dégradations qui en sont la suite augmentent les dépenses d'entretien, ainsi que le travail des corvéables, auxquels sa majesté doit une protection singuliere. En conséquence, le roi renouvelle les sages loix déja faites à cet égard, & y ajoute de nouvelles dispositions.

10 *Mai*. Depuis le jeudi 24 les plaidoyers dans l'affaire des *Montesquiou* ont recommencé ; c'est M. *Treilhard* qui a plaidé le premier ; il l'a fait avec peu de succès ; & ayant voulu entreprendre l'éloge de son client, a même été hué. Il paroît que le public du palais n'est pas mieux disposé en faveur de ce courtisan, que le public du châtelet.

18 *Mai*. Il se publie enfin les tomes cinq, six & sept de l'*Espion Anglois*, interrompu depuis plusieurs années, & dont on craignoit de ne point avoir la continuation. Ces trois nouveaux volumes embrassent l'année 1777. Dans *l'avertissement des libraires* qu'on trouve à la tête du cinquieme volume, ils rassurent le public & promettent la suite de l'ouvrage jusqu'à la fin de la guerre. Du reste, ils désavouent de la part de l'auteur un prétendu *supplément à l'Espion Anglois*, qu'on a mis sous son nom ; il déclare qu'il ne connoît point l'*Espion François à Londres*, l'*Espion des boulevards*, l'*Espion dévalisé*, & qu'il n'a ni veut avoir rien de commun avec ces confreres de trop mauvaise & trop dangereuse compagnie.

11 *Mai*. On est un peu rassuré sur la crainte de perdre M. *d'Ormesson*, & sur les bruits qui avoient couru de sa retraite. On en étoit d'autant plus fâché, que, malgré son élévation, il est toujours modeste ; il convient de son peu d'expérience & de capacité dans les revirements de finances ; il se montre disposé à recevoir toutes les lumieres qu'on voudra bien lui donner ; il interroge ceux qu'il croit les plus propres à

le diriger, & ne néglige aucun moyen de s'inſtruire.

On ajoute, pour démentir le bruit généralement répandu à cet égard, que le roi en a grondé Ma... la comteſſe *de Teſſé*. Cette femme enthouſiaſte du *Necker*, voudroit bien, ainſi que tout ſon parti, qu'on fût obligé de recourir de nouveau à cet ex-directeur général des finances, & l'on prétend aujourd'hui que ce ſont ſes créatures qui avoient affecté de publier la nouvelle.

11 *Mai*. M. le marquis *de Louvois* vient d'être exilé dans une de ſes terres : on dit que c'eſt pour ſon dérangement. Il eſt exceſſif malgré les reſſources infinies qu'il a eues. Marié en premieres noces à une femme qui lui avoit apporté du bien, il a tout mangé ; & devenu veuf, s'étoit raccroché à une Hollandoiſe, laide en diable, qui, voyant en lui un homme ſuperbe, renommé pour ſes talents amoureux, avoit voulu en tâter, & l'avoit ſéduit par l'annonce d'une fortune conſidérable. Celui-ci ne s'acquittant pas convenablement du devoir conjugal, la nouvelle marquiſe de Louvois avoit pris le parti de retourner dans ſa patrie, où ſon mari, qui ne ſavoit comment ſubvenir à ſes créanciers, avoit été obligé de la ſuivre. Il a perdu cette ſeconde femme, & eſt en conſéquence entré en jouiſſance de ſon bien, d'après les diſpoſitions du contrat de mariage, & tout cela a fondu encore. La mort du marquis *de Courtenvaux* lui a laiſſé une ſucceſſion immenſe, dont il ne lui reſte pas davantage. Il eſt remarié en troiſiemes noces, & a plus de dettes que jamais. *Louis XVI*, qui n'aime point le déſordre, a fait diſparoître de ſa cour ce ſeigneur ſcandaleux. C'eſt le même renommé pour

ses calembours, ses chansons, ses épigrammes, & qui sans avoir autant d'esprit que le marquis *de Souvré*, son pere, n'est pas moins caustique.

11 *Mai*. L'artiste ingénieux qui a l'art de représenter au naturel toutes sortes de personnages connus sous le nom de *figures du sieur Curtius*, a imaginé de rassembler dans un même lieu celles des illustres scélérats étrangers ou nationaux, qu'il appelle *la caverne des grands voleurs*. Il s'est établi sur les boulevards depuis quelques années & suit les foires. Comme à mesure que la justice en expédie quelqu'un, il le modele & le place dans sa collection, elle offre ainsi toujours quelque chose de nouveau aux curieux; & ce spectacle n'est point cher, puisqu'il ne coûte que deux sous.

Ces jours derniers *l'Aboyeur* crioit à l'ordinaire: *Messieurs entrez*, venez *voir ces grands voleurs*; le marquis de Villette passoit, il demande tout haut : *Monsieur le prince & madame la princesse de Guimené y sont-ils ?* On lui répond que non. *Tant pis ; votre collection n'est point complete ; j'aurois donné six livres pour les voir.*

12 *Mai*. Il paroît que le gouvernement veut profiter du retour de la paix pour favoriser le commerce intérieur. On a donné par-tout des ordres pour la réparation des grands chemins, & l'on a vu les sages dispositions prises à cet égard. Il est aussi question d'établir des communications pour mettre à portée de profiter des routes publiques les habitants reculés dans l'intérieur des terres ; mais ce travail exige une attention scrupuleuse & détaillée pour ne point blesser les propriétés, & épargner les peines des corvéables auxquels

on courroit risque de faire faire un ouvrage inutile par les plaintes qui surviendroient & sur lesquelles on ne pourroit s'empêcher de faire droit: en conséquence il a été rendu un second *arrêt du conseil le 10 avril dernier, concernant les nouvelles routes de communication & les formalités qui devront à l'avenir précéder la confection des routes.*

12 *Mai.* On annonçoit une grande réforme dans les sujets de la comédie italienne; on disoit même qu'on avoit pris à l'égard des anciens la tournure usitée vis-à-vis des cours souveraines quand on veut les changer & en refondre la constitution; que le roi avoit cassé cette troupe en entier par un arrêt du conseil, & l'avoit tout de suite recréée sur un pied nouveau. Il paroît qu'il n'a pas fallu avoir recours à ce moyen extrême & despotique.

Quatre sujets, dont deux seulement comédiens pensionnaires, ont été remerciés; savoir, les sieurs *Saint-Preux* & *Chevalier*, & deux à part ont reçu leur ordre de retraite, une Mad. *le Roi* & le sieur *Sun.* Le renvoi de la premiere qui n'étoit incorporée dans la troupe que de 1781, & avoit peu de talents & de moyens de plaire, ne pouvoit souffrir beaucoup de difficulté; quant au second, admis dès 1773, il ne manquoit ni de raison, ni d'intelligence, ni de vérité, ni de naturel; mais son organe, sourd dans le chant & triste dans la comédie, déplaisoit au public, & rebutoit dès le premier abord: une anecdote le rendoit en quelque sorte sacré.

Il avoit eu le malheur de répugner à la reine dès qu'elle l'avoit vu. S. M., dans un mouvement involontaire, n'avoit pu s'empêcher de manifester son dégoût d'une façon si expressive, qu'on avoit intéressé son humanité & la bonté de son cœur en lui faisant sentir que, si elle ne réparoit l'humiliation qu'elle venoit de donner à cet acteur par quelque marque de bienveillance, elle alloit lui faire perdre son état, & qu'il seroit nécessairement renvoyé. La reine voulut bien déclarer aux gentilshommes de la chambre que ce n'étoit pas son intention, & qu'elle exigeoit que le sieur *Suin* restât à la comédie.

Il a fallu réparer cette sorte d'injustice par une forte pension & par une gratification considérable proportionnée à ses services. La dame le Roi a eu aussi pension & gratification, mais beaucoup moindres.

15 Mai. *Mémoires sur la vie & les ouvrages de M. Turgot, ministre d'état.* Tel est le vrai titre du livre annoncé depuis quelque temps.

L'éditeur dit dans un petit avertissement que ces mémoires avoient été rédigés pour servir de matériaux à l'éloge historique de M. *Turgot*, prononcé en 1782 par M. *Dupuy*, le secretaire de l'académie des belles-lettres, dans une séance publique de rentrée. Les formes oratoires & les bornes prescrites à son travail ayant obligé ce secretaire de laisser à l'écart une grande partie de ces matériaux sans en faire aucun usage, celui qui les avoit rassemblés n'a pas voulu les perdre, & il les a mis en ordre de façon à être présentés au public. Telle est l'origine de cet ouvrage, plein de fautes au surplus & d'omissions, comme tout ce qui s'imprime chez l'étranger & loin des yeux de l'auteur.

13 Mai. Lorsque le roi a rendu à la comédie italienne le privilege de jouer la comédie françoise, les gentilshommes de la chambre se sont

proposés d'examiner, quand les circonstances le permettroient, si l'administration de ce théatre devoit & pouvoit conserver le même régime. Après trois années d'observations, on a vu que la variété des trois genres qu'on y représente exigeant un très-grand nombre de sujets, il falloit, en fixant leur sort d'une maniere durable, pour faciliter les moyens de le faire, augmenter le nombre des parts: en conséquence les vingt parts existantes dans l'ancienne constitution sont portées à vingt-trois.

Ces parts seront, comme par le passé, susceptibles d'être divisées en trois quarts de part, demi-part & quart de part; mais la réception à quart de part ne sera regardée que comme une réception à l'essai, & le sort du comédien italien ne sera véritablement & irrévocablement fixé que par la demi-part.

Les gentilshommes de la chambre se sont en outre réservé le droit de partager les quarts de part en deux demi-quarts, afin de pouvoir répartir les augmentations sur un plus grand nombre de personnes.

Ce zele des gentilshommes de la chambre, pour compléter d'une façon plus étendue & faire mieux prospérer la troupe italienne, fait présumer de plus en plus qu'ils veulent l'ériger en rivale de la troupe françoise, ce qui augmente davantage la jalousie de celle-ci, & justifioit encore mieux le personnage de *Melpomene*, dans la petite piece de M. *Sedaine*, si elle eût dit de meilleures choses, des choses plus fines & plus piquantes, & sur-tout si elle eût été mieux écoutée.

13 *Mai*. M. l'abbé *Auger* est un des hommes

de lettres les plus laborieux dans un genre d'érudition infiniment utile & devenu très-rare. Il a conçu le projet de nous faire connoître successivement tous les grands orateurs grecs par des éditions exactes & des traductions fidelles ; mais ce projet qu'il a déja commencé d'exécuter est sujet à des difficultés par l'altération du texte de la plupart de ces anciens auteurs ; ce qui a donné lieu à diverses questions parmi les savants. M. l'abbé *Auger* les rappelle & les résout dans dans un *Mémoire critique sur les devoirs & sur les qualités d'un éditeur des anciens*. Ce mémoire a excité une tempête considérable dans le monde érudit ; & pour connoître l'importance de cette grande querelle qui divise nos savants en *us*, il suffira d'en établir les points essentiels.

1°. Y a-t-il des cas où l'on puisse insérer des corrections dans un texte qui paroît avoir été défiguré par les copistes ?

2°. Faut-il indiquer ces corrections, ou ne les pas indiquer?

3°. Faut-il donner deux leçons du texte, l'une qui représente fidellement le manuscrit tel qu'il est, l'autre tel qu'il a été réformé ?

On conçoit que le bon sens, si l'on le consultoit seul, auroit bientôt donné la solution de ces graves questions ; & M. l'abbé Auger est sans doute trop bon d'y avoir mis tant d'importance. Quoi qu'il en soit, malgré la sagesse avec laquelle il établit dans son mémoire la liberté qu'il accorde à un éditeur, toutefois avec des restrictions considérables, plusieurs savants lui ont tombé sur le corps, lui ont reproché de fournir des armes à des éditeurs téméraires, d'autoriser les altérations du texte, la corruption conséquemment des sources de la saine éloquence & du bon goût, & dans leur mauvaise humeur l'ont accablé d'injures à la maniere de leurs confreres du quinzieme siecle, & cette guerre fait gémir les philosophes & rire les sots.

13 Mai. On parle beaucoup d'une facétie qui paroît tout récemment, intitulée : *Requête de Volange, dit Jeannot, à monseigneur Hue, le garde-des-sceaux de France.* On conçoit qu'elle doit être très-recherchée & très-rare. La police veille avec le plus grand soin à ce qu'elle ne se répande pas.

14 Mai. Les mémoires sur la vie & les ouvrages de M. Turgot, en un gros volume in-8°. de plus de 400 pages, sont divisés en deux parties.

Dans la premiere on parle de sa jeunesse, de son administration dans la généralité de Limoges, & de son ministere à la marine.

Dans la seconde on embrasse ses opérations durant le court espace de temps qu'il est resté à la tête des finances.

M. Dupont, à qui l'on attribue cet ouvrage, & qui en est très-digne, est tellement enthousiaste de son héros, qu'il ne fait grace sur rien au lecteur, & entre dans des détails extrêmement minutieux, fatigants & ennuyeux.

A l'entendre vanter les ouvrages de la jeunesse de M. Turgot, dont peu ont transpiré dans le public, ce seroient autant de chef-d'œuvres, & il y a bien à parier, au contraire, que tout cela est au moins très-médiocre, & peut-être très-mauvais. La seule annonce de certains, pour leur bizarrerie, les caractérise & ôte toute envie de les connoître, si ce n'est pour rire de leur ridicule.

C'est bien autre chose quand l'historien exalte l'homme d'état. Il n'est pas un arrêt du conseil, provoqué & rendu par M. Turgot, qu'il ne rapporte, ne discute, ne commente; il n'est aucun de ses projets qu'il ne développe dans la plus grande étendue, & qu'il ne hérisse de calculs effrayants; tout est chef-d'œuvre de génie & de patriotisme.

Du reste, peu de faits, encore moins d'anecdotes. La manière dont est parvenu monsieur Turgot au ministere, l'épisode des émeutes de 1775, l'origine de la haine que le parlement portoit à ce ministre, les causes de sa disgrace & la manière dont elle s'est effectuée, mille autres traits curieux de sa vie & de son ministere sont entiérement passés sous silence; en sorte que malgré la longueur de cette vie prétendue, elle est encore à faire, & malgré le talent du panégyriste, on a bien de la peine à lire en entier sa verbeuse production.

14 *Mai.* Extrait d'une lettre de Riom en Auvergne, le 6 mai.... Il y a un mois effectivement que nous avons eu le plaisir de posséder ici le marquis de la Fayette, c'est-à-dire, qu'il y étoit le 5 avril. Il a été reçu avec tous les honneurs dont on vous a rendu compte & qu'il mérite bien. Le corps de ville, précédé d'instruments & des sergents de la milice bourgeoise, alla lui présenter le vin d'honneur; trois députés du présidial en robes rouges, le complimenterent. Enfin, c'étoit une alégresse générale dans la ville; on s'embrassoit presque sans se connoître; on ne cessoit de crier: *Vive la Fayette* ! Cha-

cun de ses concitoyens sembloit participer à sa gloire ; car il faut que vous sachiez que cette maison est de notre province. C'est même ce qui nous a procuré l'avantage de posséder un instant ce jeune seigneur. Il venoit d'y perdre une de ses tantes, & s'empressoit d'arracher une autre qui lui reste à sa douleur & de l'emmener avec lui. Cet acte de tendresse vous prouve qu'il est susceptible de tous les sentiments. Il a reçu avec la modestie qui le caractérise tous les hommages qu'on lui a offerts.

15 *Mai.* Extrait d'une lettre de Brest, du 9 mai. .... Il transpire ici des copies d'une réponse du comte *de Vergennes*, au commandant qui lui avoit adressé une lettre au nom de son corps pour le féliciter de la place de président du conseil des finances, accordée depuis peu par le roi à ce ministre. Elle est beaucoup trop flatteuse pour nos officiers de la marine, qui prennent à la lettre tous ces compliments de cour & s'en rengorgent. M. *de Vergennes* y dit ingénieusement : « si la „ nouvelle marque de confiance que je viens de „ recevoir de sa majesté est une récompense du „ succès des négociations pour la paix, je ne me „ dissimule point à qui je dois un des premiers „ hommages de ma reconnoissance, & je m'ac- „ quitte avec empressement de cette dette envers „ les intrépides coopérateurs que j'ai trouvés dans „ le corps de la marine. Je suis d'autant plus flatté „ de ce que vous me mandez de leurs senti- „ ments à mon égard, Monsieur, que je crai- „ gnois qu'ils ne me pardonnassent que difficile- „ ment d'avoir enchaîné leur courage. Je vois „ avec bien du plaisir qu'ils ont fait céder l'inté- „ rêt de leur gloire à l'intérêt de l'humanité. »

15 *Mai*. La France a déja quatre grands canaux. Celui de *Briare* qui établit à *l'est* la communication de la Loire par le Loing; celui *d'Orléans* qui unit à *l'ouest* les deux mêmes fleuves; celui de *Picardie* qui joint la *Somme* à *l'Oise* & le *Canal Royal*, le fameux *Canal de Languedoc*, qui unit *la Méditerranée* à *l'Océan* par le *Languedoc* & *la Guyenne*.

Il est toujours question d'un cinquieme qui joindroit *le Rhin* à *la Saône* & au *Rhône*, la mer du nord à la Méditerranée par *la Bresse*, *la Bourgogne*, *la Franche-Comté* & *l'Alsace*.

15 *Mai*. Depuis que M. *Linguet* a répandu son mémoire sur une communication plus prompte à des distances très-éloignées, d'autres physiciens se sont évertués, & entr'autres *Dom Ganthey*, religieux de l'ordre de Cîteaux. Il propose trois moyens de faire parvenir une nouvelle avec une extrême diligence.

1°. L'on pourra donner un signal secret à plus de cent lieues dans moins d'une minute, sans qu'on puisse s'en appercevoir dans l'intermédiaire. Il aura lieu en tout temps, dans toute saison, à toute heure, sans augmentation de dépense; enfin, il pourra se porter à trente lieues en quelques secondes, sans stations intermédiaires..... Ce moyen est connu de l'académie des sciences, mais il est secret pour le public.

2°. *Dom Ganthey* se flatte de faire parvenir l'avis le plus détaillé, & l'instruction la plus longue à cent lieues dans une demi-heure environ, & de les faire articuler par un tiers aussi parfaitement que si l'on étoit en présence.

3°. Il pense qu'il seroit possible de faire parvenir une lettre effective & un paquet de quelques onces, à cent lieues, dans six heures, dans une fleche, de stations en stations, avec un arc assez puissant.

Tout cela se voit dans un prospectus imprimé du religieux. Il voudroit une somme de 1,200 liv. pour les expériences qu'il se propose à ce sujet.

16 *Mai*. Le résumé des opérations du ministere de M. *Turgot*, donné par M. Dupont, seroit le plus grand éloge qu'on en pût faire, s'il étoit vrai, exact & sans aucun retour fâcheux.

Il a supprimé vingt-trois especes de droits ou d'impositions établies sur des travaux nécessaires, ou sur des conventions utiles, ou sur des récompenses méritées. Il avoit aboli la corvée des chemins, & substitué à cette épargne de 40 millions pour la nation une dépense suffisante de 10 millions. Il a supprimé l'autre corvée qui avoit lieu pour le voiturage des troupes. Il a diminué la rigueur de la régie des impositions indirectes au très-grand profit des contribuables du roi, & même des financiers; il a de même adouci la perception des impositions territoriales en abolissant les contraintes solidaires, & autant qu'il a été possible, le croisement des poursuites des receveurs. Il a arrêté le cours de la plus terrible des épizooties; il a réprimé une sédition conduite avec art. Il a pourvu à l'égale distribution des subsistances. Il a donné les plus grands encouragements au commerce & à la nature des trois principales productions du territoire, le bled, la viande & le vin. Voici pour les propriétaires.

Quant au peuple, il lui a donné la liberté du commerce & du travail, & ne vouloit pas qu'on la lui vendît. Il a réformé une multitude d'abus, dont quelques-uns étoient au profit de sa place. Il a aboli la vénalité des charges, autant qu'il a dépendu de lui. Il a fait un grand nombre d'établissements utiles. Il s'est refusé & opposé aux mauvaises institutions. Il a été au secours des plus pauvres de l'état ; il leur a fait payer leurs pensions arriérées de quarante ans. Il a remboursé les hôpitaux, dont les rentes coûtoient trop de frais aux propriétaires proportionnellement à leur valeur. Il a essuyé les dépenses extraordinaires du sacre du roi, du mariage d'une princesse, de la naissance d'un prince. Il a réparé une banqueroute faite ; il en a prévenu une prête à faire. Il a facilité les paiements jusqu'aux Indes. Il a soldé une partie des dettes des colonies & mis l'autre en ordre. Il a trouvé le crédit à cinq & demi pour cent, & l'a laissé à quatre. Il n'a chargé le trésor royal que de 10 millions d'avance ; il a cependant payé 14 millions de la dette exigible arriérée, 50 millions de la dette constituée, 28 millions d'anticipations : il a fait cela en vingt mois, & dans ces vingt mois, il n'en a pu travailler que treize.

Il avoit pris les finances à 19 millions de *deficit* : il les a laissées avec un excédent de 3 millions & demi.

16 *Mai*. Il faut se rappeller que depuis la mort du marquis de Menars, il s'étoit élevé un procès entre ses héritiers & la veuve, à l'occasion de la terre de Menars, substituée par Mad. de Pompadour à son frere, & en cas de mort, à M. Poisson de Malvoisin. M. de Menars avoit profité de son crédit pour faire casser au parlement la substitution ; depuis sa mort M. de

Malvoisin est revenu par requête civile, & a fait juger la substitution en sa faveur. Ainsi le parlement avoit jugé le pour & le contre, & sans doute toujours bien. Cependant cette contradiction d'arrêt fournissoit ample matiere à se pourvoir au conseil qui a jugé l'affaire lundi, & a trouvé la substitution bien faite & valable.

16 *Mai*. Les comédiens italiens avoient annoncé pour aujourd'hui la premiere représentation de *la Fidelle Inconstante* ou *les Voyages de Rozine*, opéra comique nouveau en trois actes, en vaudevilles. Elle est remise. Le sujet est tiré d'un conte de Piron, dont la moralité très-ordurière est: *Tout vient à point à qui peut attendre*. La piece a été adressée anonymement au sieur Trial, qui en est devenu le pere adoptif. On la croit de messieurs Piis & Barré.

16 *Mai*. Le maître clerc d'un M. Perron notaire, a été conduit hier, par ordre du roi, à l'hôtel de la Force, pour une excroquerie de 40 mille livres qu'il a fait à une dame qui l'avoit chargé de prendre des récépissés du dernier emprunt du trésor royal, où elle ne s'est pas trouvée inscrite lorsqu'il a été question de les échanger. Il a subi interrogatoire, & est convenu avoir excroqué comme cela environ 200,000 livres.

17 *Mai*. Mad. de Pompadour par son testament, avoit constitué son frere son légataire universel, & en cas de mort de son frere sans enfants, avoit mis en son lieu & place M. Poisson de Malvoisin.

Par son codicile, elle avoit substitué à son frere le marquisat & pairie de Menars & ses dépendances, & au cas de mort de son frere sans postérité, elle avoit mis en son lieu & place, aux mêmes conditions, M. Poisson de Malvoisin.

En 1766, M. de Marigny, quoiqu'il eût reconnu la substitution, trouvant qu'elle le gênoit, étoit revenu contre, & avoit profité de son crédit auprès de M. de Maupeou, pour faire déclarer par le parlement cette substitution, une substitution vulgaire.

On entend par substitution vulgaire, une substitution caduque au décès du testateur, qui n'est faite que pour rassembler tous ses biens sur une seule & même personne. Elle étoit fort en usage chez les Romains, extrêmement impérieux & jaloux de dominer jusqu'après leur mort.

Non-seulement le droit romain n'a pas force de loi en France, mais l'édit des substitutions proscrit positivement les substitutions vulgaires.

M. de Malvoisin, ou plutôt ses enfants, revenus comme mineurs, n'ont donc pas eu de peine de rappeler le parlement à la regle & à la véritable interprétation du testament.

Mad. de Marigny ou Mad. de Menars, dernier nom qu'avoit pris son mari, avoit le plus grand intérêt de faire tomber la substitution, en ce que son contrat de mariage en acquéroit beaucoup plus d'étendue dans les dispositions utiles, & les autres héritiers faisoient cause commune avec elle, en ce qu'ils se trouvoient par-là rentrer dans la succession pour leur part ; ils s'étoient donc pourvus en cassation.

Au bureau composé de six conseillers d'état & du rapporteur M. *de Bertrand*, celui-ci & trois conseillers d'état étoient pour la cassation. Il a donc fallu assembler le conseil à Versailles, que de long-temps ou peut-être jamais on n'avoit vu si nombreux; il s'est trouvé soixante-trois opinants.

Ce n'a pas été un spectacle peu agréable pour messieurs du conseil de se voir sollicités, pressés, cajolés par deux jolies femmes, Mad. *de Menars* d'un côté, & Mad. *de la Galissonniere* de l'autre, (en sa qualité de fille de M. Poisson de Malvoisin); mais l'embarras étoit de se déterminer. Les barbons étoient pour la premiere; les jeunes gens pour la seconde; enfin ceux-ci l'ont emporté. Elle a eu quarante-deux voix contre vingt-une.

Mad. *de Saint-Aulaire*, jeune femme très-liée avec Mad. *de la Galissonniere*, s'est tenue dans l'antichambre du conseil, constamment pendant la séance, qui a duré plusieurs heures. Sur les trois heures un jeune maître des requêtes est venu lui dire que Mad. *de la Galissonniere* avoit gagné: elle avoit son valet de chambre tout prêt, qui n'a mis que trois quarts d'heures à venir apporter à Paris cette bonne nouvelle, & elle-même l'a suivi peu après dans sa chaise de poste pour féliciter & embrasser son amie.

17 *Mai*. Extrait d'une lettre de Bordeaux, du 13 mai..... La paix nous a été infiniment plus funeste que la guerre, & depuis cet événement, si heureux pour les autres, nous comptons ici soixante-dix banqueroutes, sans le courant. Ces banqueroutes sont dues en partie au manque de parole du gouvernement, qui, n'ayant plus besoin de nous, ne se presse pas de tenir ses engagements & de payer le fret qui nous est dû.

17 Mai. Au renvoi de M. *de Fleuri*, les autres ministres, les gens de la cour & tous ceux qui aiment à pêcher en eau trouble, qui sont ennemis nés de l'ordre, ont été enchantés, parce qu'ils se sont imaginés que le comité des finances, institué par ce ministre, tomberoit avec lui; mais il subsiste, & l'on lit une lettre répandue dans le monde, par laquelle M. *d'Omerson* écrit, au nom du roi, à tous les secretaires d'état & autres ordonnateurs chargés de quelque département, que l'intention de sa majesté étant de profiter de la tranquillité de la paix pour améliorer ses finances, elle ne peut travailler efficacement à ce grand ouvrage, que chacun d'eux n'ait rendu compte de celles qui lui ont été réparties, & de la situation de son département, des dettes dont il est chargé, des réductions, économies, suppressions dont il est susceptible.

On assure que messieurs les secretaires d'état regardant cette invitation de M. le contrôleur-général, comme une sorte de supériorité qu'il affectoit sur eux, ont tenu entr'eux un petit conciliabule pour savoir ce qu'ils feroient. On prétend que M. *de Ségur*, M. *de Castries*, plus altiers, étoient d'avis de donner leur démission : mais que, tout combiné, ils sont convenus d'attendre que le roi leur manifestât lui-même sa volonté ; & qu'à l'égard de M. *d'Ormesson*, ils ont tenu un silence méprisant, & ne lui ont pas répondu, sauf M. le comte *de Vergennes*.

On ajoute que ce dernier a déja prêché d'exemple, s'est mis en regle, & a rendu ses comptes au comité.

C'est le samedi de chaque semaine que ce comité a lieu ordinairement.

18 *Mai*. Ces jours derniers, le roi en revenant de la chasse s'est fait faire un chignon à la maniere des femmes, & est allé ainsi chez la reine. Sa majesté s'est mise beaucoup à rire, & lui a demandé ce que signifioit cette mascarade, si l'on étoit revenu en carnaval? Est-ce que vous trouvez cela vilain, lui a dit son auguste époux? C'est une mode que j'ai envie d'amener; je n'en ai encore institué aucune. Ah! Sire, gardez-vous bien de celle-là, elle est affreuse, a repliqué sa majesté. Cependant, Madame, a repris le monarque, il faut bien que les hommes aient quelque maniere de se coëffer distinguée de celles du sexe; vous nous avez enlevé le plumet, le chapeau, la cadenette, la queue; aujourd'hui c'est le cadogan qui nous restoit & que je trouve fort vilain aux femmes..... La reine a senti ce que cela vouloit dire, & n'ayant rien de plus à cœur que de plaire au roi, a donné ordre qu'on lui défît sur le champ les *cadogans*, & a repris le chignon.

Il y a apparence que cette mode adoptée avec fureur à Paris, & fort ridicule effectivement, va tomber au moyen de la plaisanterie du roi.

18 *Mai*. M. le chevalier *de Chatelu* a composé, comme on a dit, un gros livre sur les Américains, durant le temps qu'il est resté à l'armée *de Rochambeau*. Revenu ici, il se proposoit de le répandre, & a été surpris de se trouver devancé par M. l'abbé *Robin*, auteur qui a traité le même sujet, & dont on a dit un mot précédemment. L'ouvrage de celui-ci, quoique superficiel, peut-être par cette raison même, a été assez bien accueilli, & plus goûté que celui de l'académicien. Dans les morceaux qui ont pu se comparer, tels

que le portrait de *Washington*, on a jugé même l'abbé bien supérieur au militaire. Tout cela n'a pas peu contribué à exciter la jalousie de M. *de Chatelu*.

Il faut savoir en outre qu'au siege *d'Yorck-Town*, le seul échec qu'ait reçu l'armée françoise, est arrivé par une belle nuit où M. le chavalier *de Chatelu* commandoit la tranchée. Les Anglois firent une sortie, gagnerent une batterie, enclouerent sept pieces de canons, tuerent quelques hommes, en blesserent une trentaine, & emmenerent des prisonniers. On plaisanta dans l'armée sur l'officier général qui commandoit; on dit qu'occupé à quelque rêve philosophique, il s'étoit laissé surprendre, &c.

M. l'abbé *Robin*, connoissant le devoir de l'historien, par complaisance pour M. *de Chatelu*, ne pouvoit passer sous silence cet événement; mais il a eu l'honnêteté de ne le nommer ni ne le désigner en rien. Cependant celui-ci a été furieux ; mais dissimulant son ressentiment, tandis qu'il accueilloit très-bien cet auteur, qu'il lui faisoit des compliments sur son livre, qu'il lui promettoit des secours & des conseils pour une autre édition, il en faisoit secrétement une critique malhonnête, injurieuse, qui a paru dans le mercure anonymement, mais où tous les connoisseurs, & sur-tout les gens au fait de l'anecdote, ont reconnu le cachet de M. *de Chatelu*.

L'abbé *Robin* a cru devoir répondre, & a voulu se servir du même champ de bataille qui s'est trouvé fermé pour lui. Le sieur *Pankouke* lui a déclaré qu'il ne pouvoit insérer sa réponse, ce qui a achevé d'indiquer les honnêtes gens contre son adversaire. L'abbé *Robin* a été obligé d'avoir recours au courier de l'Europe, qui a reçu la défense de cet auteur, & en a enrichi son journal avec reconnoissance.

19 *Mai*. Entre les idées singulieres de M. *Turgot*, dont son historien n'omet aucune, la plus bizarre sans doute c'est celle qu'il eut dans le peu de temps qu'il occupa le ministere de la marine ; c'étoit de faire faire les constructions habituelles en Suede, il est vrai d'après les plans & sous la direction des constructeurs françois, & d'amener les vaisseaux tout faits, tout gréés, montés d'une partie de leurs canons, & chargés des matériaux nécessaires pour en construire d'autres dans nos arsenaux maritimes. Il avoit calculé que l'épargne du fret dispendieux qu'exige toute la partie du bois qu'il faut ensuite réduire en copeaux, celle de la refonte du cuivre pour les pieces de bronze, dans un pays qui le tire de l'étranger, & où le charbon est rare & cher, & enfin la différence du prix des substances & de la main d'œuvre en Suede & en France pourroient procurer une économie de deux cinquiemes sur la construction des vaisseaux du roi.

Une autre, c'étoit son projet de l'établissement d'un *conseil de l'instruction nationale*, composé d'un petit nombre de citoyens les plus recommandables par leur naissance, leurs lumieres & leurs vertus, choisis parmi les plus grands seigneurs, dans le conseil du roi, dans le parlement. Ce conseil auroit eu la direction générale des académies, des universités, des colleges, des petites écoles. Il auroit fait faire un concours des livres classiques, établi des maîtres d'écoles dans les paroisses, des prédicateurs politiques pour instruire le peuple de l'intérêt, du bien social, des droits, des devoirs qui l'attachent à la patrie, &c.

Deux anecdotes vraiment honorables pour ce ministre, c'est l'amitié tendre que *Louis XVI* avoit pour lui, la confiance affectueuse qu'il lui avoit donnée, même avec des démonstrations qui lui avoient fait oublier sa majesté, au point *de daigner presser les mains de M. Turgot dans ses mains royales*, comme pour accepter son dévouement absolu.

C'est ensuite la lettre qu'il reçut du roi de Suede, de ce monarque si connoisseur, si bon apréciateur du mérite, qui, en envoyant en présent au roi de France, dans le temps des émeutes, deux navires chargés de grains, l'exhortoit à soutenir toujours avec le même courage des principes si utiles au royaume dont il administroit les finances.

19 Mai. Un fermier de M. le duc *de Gevres* vient de commettre un crime qui l'a fait condamner à être roué vif, & d'une nature si extraordinaire, qu'il mérite d'être consigné ici. Dans un rendez-vous donné à une femme qui l'aimoit, au lieu des caresses qu'elle en attendoit, il lui a introduit dans la partie, un bâton armé de toutes ses épines; nouveau genre de supplice qui a bientôt fait mourir cette malheureuse, dans les douleurs les plus horribles.

Le coupable, dans la vie duquel on ne trouve du reste aucun trait qui désigne un caractère atroce, est convenu du fait. Il a dit qu'il avoit autrefois vécu avec cette femme, mais sans beaucoup de goût, & par une sorte de complaisance; qu'il n'avoit jamais couché avec elle que quatorze fois; que marié depuis peu, il avoit rompu ce

commerce

commerce criminel; qu'elle, toujours folle de lui, ne cessoit de le provoquer, & que dans l'espoir de s'en débarrasser, & de lui ôter toute envie de le tourmenter désormais, il avoit imaginé ce moyen, qu'il n'auroit jamais cru pouvoir être aussi funeste & la faire périr; & réellement on ne peut lui supposer aucun autre motif.

Le délit ayant été commis dans le ressort du bailliage de Meaux, le conseiller au châtelet, rapporteur du procès, après la confirmation du parlement, est parti aujourd'hui pour aller faire exécuter la sentence.

20 *Mai*. Pour entendre la *Requête de Jeannot*, il faut savoir que M. le garde-des-sceaux possède supérieurement l'art de la pantomime & le talent de la scene dans certains rôles de la comédie, qu'il est extrêmement gai en société, & sait entremêler aux affaires les plus graves ces aimables délassements.

Il passe pour constant que, durant la dispersion des cours de magistrature, il a joué avec beaucoup de succès les rôles de *Crispin* à *Pontchartrain*, qu'il a singuliérement amusé madame & M. *de Maurepas*, & que s'étant insinué dans leur intimité par son art de les intéresser, il leur a fait voir ensuite qu'il ne manquoit pas du génie nécessaire aux grandes places, qu'il leur a fourni des vues & des moyens pour le rétablissement de la magistrature, & que se trouvant en même temps du bois dont on fait les chefs de la justice, il l'est devenu.

Quoiqu'un garde-des-sceaux ne puisse guere avoir le temps de revenir à ce genre de plaisir, si l'on en croit l'auteur de la requête, M. *de Miromênil*, chez M. *de Vergennes*, en petit comité, a rappellé son talent, & a très-bien rendu les rôles de la *Mere aux chats* & de *la Femme en couche*; en sorte que les sieurs *Dugazon* & *Boyer*, les plus renommés pour ces farces, en ont été surpris eux-mêmes ; mais ce qui est plus incroyable encore, c'est qu'il contrefait supérieurement *Jeannot*, & à s'y méprendre.

C'est d'après ces faits, qui sont aujourd'hui connus dans le public, que l'auteur de la requête fait parler *Jeannot*. Ce farceur supplie monseigneur le garde-des-sceaux de s'en tenir à ses grands talents pour la magistrature, & de ne pas lui ravir le sien ; ou bien alors de le dédommager du tort qu'il lui fait en lui procurant une place d'acteur, soit à la comédie italienne, soit à la grand'chambre ; ce qui donne lieu à révéler deux anecdotes qu'on ne connoissoit pas.

L'une, c'est que M. le garde-des-sceaux a bien voulu s'intéresser pour une demoiselle Favier, qu'il a fait recevoir chez le sieur *Nicolet* ; l'autre, qu'il a conféré des provisions de lieutenant-général au bailliage de Montargis au sieur *Cassagnade*, ancien chanteur de l'opéra. Au surplus, finit le suppliant, si monseigneur lui laisse le choix, il préféreroit encore une place de conseiller de grand'chambre, parce que les parts entieres à la comédie italienne ne sont guere que de huit à dix mille francs, & qu'on lui a assuré que celles de la grand'chambre étoient de dix-huit à vingt.

Tel est le résumé de cette facétie, courte, ingénieuse, naturelle, & d'autant plus condamnable, en ce que, sous un air de gaieté, elle recele une méchanceté très-réfléchie.

21 *Mai.* Les Italiens ont exécuté hier la piece retardée des *Voyages de Rosine.*

Au premier acte, cette héroïne, françoise d'origine, contrariée par ses parents dans son inclination pour un amoureux auquel elle étoit fort attachée, a été enlevée sur mer, comme elle s'y promenoit dans une barque. Elle est vendue à un riche Turc, & se voit au milieu de ses rivales ; il lui jette le mouchoir ; mais au moment de jouir des embrassements du musulman, il tombe malade, & les médecins lui défendent d'approcher de son serrail. *Rosine* piquée, s'enfuit à la faveur de la nuit, & s'expose de nouveau à l'inconstance des flots.

Au second acte, elle aborde dans une isle où il n'y a que des hommes ; ceux-ci sont enchantés de sa venue, veulent l'élire leur reine, & lui laissent le choix de celui d'entr'eux qui lui plaira le plus pour l'associer à son empire. Elle en préfere un qui se trouve être une femme déguisée, qui a suivi son amant. On les laisse ensemble : de là une scene très-embarrassante. L'amant survient ; on raconte tout à *Rosine*, & ce nouveau contre-temps la détermine à partir avec eux pour vaincre l'ascendant de sa malheureuse étoile.

Rosine revient dans sa patrie & assiste aux noces de ses deux compagnons de voyage : grande fête & bal masqué, où elle retrouve celui qui a eu ses premieres inclinations, & l'épouse.

Les deux premiers actes sont charmants, pleins de sel & de gaieté, & d'ailleurs d'un comique de situation très-ingénieux. Malheureusement & le fonds & le dialogue appartiennent presque entiérement à *Piron.* Le troisieme, qui est véritablement à l'auteur, a paru plus froid & languissant; on s'apperçoit qu'il est dénué de son guide.

Cependant le prodigieux succès des premiers actes ayant fait demander l'auteur, le sieur *Trial* a paru & chanté le couplet suivant, sur l'air : *Des simples jeux de mon enfance.*

<blockquote>
J'ai reçu cet ouvrage anonyme,
Il m'a paru récréatif;
Et pour lui gagner votre estime,
Je m'en suis fait pere adoptif.
L'auteur se couvre d'un nuage;
Qui de nous peut le pénétrer !
Je n'en sais rien; mais votre suffrage
Doit l'engager à se montrer.
</blockquote>

Au style seul de ce couplet on a facilement reconnu celui de MM. de *Piis* & *Barré*.

22 *Mai*. Le parlement ne perd point de vue l'affaire des quinze-vingts, & elle devient d'autant plus grave qu'on y met de part & d'autre beaucoup d'amour-propre. M. le grand-aumônier regardant cette querelle comme une querelle d'honneur, la défend non-seulement avec tout l'esprit possible, mais y intéresse les personnages les plus augustes, & sur-tout la reine, à laquelle il a l'honneur d'appartenir. De son côté, le parlement se prévaut d'une espece de ligue que le conseil a fait avec lui à cet égard, & ces deux corps semblent en cela d'accord pour la premiere fois.

Par l'arrêt du conseil du 14 mars dernier, le roi avoit confirmé le choix fait par M. le cardinal de Rohan, du sieur abbé Bertin, conseiler d'état, des sieurs Tolozan, abbé Royer & Minc, pour être gouverneurs-administrateurs, & remplacer les anciens qui s'étoient démis. Il étoit ajouté dans l'arrêt : *auxquels, selon l'usage, il sera donné par le grand-aumônier lettres & provisions.* Cet asservissement qui n'est point dans les autres administrations, la formule du serment à prêter entre les mains du grand-aumônier, tombée en désuétude depuis plus d'un siecle, mais qu'il étoit autorisé à faire revivre d'après les lettres-patentes originaires de *François premier*, enrégistrées en parlement en 1546, tout cela a répugné à ces messieurs; ils ont également refusé, & il ne s'est trouvé dans le conseil aucun membre disposé à les remplacer; en sorte que M. Amelot leur a écrit trois lettres consécutives pour leur annoncer les intentions du roi à cet égard : dans la derniere entr'autres, il les menace que, s'ils persistent à refuser cette commission, ils doivent s'attendre à n'en plus avoir : ils sont restés fermes dans leur résolution, excepté le sieur Tolozan, qui, n'écoutant que son ambition, s'embarrasse peu de se brouiller avec son corps, pourvu qu'il devienne conseiller d'état.

Quoi qu'il en soit, le parlement s'est encore prévalu de cette circonstance, & la fait valoir dans ses remontrances, qui, enfin rédigées, ont été lues hier aux chambres assemblées.

En conséquence, les gens du roi ont été chargés de se retirer pardevers le roi, à l'effet de savoir le lieu, le jour & l'heure auxquels il plairoit à S. M. de les recevoir.

22 *Mai.* La tragédie annoncée de Mad. *de Montesson* a en effet été jouée sur son théatre le

dimanche 4 de ce mois. Elle a pour titre: *la duchesse de Bourgogne* ou *la comtesse de Bar*. Il est à présumer que ce sujet, plus romanesque qu'historique, est tiré du roman intitulé: *Anecdotes de la cour de Philippe-Auguste*. On dit que le caractere principal ressemble beaucoup à celui de Phedre. On a trouvé sur-tout les quatrieme & cinquieme actes très-beaux : la versification est quelquefois foible, mais elle a quelquefois du nerf & de la grandeur.

Cette piece étoit jouée par les acteurs de la comédie françoise.

23 *Mai*. Le maître clerc de M. Perou se nomme *Pinon*, il étoit chez lui depuis vingt ans, & plutôt son ami que son subalterne. Cependant le notaire ne pouvant douter de son dérangement a provoqué lui-même une lettre de cachet pour le faire arrêter & conduire à l'hôtel de la Force. En vertu de cette même lettre de cachet, il a été mis le scellé sur ses papiers & fait inventaire. On y a facilement trouvé les preuves de son *deficit*, se montant à plus de 400,000 liv. Il en a été rendu plainte, sur laquelle le procureur du roi a fait sa dénonciation au châtelet; information en conséquence & bientôt décret de prise-de-corps. Alors on a demandé la main levée de la lettre de cachet, & en vertu dudit décret l'accusé a été transféré dans les prisons du châtelet.

On ne croit pas qu'il puisse y avoir peine de mort, mais bien celle décernée contre les escrocs & banqueroutiers frauduleux. On veut que madame Dubois, qui avoit toute confiance en cet homme, y soit pour plus de 200,000 liv.

23 *Mai*. Il paroît un nouvel écrit sur la grande contestation qui divise aujourd'hui le parlement,

c'est une *lettre d'un ancien conseiller au parlement de Paris, à un ancien conseiller au parlement retiré dans ses terres*. Elle est fort modérée, & il en a été envoyé des exemplaires à messieurs, ainsi qu'au parquet. Elle roule principalement, dit-on, sur la malheureuse liaison qui se trouve entre les intérêts du roi & les épices, en sorte que celles-ci ne peuvent baisser que les autres n'en souffrent: l'ouvrage est très-récent, puisqu'il est daté de Paris le 1 mai 1783.

23 *Mai*. Il n'y a plus de doute aujourd'hui que les voyages de Rosine ne soient de messieurs de *Piis & Barré*. Ils les ont réduits à deux actes, & quoique le nouveau dénouement soit tout-à-fait bizarre, il donne plus de vivacité à l'action, & la piéce en sera plus courue.

24 *Mai*. M. le président Roland vient enfin de livrer au public son travail dans l'affaire des jésuites, où il a joué un grand rôle. Il a fait imprimer le tout sous le titre de *Recueil de plusieurs des ouvrages de* M. *le président Roland, imprimé en exécution des délibérations du bureau d'administration du college de Louis le Grand, des* 17 *&* 18 *avril* 1782.

Cette collection a été quelque temps à paroître, parce que l'auteur magistrat, qui a beaucoup de vent, desiroit que M. le grand-aumônier, comme le chef du bureau d'administration, présentât l'ouvrage au roi.

M. le grand-aumônier s'en est défendu, en ce qu'il est question dans le livre d'un tableau singulier trouvé à Billon chez les jésuites, dont M. le président juge à propos de donner l'explication à sa maniére. Il y reconnoît les rois assassinés, Henri III, Henri IV. Il y reconnoît les assassins jésuites : les Jean Chatel, les Guignard, les Ravaillac. M. le grand-aumônier, qui n'y voit pas tout cela aussi clairement que M. le président, a jugé 1°. indécent & mal-adroit de remettre sous les yeux de S. M. qu'il y a eu de ses ancêtres assassinés, de lui en représenter l'histoire & les effigies ; 2°. téméraire de donner comme positif & avéré les explications arbitraires, les visions de l'imagination de l'auteur.

M. le président, a trouvé ces objections très-mauvaises ; il a insisté ; il a reproché à M. le cardinal de Rohan d'être jésuite dans l'ame, de craindre les revenants. Celui-ci a été inflexible, & après une négociation de six semaines, il a fallu que M. le président renonçât à sa prétention, & se contentât de recevoir les louanges des journalistes qu'il pourra se concilier d'une maniere ou d'autre.

24 *Mai*. Dans les conférences des magistrats du parlement, au sujet des abus à réformer dans l'administration de la justice, il a été convenu de régler la forme de procéder aux délibérations. On indiquera les objets dont il sera délibéré à la huitaine, & chacun sera autorisé d'apporter son avis projeté : on voit que messieurs ne sont pas encore fort avancés, & voici un nouveau répit que vont avoir les partisans des épices par les vacances de la pentecôte qui approchent.

24 *Mai*. M. l'abbé de Bourbon n'ayant point l'âge requis, a obtenu une dispense pour dire sa premiere messe. Cette cérémonie a eu lieu le lundi de pâque à St. Magloire, avec un concours de monde prodigieux, & dans le plus grand appareil : il y avoit quatorze évêques présents. Le jeune éleve du seigneur a officié avec beaucoup

de noblesse; mais, soit timidité, soit défaut de l'organe, on a trouvé qu'il n'avoit pas la voix juste, & il a fort mal chanté.

Il est actuellement à *Rheims* pour s'y faire recevoir licencié en droit, ce qui est l'affaire de peu de jours dans cette université; il est nécessaire qu'il soit revêtu de cette qualité pour avoir des lettres de grand-vicaire, après quoi il prendra séance au chapitre.

Il n'aura aucune place particuliere comme l'adulation en avoit répandu le bruit, & comme ceux qui s'intéressent à sa gloire vouloient lui en faire élever la prétention, à raison de la distinction qu'il a reçue d'être chanoine honoraire. Il sera assis dans le dernier stalle, en qualité de chanoine dernier reçu.

Les zélés pour l'honneur du chapitre, sont même aujourd'hui très-fâchés de la distinction accordée à M. l'abbé de Bourbon, d'autant qu'il n'en est point d'exemple dans les registres & qu'on trouve, au contraire, des freres & fils de rois, qui n'ont été que chanoines titulaires, entr'autres deux fils de *Louis le Gros*. Ils gémissent de voir leur corps si attaché à ses anciens usages, y avoir dérogé aussi mal-à-propos, aussi gauchement, aussi servilement. Ils ne peuvent pardonner au doyen d'en avoir ainsi blessé la dignité pour un enfant naturel de *Louis XV*, ce que, dans l'ordre de la religion sur-tout, on doit toujours regarder comme une petite tache.

25 *Mai*. Les soupçons sur les motifs qui avoient porté M. Frettot à la dénonciation des faits aggravant l'illégalité déja reconnue des prisons privées, se réalisent malheureusement pour lui. On sait même qu'à un dîner chez monsieur

le président Pinon, M. le lieutenant-général de police a déclaré en présence de plusieurs convives conseillers au parlement, que la démarche de ce magistrat dénonciateur étoit d'autant plus inconséquente, que M. Frettot avoit sollicité auprès de lui une lettre de cachet pour faire enfermer une femme, sans le consentement formel du mari, puisque celui-ci même par les bons offices de M. le Noir, s'étoit réconcilié & avoit très-bien vécu depuis avec elle.

Au surplus, M. le premier président a déja rendu compte aux chambres assemblées des prisonniers détenus de cette maniere; mais comme il l'a fait très succinctement, la compagnie desire qu'il s'étende davantage, & M. le Noir le desire aussi. Il auroit souhaité qu'on l'eût mis dans le cas de venir rendre compte lui-même, comme dans l'affaire des jeux, d'un genre d'administration, illégale sans doute, qu'il n'approuve pas, répugnant à son caractere de douceur & d'honnêteté; mais qui tient à la nature de sa place, que ceux-mêmes qui la décrient le plus regardent comme nécessaire en certains cas, à laquelle ils ont recours, & dont on a fait l'apologie plusieurs fois jusques dans le sein du parlement.

25 *Mai.* Suivant le nouveau dénouement de *Rosine*, au moment où elle est prête de quitter l'isle, son premier amant y aborde, en errant sur les montagnes; il fait répéter aux échos le nom de celle qu'il cherche; elle est étonnée d'entendre son nom: elle a une explication avec ce fugitif; ils se reconnoissent, & il s'embarque pour quatrieme dans la nacelle.

Tout cela ne tient pas à grand chose; mais

aussi les auteurs ont donné à leur ouvrage le titre, nouveau sans doute au théatre & très-juste en cette occasion, de *fragments*.

26 *Mai*. On doit donner mardi au théatre lyrique la premiere représentation de *Péronne sauvée*, opéra en trois actes. Les paroles sont de M. *de Sauvigny*; la musique du sieur *Desaides*; tout ce qu'on en dit jusqu'à présent, c'est qu'il y a beaucoup de spectacle.

26 *Mai*. On prétend aujourd'hui que la *Requête de Jeannot* part du sein d'une cabale formée par Mad. la duchesse *de Narbonne-Lara*, dame d'honneur de madame *Adelaide*, & dont on connoît depuis long-temps le génie pour l'intrigue. Comme elle a marié son fils à Mlle. *de Montholon*, fille de l'ancien premier président de Rouen, que cet hymen a eu lieu sous les auspices de l'auguste princesse à laquelle elle est attachée & qui a promis sa protection, madame *de Narbonne* voudroit en profiter pour pousser au ministere le beau-pere de son fils. La place de garde-des-sceaux lui conviendroit fort, & elle s'empresse de profiter des fautes que celui-ci peut faire, des torts qu'il peut avoir, pour les grossir, les exagérer & les rendre odieux au public; mais c'est sur-tout à ses ridicules qu'elle s'attache; elle n'ignore pas que c'est l'arme la plus cruelle & la plus sûre en France. Malheureusement pour M. *de Miroménil*, la magistrature en général est fort mécontente de lui, & sur-tout celle de Paris; tant d'ennemis réunis forment contre lui un orage auquel il est difficile qu'il résiste encore long-temps.

27 *Mai*. Ceux qui ont assisté aux répétitions de *Péronne sauvée*, annoncée d'abord en trois

actes, aujourd'hui en quatre, & qu'on pourroit, à ce qu'ils prétendent, annoncer également en cinq, tant l'action est vague & décousue, n'est à proprement parler qu'une superbe pantomime, un spectacle principalement fait pour les yeux, tel que *le fameux siege de Nicolet*; car il n'a pas même l'intérêt des *quatre fils d'Aymon*, de *Dorothée* & de quelques autres des petits théatres des boulevards, où l'expression est si pathétique qu'elle émeut le cœur & fait pleurer.

27 Mai. Il faut se rappeller le différend élevé entre M. *de la Lande* & M. *Carra*, au sujet du livre de ce dernier, intitulé : *Nouveaux Principes de Physique*, dont le principal objet est de combattre le système de *Newton*. Il avoit rendu compte des menées de l'académicien pour empêcher l'auteur moderne d'acquérir aucune confiance dans les académies de province : M. de la Lande a recriminé, & M. Carra riposte aujourd'hui dans son quatrieme tome.

Pour la commodité de ceux qui ne s'embarrassent pas du fond de la question, mais s'intéressent aux querelles polémiques. M. Carra donne un pamphlet sous le titre *d'Avis extrait du tome quatre des nouveaux principes de physique.*

Non-seulement il y couvre de ridicule & de mépris cet intrigant, membre de dix-sept académies; mais il lui fait des reproches sur des objets plus graves; il le représente sur-tout comme un plagiaire qui, abusant de son amitié & de sa confiance, s'est attribué la découverte du noyau du soleil, faite par lui Carra, & par lui communiquée à M. de la Lande, deux mois avant, & qui cependant a eu l'impudence de le traiter de fou & de *rêveur*.

27 *Mai*. Les capucins font peu accoutumés à figurer dans le monde littéraire, & sur-tout dans les querelles des savants. On est tout surpris de voir aujourd'hui ceux de la société hébraïque descendre en lice, & lutter contre un journal qu'on ne connoissoit guere plus que les assaillants.

C'est le *Journal de Luxembourg*, dont le rédacteur, l'abbé Feller, reproche au clergé de France d'avoir accordé 3,000 livres de gratification au capucins de la rue Saint-Honoré, & d'approuver ainsi indirectement ces religieux audacieux *établissant un système réellement vain & creux, qui tend à dénaturer l'écriture sainte, & à asservir l'éternelle parole de Dieu à une hypothese grammaticale aussi arbitraire qu'éphémere.*

Voilà un grief bien articulé qui a vivement ému la bile de ces capucins. Ils prétendent au contraire ne point travailler d'après un système quelconque, mais d'après un plan suivi dans toutes ses parties, fondé sur l'autorité & l'analogie de l'écriture sainte, adopté en partie par les saints peres, les commentateurs & interpretes les plus habiles. Ils ne changent rien au fond, mais ils améliorent la forme. *Non nova sed novè*. En un mot, ils profitent de la clef que monsieur de Villeroy leur a fournie pour pénétrer plus avant dans le sanctuaire des divines écritures & y introduire ses éleves : bien loin de l'altérer, ce travail tend à défendre le texte tel qu'il a été imprimé par les soins du cardinal Ximenès contre les écrivains modernes qui s'efforcent d'y introduire de prétendues corrections.

27 *Mai*. Le journal de Neuchâtel qui s'étoit soutenu pendant quelques années, vient d'expirer comme tant d'autres, faute de souscripteurs

suffisants pour le soutenir. Deux hommes de lettres de France l'alimentoient cependant de leur mieux. M. Laus de Boissy y fournissoit sur-tout de petites pieces de vers piquantes de sa composition ou de son choix, qui n'auroient pu passer dans les autres feuilles plus gênées, & M. de la Reyniere, qui dans ses titres prenoît avec complaisance celui de *correspondant littéraire pour la partie dramatique du journal de Neuchâtel*, y apportoit tout le zele d'un enthousiaste des lettres, les cultivant pour elles-mêmes, & ne parlant que d'après sa façon de voir & de sentir.

28 *Mai*. Il paroît que l'objet de l'auteur de la *Lettre d'un conseiller* est de faire regarder la division élevée aujourd'hui au sein du parlement, comme une suite du plan suivi constamment depuis 1756, d'abaisser la magistrature:

1°. En affectant de traiter avec une indifférence méprisante, ses réclamations les plus justes & les plus légales.

2°. En vexant personnellement les magistrats, par les emprisonnements & les exils arbitraires.

3°. En semant dans le public que leur résistance n'a lieu que dans les cas qui les intéressent personnellement.

4°. En augmentant d'une maniere aussi absurde qu'odieuse les impôts sur les frais de justice, & se récriant ensuite sur la cherté excessive des formes judiciaires.

5°. En imputant faussement à l'avidité des magistrats cette excessive cherté.

6°. En prétextant cette même cherté des frais de justice, pour dépouiller arbitrairement les tribunaux par les évocations & les commissions.

7°. En cassant trop légérement, sur-tout en finance, les arrêts des cours.

8°. En n'exécutant pas les loix qui fixent l'âge pour entrer dans les charges de magistrature, en sorte qu'il existe des conseillers de cour souveraine, des maîtres des requêtes, & même des commissaires départis, qui n'ont pas atteint la majorité civile.

9°. En imputant ou engageant le public à imputer aux corps de magistrature, les écarts de ces jeunes magistrats, qu'on devroit engager les compagnies de punir, loin de les soustraire, comme on le fait, à la discipline des corps auxquels ils appartiennent.

Ces abus, cette interversion de l'ordre, ces imputations calomnieuses & réfléchies sont discutées plus au long dans la brochure écrite en effet très-sagement ; & suivant l'auteur, ce n'est pas aux griefs objectés aujourd'hui qu'il faudroit s'arrêter, mais remonter à la source ; il faudroit rendre aux loix leur vigueur, aux cours leur autorité, aux magistrats leur considération. Tant qu'on voudra étendre l'autorité personnelle du roi, on fera toujours tort à la puissance royale.

Il ne traite que très-légérement l'article des épices ; il prétend seulement que le roi a trente sous par livre des frais de justice, & que toutes les fois que le juge perçoit un écu d'épice, le fisc public perçoit quatre livres dix sous.

28 *Mai. Lettre de Danguy, danseur de l'opéra, péri dans le feu du 8 juin dernier, à sa mere,*

touchant les véritables caufes de l'incendie de cette falle.

Des Champs-Elyfées, le 8 juillet 1781.

Poltron fur mer, efcroc fur terre, prince nulle part, poliffon par-tout.

Tel eft le titre d'un manufcrit que font circuler les ennemis du duc de Chartres, & qui remplit affez bien leurs intentions en repréfentant fa vie comme un tiffu d'infamies, de lâchetés, d'efcroqueries. Pour amener le détail de toutes ces horreurs, on fuppofe que deux machiniftes, auffi brûlés dans ce commun défaftre, font conduits devant Pluton avec lui, & interrogés fur l'événement qui fait bruit jufqu'aux enfers. Ils avouent être les auteurs du feu, & ne l'avoir mis que dans l'efpoir d'y envelopper la perfonne ou du moins le palais d'un prince devenu l'exécration de Paris, pour atténuer leur crime, & le convertir même en action méritoire, fi le fuccès eût couronné leur projet. Ils peignent dans toute fon horreur, le monftre dont ils vouloient délivrer la France. Dans le détail de ce qu'ils racontent, ils ne difent rien de neuf, & la maniere dont ils le difent n'eft pas même bien piquante ; mais n'importe, ce font des injures contre le duc de Chartres, & il eft fi détefté, qu'à quelque prix que ce foit on veut les acheter & les lire.

28 MAI. Extrait d'une lettre de Verfailles, du 25 mai.... La bête eft bleffée à mort, où je ne m'y connois pas : M. le garde-des-fceaux eft cependant plus gai, plus mielleux, plus entrant qu'à l'ordinaire ; il parle à tout le monde, mais perfonne ne lui répond. Voilà la pierre de touche pour le courtifan.

On distribuoit aujourd'hui assez publiquement dans la galerie un nouveau pamphlet contre lui, ayant pour titre *le Cri de l'indignation*. C'est une diatribe des plus violentes où l'on récapitule sa vie, ou du moins son administration, soit comme premier président de Rouen, soit comme chef de la justice, & l'on en dit des horreurs.

On est persuadé ici que ces libelles partent de chez madame la duchesse de Narbonne, qui travaille fortement à déterminer madame Adelaïde, à parler en faveur de M. de Montholon, que cette princesse s'est engagée de protéger lors du mariage de Mlle. de Montholon avec M. de Narbonne le fils.

Il est vrai que toutes les fois que l'ancien premier président du parlement de Rouen paroît devant la princesse, les bras lui tombent; elle se dégoûte & dit: mais qu'est-ce qu'on peut faire de cet automate? Puis on la réchauffe, on lui persuade que c'est un homme concentré, qui fait beaucoup, mais timide, & ayant besoin d'être un peu aidé pour se développer; il revient de nouveau, & madame Adelaïde n'en est pas plus satisfaite. Il paroît qu'on a voulu du moins exciter son zele pour le service du roi & le bien de l'état en débarrassant la magistrature d'un garde-des-sceaux, qui, avec beaucoup d'esprit, ne remplit pas mieux cette place, & dont l'honnêteté & la probité seroient fort suspectes, à en croire le libelliste. M. de Miroménil une fois remercié, on espere pouvoir plus facilement pousser M. de Montholon.

29 *Mai*. C'est aujourd'hui à cinq heures du soir à Versailles que le premier président, accompagné de deux présidents à mortier, doit porter

au roi les remontrances concernant l'administration des quinze-vingts.

29 Mai. La première représentation de *Péronne sauvée*, très-brillante par l'affluence de monde qui y est accourue, a si mal pris, qu'il seroit superflu d'en rendre un compte détaillé, si cet opéra ne réussissoit pas mieux aux représentations suivantes. Le poëme a été trouvé pitoyable, & la musique a beaucoup ennuyé. Cependant le sieur Desaides réclame sur-tout pour ce qui le concerne; il abandonne les paroles dont il s'embarrasse peu; mais il prétend que dans plusieurs morceaux de son chant il y a un caractere neuf, original & pittoresque fait pour réussir à la longue. Il y a entr'autres un rôle entier, exécuté par le sieur Chenard, qu'il affectionne le plus, quoique le plus mal goûté, le plus hué même. Il se flatte que le public en reviendra & lui rendra justice.

30 Mai. Le *Cri de l'indignation* a percé jusqu'ici. C'est en effet une catilinaire cruelle contre M. le garde-des-sceaux. Mais on ne s'arrête pas à lui seul, & l'on semble vouloir envelopper dans sa disgrace M. d'Ormesson: on y prétend que c'est M. de Miroménil qui a suggéré à M. de Vergennes de proposer au roi ce jeune magistrat plein d'honnêteté & de zele, mais absolument inepte pour une place aussi difficile que celle de contrôleur-général. Il s'est flatté, suivant l'auteur du libelle, que ce seroit un mannequin qu'il feroit mouvoir à son gré, & qu'il se trouveroit ainsi presque toujours prépondérant dans le comité. Cette tournure est d'une méchanceté d'autant plus adroite, qu'on met par-là en garde M. de Vergennes contre M. de Miroménil, &

qu'on tend à lui ôter cet appui qu'il s'étoit ménagé avec le plus grand soin auprès du roi, depuis la mort du comte de Maurepas.

A la suite de la diatribe courte & de quinze pages seulement, gros caractere, sont des notes provisoires, qui tendroient à prouver par les faits & par l'état actuel des parlements, que le chef de la justice est le premier à y porter le trouble, ce qu'on juge par ce qui se passe à Paris, à Aix, à Grenoble, à Besançon, à Colmar, à Rouen.

Ce qui prouve de plus en plus que ces pamphlets sont accrédités par des gens puissants, & intéressés à renverser & M. de Miroménil & M. d'Ormesson, c'est qu'ils se distribuent gratis, & assez impunément jusqu'à présent.

31 *Mai*. M. le premier président a rendu compte aux chambres assemblées qu'il avoit eu l'honneur de porter au roi les remontrances concernant les quinze-vingts, & que S. M. lui avoit dit qu'elle les feroit examiner dans son conseil, & feroit savoir sa réponse au parlement.

31 *Mai*. Les assemblées pour les épices sont renvoyées au lundi 7 juillet, délai fatal, & qui annonce de plus en plus la mauvaise volonté du grand nombre des commissaires.

On rapporte à cette occasion que MM. des requêtes du palais se flattant de donner un exemple qui seroit suivi, depuis leur rétablissement avoient arrêté entre eux de ne point percevoir d'épices & avoient persisté quelque temps dans cette résolution généreuse ; mais que les préposés à la perception des droits du roi s'appercevant du *deficit* en cette partie, en avoient rendu compte au fermier, lequel avoit porté ses plaintes à monsieur Necker, alors directeur-général des finances ; que celui-ci n'entendant pas donner aucune indemnité aux financiers, avoit eu recours à M. le garde-des-sceaux, & qu'enfin le chef de la justice, en louant fort le noble désintéressement de messieurs, leur avoit ordonné de la part du roi de continuer à toucher des épices, ce à quoi ils avoient obtempéré.

31 Mai. On avoit d'abord décidé de ne rien changer à la nouvelle salle de la comédie françoise, malgré les plaintes multipliées & soutenues du public & des amateurs depuis un an. M. d'Angiviller a même laissé écouler huit jours de la vacance, persistant dans son refus ; enfin, il s'est décidé à quelques améliorations.

Le fond de la salle peinte absolument en blanc, ce qui lui donnoit un coup d'œil monotone & fade, est aujourd'hui mêlangé de bleu, ce qui, sans lui rien ôter de sa simplicité noble, la relève merveilleusement.

Le foyer lattéral avoit été jugé trop petit & trop étranglé ; on en a commencé un au dessus du vestibule plus vaste & d'un meilleur effet. Il est fâcheux seulement que la cheminée paroisse un peu mesquine pour le local. Les bustes des différents auteurs dramatiques françois en font un ornement riche & intéressant ; mais on ne sait pourquoi les comédiens s'arrogeant le droit de décider de la primauté entre eux, ont jugé à propos de mettre Moliere sur la cheminée seul, beaucoup plus élevé que les autres, & semblant les dominer. Assurément beaucoup de gens pensent de même, & le regardent comme bien supérieur aux autres. Ils n'en sont pas moins indignés contre l'audace des histrions, sur-tout en réfléchissant que le motif secret de cette préférence marquée, est que Moliere a été comédien, c'est à leur camarade, devenu leur patron, plutôt qu'au grand comique, qu'ils ont déféré l'empire du théatre françois.

Madame *du Vivier*, ci-devant madame *Denis*, a sur-tout trouvé très-mauvais que, sous prétexte de construire cette cheminée, ils aient déplacé la statue en pied de Voltaire, dont elle leur avoit fait présent, à condition qu'elle seroit mise à *toute éternité* sous les yeux du public, & l'aient reléguée dans leur salle d'assemblée particuliere. Elle leur a écrit en conséquence le 12 mai une lettre de reproches très-amers, & elle s'y plaint par occasion, de ne pouvoir plus voir les chef-d'œuvres de son oncle, pour son argent, faute de pouvoir obtenir un quart de loge ; mais elle insiste spécialement sur la statue, don qu'elle ne veut pas retirer, mais racheter, à l'estimation de M. Houdon, son auteur.

1 *Juin* 1783. Depuis la rentrée les comédiens françois semblent retombés dans leur ancienne paresse : ils n'ont encore donné aucune nouveauté, & celle qu'ils se proposent de jouer demain ne leur coûtera pas infiniment de peine. C'est une scene lyrique en prose, intitulée *Pyrame & Thisbé*. On dit qu'elle est du sieur *Larive*, ou plutôt de la femme, sous le nom du mari. Ceux qui les connoissent, assurent que la derniere a beaucoup plus d'aptitude que son époux aux productions de l'esprit.

2 *Juin*. Malgré la nombreuse cabale mise sur pied par les auteurs à la seconde & à la troisieme représentation de *Péronne sauvée*, cet opéra n'a essuyé que moins de dégoût de la part du public,

& les connoisseurs impartiaux le mettent au rang des plus médiocres : on continue à regarder le poëme comme détestable. M. de Sauvigny l'annonce pourtant avec de grandes prétentions dans son avertissement. Il a voulu venger de l'oubli des historiens, la personne & la famille de *Marie Fouré*, boulangere, qui au moment où les ennemis alloient surprendre *Péronne* par escalade, en tua plusieurs de sa main ; & ayant ensuite crié au secours, vint à bout de chasser le reste. Il avoit déja traité ce sujet au quinzieme cahier d'un petit théatre lyrique & moral qu'il compose périodiquement sur les aventures du jour, quoique cette aventure-ci soit de deux ou trois siecles, & qu'il appelle *les après-soupés de la société*. Cette niaiserie pouvoit être bonne pour un pareil recueil, mais n'est point admissible sur le théatre de l'opéra : 1°. en ce qu'elle n'a aucune authenticité, puisque le poëte convient lui-même que le trait n'est point dans l'histoire & qu'il ne l'a tiré que d'un roman ; 2°. en ce qu'elle ne prête point à un drame héroïque en plusieurs actes ; 3°. surtout par la maniere tout-à-fait bourgeoise dont il l'a agencé.

Le merveilleux de cet opéra & ce en quoi il remporte la palme sur tous les autres, c'est d'être obscur & pénible sans aucune intrigue, d'offrir beaucoup de mouvements sans actions, & une grande catastrophe sans intérêt. La multitude d'acteurs seuls au nombre de vingt-trois, indépendamment des autres en troupe, est cause du premier défaut. Le second provient de ce qu'il n'y a aucun caractere établi, aucune passion mise en jeu, & que tous ces personnages sont des héros de lanterne magique. De ce manque de liaison dans l'enfemble, de motifs dans les fcenes, réfulte le vuide où fe trouve le cœur du fpectateur.

D'après les reproches faits au poëme, dont les paroles en outre font peu lyriques & fouvent profaïques, il étoit impoffible que la mufique fût bonne, c'eft-à-dire, produisît de l'effet ; car, malgré la préfomption folle de M. *Defaides*, ni lui ni aucun autre de fes confreres ne réuffira fur un pareil fonds. Ils feront des ouvrages travaillés, propres à fe faire admirer des connoiffeurs ; mais d'un caractere vague & fans expreffion, faute de motifs. Les calembouriftes appellent celui-ci, un *opéra de laitues*, parce qu'il n'y a que les chœurs à conferver.

2 *Juin*. Le manufcrit de Voltaire contre le roi de Pruffe commence à fe répandre, au moyen des copies qu'on en a furprifes au fieur de Beaumarchais, qui fe trouve ainfi dupe de fon infidélité. On fait que M. de la Harpe en a fait depuis peu la lecture, ce qui annonce qu'il en eft pourvu d'une, & M. Suard, le cenfeur du manufcrit de l'édition, a exigé qu'on lui en remît une autre, ou a menacé de ne point accorder déformais fa fignature. Tout cela met de plus en plus M. Paliffot dans de cruelles angoiffes.

2 *Juin*. On a parlé déja de la muficomanie du baron de Bagge ; au concert de bénéfice donné aujourd'hui au château des Tuileries, il a voulu abfolument, parmi les morceaux de mufique à exécuter, qu'on plaçât un concerto de violon de fa compofition à jouer par un fieur Kreutzer. On n'a pas voulu affliger l'amour-propre de ce protecteur par un refus ; il en eft réfulté même une petite farce qui a fervi d'intermede. M. le baron

de Bagge s'étoit placé très en vue & fur la premiere banquette : après l'exécution du morceau, on a claqué des mains à tout rompre ; *les bravo, les bravissimo* se sont fait entendre de tous les coins de la salle ; on a fait cercle autour du magnifique seigneur, & on l'a proclamé unanimement roi de l'harmonie.

Il est fâcheux que la reine, que madame Mara s'étoit flattée de voir à ce concert & dont elle avoit annoncé la venue, n'ait pas joui de ce spectacle qui l'auroit amusée, & auroit mis le comble au stupide délire du baron, recevant comme l'effet d'un véritable enthousiasme les éloges outrés qu'on lui prodiguoit.

3 *Juin*. On ne peut regarder que comme le foible essai d'un débutant dans la carriere dramatique, *le Pyrame & Thisbé* joué hier aux François. Ce petit ouvrage consiste uniquement dans deux scenes, où l'auteur s'est efforcé de peindre les divers sentimens qu'éprouvent tour-à-tour les deux amans. Le germe s'en trouve dans Ovide, & il l'a développé avec toute la sensibilité qu'exigeoit la situation. Il a même voulu quelquefois enchérir sur le poëte original : par exemple, dans ce qu'il fait dire à *Thisbé* lorsqu'elle arrive au lieu du rendez-vous, Ovide la fait tressaillir de la joie qu'elle aura de raconter à *Pyrame* les dangers auxquels elle est échappée ; M. Larive a cru sans doute lui donner plus de délicatesse en lui faisant prendre la résolution de n'en rien dire, de peur d'affliger ou d'alarmer son amant. Beaucoup de gens blâment l'innovation & jugent l'idée d'Ovide plus naturelle.

C'est le sieur Larive qui a fait le rôle de *Pyrame*, & mademoiselle Sainval celui *de Thisbé*.

La musique est du sieur Baudron, premier violon de la comédie françoise, le même qui s'est avisé de refaire celle de Pigmalion. Il y a du caractere, & même du pittoresque, mais beaucoup de réminiscences.

On parle d'une scene lyrique qui porte le même titre, & qu'un M. Martineau a fait paroître il y a deux ans; mais on dit que les détails en sont tout différents.

Il y a une charmante décoration dans le *Pyrame & Thisbé* du sieur Lative.

4 *Juin*. Depuis long-temps le savant Bonnet de Geneve étoit sur les rangs pour entrer à l'académie des sciences. Dès qu'il y avoit une place vacante parmi les associés étrangers, il étoit proposé & rejeté. La cabale prépondérante du comte de Buffon, contre lequel il a écrit, lui donnoit l'exclusion : M. Bonnet étoit si dégoûté de se voir ainsi balotté, qu'il avoit pris le parti d'écrire à ses amis de ne plus faire mention de lui. Cependant à la mort du docteur Pringle, ils ont fait un nouvel effort & enfin l'ont emporté. Il a été élu à la pluralité, & le roi vient de confirmer sa nomination.

4 *Juin*. Au premier acte de *Péronne sauvée*, l'ouverture offre un vallon. On voit un poteau au haut duquel est un but & une fleche au milieu. Il s'agit d'une compagnie de l'arc qui couronne son vainqueur. A ce grouppe succedent deux amants villageois, plutôt du dix-huitieme que du seizieme siecle, & plutôt des environs de Paris que de ceux de Péronne, tant leur coquetterie est galante & raffinée : on cherche en vain l'exposition. Au milieu de tout ce fatras de galanterie, on ne trouve qu'une pastorale, au lieu d'une action héroï-

que ; enfin, l'on vient annoncer que la treve est rompue & que l'ennemi va paroître. Le théatre se vuide.

Le lieu de la scene change & représente une plaine : on entrevoit dans le lointain un côté de la ville. Plus près sont quelques arbres, des buissons & une masse de pierres. Deux officiers anglois devisent & se réjouissent d'un souterrain découvert, par où ils pourront entrer dans Péronne ; l'un sort & l'autre reste à chanter une longue ariette contre les François qu'il déteste, & qu'il ne peut s'empêcher de trouver aimables.

La décoration du second acte représente la place de l'hôtel de ville : les femmes de la ville & les paysannes implorent le secours du ciel. *Marie Fouré* est à leur tête, qui leur propose d'aller combattre au lieu de prier. On amene un officier ennemi qui a été pris ; on veut lui arracher son secret ; il répond qu'on peut lui ôter la vie, mais non le faire parler. *Marie* revient avec un drapeau qu'elle a enlevé aux ennemis ; accourt un François qui s'est glissé dans la place & promet l'arrivée du duc *de Guise*. Grande joie. On entend un bruit de canon ; on croit que c'est le signal de ce général, & c'est celui de l'ennemi. On fait la sortie indiquée.

Au troisieme acte on découvre les remparts de la ville & deux portes ; une montagne est au fond ; on voit le pont-levis, & une tour où le prisonnier qu'on a fait est renfermé. Il redouble ses efforts pour se sauver, & se jette de la tour dans les fossés. Le gouverneur de Péronne rentre après le mauvais succès de sa sortie. Le général ennemi s'empare de la hauteur & du vallon. Cependant le prisonnier échappé déclare à son général qu'il va seul lui livrer Péronne, qu'il y a faire fauter une mine: il exécute fon projet, la tour eft renverfée. Les ennemis efcaladent & veulent pénétrer dans la ville par la breche; ils font repouffés après une attaque longue & mêlée alternativement de fuccès & de revers; on les défait entiérement.

Le quatrieme acte eft confacré tout à la joie du duc *de Guife*, qui avoue que ce triomphe n'eft dû qu'à la défenfe vigoureufe des habitants de Péronne. On fe marie, on danfe, on chante, & tout le monde eft content.

Telle eft l'efquiffe du plan de l'opéra de *Péronne fauvée*, d'une platitude incroyable, qu'à la lecture furpaffe encore, s'il eft poffible, la platitude des paroles.

4 *Juin*. Il eft queftion d'une émeute confidérable à Bordeaux à la falle de la comédie, qui a dégénéré en une fédition violente & qui n'étoit point finie. *Suivant les lettres arrivées aujourd'hui*, datées du 31 mai, il paroît que le refus des directeurs *Gaillard* & *Dorfeuil* de fe rendre aux ordres du parterre qui les demandoit, en a été le principe. On ne parle point de morts; mais il y a eu plufieurs bleffés. Il faut attendre les détails ultérieurs de cette étrange cataftrophe.

5 *Juin*. Le concerto de violon du baron *de Bagge*, exécuté au concert, eft gravé & dédié à la princeffe royale de Pruffe, avec quatre vers au deffous de fon portrait d'après le deffin de monfieur *Cochin*; il eft foutenu par les graces & entouré de tous les attributs qui peuvent caractérifer l'augufte protectrice, & l'on lit:

Cet objet enchanteur qui fixe vos regards,
Que les graces, l'éclat & la gloire environnent,

Protégea de tout temps les talents & les arts :
Les arts & les talents à leur tour la couronnent.

5 Juin. Depuis long-temps on parle de la paſſion violente dont M. le duc *de Coſſé* s'eſt trouvé épris pour Mad. la comteſſe *Dubarri*. On aſſure même qu'il a fait un enfant à cette belle. Ce qu'il y a de certain, c'eſt qu'il ſe ruine pour elle : comme elle eſt d'ailleurs fort dérangée & ne paie pas ſes créanciers, il eſt queſtion plus que jamais de la faire rentrer au couvent par lettre de cachet, & de fixer ſa dépenſe par égard pour la mémoire de *Louis XV*, que cette maîtreſſe a trop déshonoré de ſon vivant.

5 Juin. L'avocat *le Prêtre*, d'une ſi mauvaiſe réputation au palais qu'il n'y fait plus rien, s'eſt retourné du côté du théatre italien. Son eſſai de l'an paſſé ayant eu une ſorte de ſuccès, il a compoſé une piece en regle, intitulée *le Pere de province*, comédie en trois actes & en proſe, dont les acteurs eux-mêmes n'ont pas déja une grande opinion. On doit la jouer demain.

6 Juin. La reſtauration du palais commence à s'avancer à l'extérieur ; mais au fond eſt ſi mal faite qu'on ne ſait pas ſi elle pourra ſubſiſter. C'eſt un ſieur *Couture* qui par ſa place s'en trouvoit naturellement chargé ; des intrigues lui ont fait ôter la ſuite de ces travaux par M. *Necker*, ou plutôt par madame ; & c'eſt un ſieur *Deſmaiſons* qui lui a ſuccédé. Il avoit pour aſſocié le ſieur Moreau, qui, voyant qu'il n'y avoit ni argent ni honneur à recueillir d'être ſon mentor, y a renoncé. Le ſieur Deſmaiſons, naturellement inepte, a été embarraſſé & a eu recours au ſieur *Gondouin*, artiſte d'un talent diſtingué, & qui s'est fait connoître par ses écoles de chirurgie : l'ouvrage s'est trouvé encore mal fait ; on prétend qu'il a peu de solidité. Le sieur *Gondouin* s'est plaint qu'on ne suivoit pas ses conseils ; enfin M. le contrôleur-général vient de confier la direction de ce bâtiment au sieur *Antoine*, qui a fait l'hôtel de la monnoie, bâtiment auquel les connoisseurs & les gens de l'art rendent justice, & qui étant dans le même genre, a fait présumer que son auteur conviendroit fort aux bâtiments du palais, & en répareroit les vices & défectuosités.

6 Juin. M. Radet, l'auteur de la *Parodie de Tibere*, peu accueillie, en a fait une de *Jeanne de Naples*, sous le titre de *Dame Jeanne*, en un acte & en vaudevilles, qui doit être jouée aujourd'hui avec la comédie nouvelle. On voit par ce second choix que le parodiste manque à la premiere des regles du genre, qui est de s'attacher à des sujets connus, célebres & couronnés d'un grand succès.

6 Juin. Une suite de la faveur de M. *Radix de Sainte-Foy*, a été d'obtenir la permission de se rendre ici pendant les vacances du parlement aux fêtes de pâque, pour y voir ses avocats, se concilier avec eux, & leur donner les instructions nécessaires à sa défense. Après y être resté secrétement pendant tout le temps de son séjour, il est reparti, &, dans l'espoir qu'il a de triompher de l'accusation intentée contre lui, il paroît ne plus desirer que son affaire reste suspendue, & au contraire en presse le jugement.

En conséquence, il n'est plus question du mémoire que M. *Linguet* devoit faire pour lui, les parents & amis de M. de Sainte-Foy ont craint que cette diatribe ne fît plus de mal que de bien par l'indispofition de la cour, des juges & du public contre ce folliculaire, & c'eft M. *Tronçon du Coudray* qui a été chargé de le compoſer. La premiere partie de ce *factum* qui doit être très-volumineux, commence à paroître. C'eft M. l'abbé *Radix*, ſon frere & conſeiller de grand'chambre, mais s'abſtenant d'aller au palais durant que M. de Sainte-Foy eſt dans les liens des décrets, qui porte les mémoires chez les juges, avec le préſident *Sallier* de la cour des aides, autre parent de l'accuſé.

7 *Juin*. La comédie *du Pere de province* jouée hier, n'a eu aucun ſuccès; elle a même été huée fréquemment, & l'on ne croit pas que l'auteur dont les yeux ſont defſillés, oſe la faire reparoître. C'eſt une ſatire fort dure des mœurs du ſiecle, dont, par cette raiſon, quelques tirades ont été applaudies, quoique d'aſſez mauvais goût & rendues dans le ſtyle le plus incorrect. Cet ouvrage ne vaut pas la peine qu'on entre dans un plus grand détail.

La parodie a été mieux reçue, moins ſans doute à raiſon de ſon mérite intrinſeque, que de la haine qu'on porte à M. *de la Harpe*. On a demandé l'auteur à la fin : il a eu bien de la peine à ſe laiſſer tirer hors de la couliſſe par les acteurs; il a ſenti combien peu il étoit digne de ce triomphe, & a diſparu avant qu'on ait pu reconnoître ſes traits.

8 *Juin*. Préciſément au moment où ſe paſſoit l'émeute à la comédie de Bordeaux, il s'en paſſoit une à celle de la comédie d'Orléans, moins grave, mais toujours à réprimer pour ſon indécence & ſon ſcandale. Du parterre, mécontent des actrices, ſont montés ſur le théatre quelques

jeunes gens en nombre suffisant, qui se sont emparés des actrices & leur ont donné le fouet. Le prétexte étoit qu'on étoit mécontent de leur jeu ; mais on croit que la raison véritable étoit que ces demoiselles avoient distribué à ces messieurs des galanteries douloureuses & qui leur avoient donné de l'humeur.

8 *Juin*. *Mémoire pour le sieur de Sainte-Foy, ancien surintendant de M. le comte d'Artois, contre M. le procureur-général.*

Premiere partie. *Le sieur de Sainte-Foy justifié de délits dans son administration.*

Tel est le titre du *factum* qui se distribue, suivant lequel on voit qu'il sera divisé en plusieurs parties.

A la tête est un petit avertissement, dans lequel l'avocat de l'accusé se défend d'exposer aux yeux du public l'intérieur de l'administration du prince, quoique son altesse royale ne soit pas partie dans ce procès, puisque le sieur de Sainte-Foy n'a pour accusateur que le procureur-général. Mais cette espece de révélation étant malheureusement une suite naturelle de l'affaire, il a été indispensable de la faire. Il promet seulement de se renfermer dans les égards de la circonspection & du respect dû au frere du roi.

A la fin du mémoire est une consultation datée du 31 mai 1783, signée de cinq jurisconsultes, qui malheureusement ne sont pas les plus renommés du barreau.

8 *Juin*. Une petite anecdote qui s'est passée le jour de la premiere représentation de *Péronne sauvée*, mérite d'être conservée.

Il faut savoir que la dame BELLECOUR, de la comédie françoise, s'intéresse fort au musicien DE-

faide ; que celui-ci est son amant ; qu'elle est folle de ce personnage, qui n'est cependant ni beau garçon, ni jeune, & qu'elle se ruine pour lui. On assure qu'il lui a déja mangé plus de cent mille francs. Quoi qu'il en soit, il est au moins aisé de juger par-là combien elle s'intéressoit au succès de *Péronne sauvée*. Elle s'y étoit rendue de bonne heure, elle étoit au premier banc de l'amphithéatre & au milieu, elle y dominoit, elle étendoit de-là ses soins sur le parterre, elle animoit toute la cabale, & cherchoit sur-tout à maintenir les mécontents.

Au second acte, il vient un officier ennemi introduit secrétement dans la place, qui annonce son projet de destruction. Il le fait avec tout l'acharnement d'un ennemi, &, donnant un libre cours au sentiment dont il est pénétré, il s'écrie : *ah ! que je hais les François*, &c. A cette exclamation il s'est élevé un brouhaha dans le parterre & des huées très-fortes. Madame BELLECOUR qui craignoit que la mauvaise humeur ne gagnât & n'influât sur le reste, dit à la sentinelle qui étoit sous sa main, & à même de suivre l'impulsion qu'elle vouloit lui donner : *faites donc taire.*...... Le soldat n'attend pas la fin de la phrase, & la croyant émue de la même indignation que lui contre l'acteur qui prononçoit un terme d'exécration aussi marqué, lui répond : vraiment je voudrois bien lui imposer silence, c'est très-indécent ; mais je suis à mon poste, obligé d'y rester & ne puis aller jusques sur le théâtre pour enlever ce malotru........ & tous les voisins de rire, & la dame BELLECOUR de redoubler de colere & de rage.

9 Juin. Extrait d'une lettre de Bordeaux, du 3 juin. . . . Le lundi 26 mai, les amateurs du théatre de cette ville, ou du moins certains, demanderent les directeurs qui ne voulurent pas se présenter ; alors les jeunes gens crierent qu'ils vouloient *Castor & Pollux* par Durand, acteur de l'opéra de Paris, qui étoit alors ici ; & comme ce jour-là on ne donnoit qu'une seule piece suivie d'un ballet de la composition du sieur *Hus*, maître des ballets, on attendoit que l'acteur qui s'étoit présenté pour annoncer le spectacle du lendemain, auquel le parterre avoit marqué son desir, revînt pour rendre réponse ; mais nos jurats défendirent, & aux directeurs de se présenter, & à l'acteur de reparoître. En conséquence, ils firent baisser la toile sans autre annonce. On éteignit les lumieres. Le parterre indigné d'un si grand manquement, cria beaucoup. Il sort enfin, & les jurats font prendre un des cabaleurs, & le font conduire à l'hôtel-de-ville dans une voiture escortée du guet à cheval, le sabre nu.

Le lendemain mardi l'on se rassemble à la comédie, & l'on prend la résolution de ne point laisser jouer qu'on ne rende le jeune homme, & que les directeurs ne viennent faire des excuses au public. Les jurats avoient répandu dans le parterre beaucoup d'espions qui sont reconnus. On les balotte, on les frappe, on les renverse, on les foule aux pieds ; ainsi commence le tumulte. On chasse les valets de ville distribués pour maintenir le bon ordre & en imposer, on les poursuit à coups de canne & l'on les fait sortir. Alors, sans ordre, dit-on, cette garde bourgeoise rentre le sabre à la main, & tombe à l'improvifte fur les plus mutins, bleffent quelques jeunes gens, coupent des cannes qu'on leur oppofoit pour défenfe, & commencent véritablement à fe faire craindre, lorfqu'un cri d'indignation forti des balcons, du parquet & des loges, ranime la jeuneffe & l'excite à fe défendre. On demande des armes, on entend de tous les côtés : *tue, tue*......... Enfin les féditieux repouffent la foldatefque & reftent maîtres abfolus de la falle.

Les jurats font arrêter auffi-tôt leurs foldats, les dégradent & les font mettre au cachot pour leur poltronnerie. Le parterre, ou, pour mieux dire, toute la falle réunie, demande la délivrance du prifonnier arrêté dès la veille, la punition févere des foldats & celle des directeurs. Alors l'un de ces derniers, le fieur *Dorfeuil*, fe montre & fait des foumiffions : on les rejette. Les jurats députent vers M. *de Fumel*; les jeunes gens s'y rendent auffi en certain nombre. Enfin, ce commandant leur donne fatisfaction. Il ordonne la punition des foldats, & promet de faire remettre le détenu foudain après le fpectacle. On craint que cette derniere promeffe ne foit une rufe; on fait l'injure à M. *de Fumel* de ne pas s'en rapporter à fa parole; & malgré cet arrangement propofé par les députés qui manifeftent les ordres du commandant, la fédition augmente; on hue les jurats, on les force de fortir de leur loge. Un jeune homme qu'on enleve fur les épaules au milieu du parterre, fe fait entendre & donne rendez-vous pour le lendemain au jardin royal : défenfe à tout le monde de revenir à la comédie de trois mois. On fomme les directeurs de venir, & on leur ordonne de remettre la recette du jour à l'hôpital, dès que le public n'a pu jouir du spectacle. On se sépare ensuite à neuf heures & demie.

Le lendemain mercredi, trois mille jeunes gens au moins s'assemblent au jardin royal, & confirment la convention de ne point aller à la comédie de trois mois, & d'empêcher les bourgeois de s'y rendre jusqu'à ce qu'on ait accordé la satisfaction demandée. En conséquence de cette délibération, ils s'emparent des avenues de la comédie; ils forment des barricades & parviennent à intimider tous ceux qui se présentent pour se rendre au spectacle. Ils chassent de nouveau la garde bourgeoise, renvoient les femmes du monde, & leur défendent de revenir désormais pour entrer dans la salle, si elles ne veulent être fouettées. Enfin ils réussissent, & chacun s'en retourne. On joue cependant la piece pour dix à douze abonnés qui s'étoient glissés par des entrées particulieres. Les mutins enfoncent les portes, interrompent le spectacle, le troublent & ne permettent pas absolument aux acteurs de continuer : cette émeute se soutient comme les jours précédents, jusqu'à neuf heures & demie.

Le lendemain jeudi, point de comédie, point de concert, point de sauteurs; on défend toute espece de spectacles.

Vendredi M. *de Fumel* prend sur lui de faire entrer des troupes dans la ville, malgré son privilege de se garder elle-même. Il arrive deux cents dragons. Le parlement rend arrêt qui défend toute espece d'assemblées tumultueuses, & permet aux jurats insultés de faire informer & de prouver quels sont les auteurs de la derniere sédition. Ces coups d'autorité en imposent : les jeunes gens se contiennent; mais personne nè va à la comédie....

10 *Juin*. *La belle Isabeau* (c'est ainsi qu'on appelle par dérision la négresse dont on a parlé) est toujours ici, & continue à faire sensation & à avoir même des aventures brillantes. Elle est allée à Lucienne. Mad. *Dubarri* se sentant une sympathie pour elle, l'a engagée à venir la voir, & à se mettre dans le costume de son pays. La mulâtresse, toute aussi curieuse de connoître une beauté qui a fait tant de bruit, n'a point manqué de se rendre à l'invitation. On dit qu'elles ont eu une conversation très intéressante sur leur art respectif de donner du plaisir, & qu'elles sont sorties émerveillées l'une de l'autre.

La belle Isabeau ayant dit qu'elle donneroit bien deux mille louis pour avoir le bonheur de plaire à M. *le comte d'Artois* & d'être admise à sa couche, ce prince a beaucoup ri de sa bonne fortune: on assure qu'il lui a donné rendez-vous à *Bagatelle*, & qu'il a été curieux de connoître par quels talents cette créature très-laide, avoit pu captiver tant d'amants & faire une fortune éclatante.

Beaucoup de seigneurs ont voulu tâter de cette étrangere, & bien loin de se ruiner dans ce pays-ci, comme on se l'imaginoit au train dont elle y alloit, elle en rapportera des dépouilles considérables.

On la dit au surplus fille d'une grande dame de ce pays, qui sur les lieux a desiré tâter d'un negre & en a conçu *la belle Isabeau*. On prétend qu'elle voit sa mere, mais très-secrétement, & que peu de gens la connoissent.

Il est des gens qui assurent que c'est madame

de Cluguy, qui a été intendante à Saint-Domingue, & dont les mœurs diffolues font connues de tout le monde, au point qu'on a prétendu que M. de Chanderleau en avoit fait l'héroïne principale de fon roman.

10 *Juin*. L'auteur du mémoire pour le fieur *Radix de Sainte-Foy*, a divifé fa défenfe en deux parties. Il confidere fon client fous deux points de vue, & comme *accufé de délit*, & comme *taxé d'imprudence & de fautes*. Il réferve cette difcuffion derniere, la moins effentielle, pour la feconde partie, & s'occupe quant à préfent de la difcuffion des faits du procès criminel.

Il établit les neuf chefs d'accufation, & après les avoir éclaircis, il ne trouve ni preuve ni indice de délit. Le plus grave roule fur une équivoque, fur un fimple mal-entendu, dont monfieur le comte d'Artois a bien voulu donner ou plutôt figner l'explication l'année derniere à Gibraltar.

Il ne refte donc plus qu'à favoir s'il doit être déchargé de l'accufation, quoiqu'abfent, n'y ayant nul doute qu'il ne le fût, s'il étoit préfent; & les jurifconfultes interrogés déclarent que les feules pieces du procès doivent décider la queftion, & que la circonftance de l'abfence ne peut en aucun fens y influer.

Cette partie très-longue ayant cent trente-cinq pages, eft fort ennuyeufe; elle eft peu claire, & l'on ne voit pas que le défenfeur de M. de Ste. Foy le décharge d'une façon bien péremptoire. La piece la plus effentielle, qui eft la déclaration de M. le comte d'Artois, n'eft qu'un chiffon fans date, dont le corps n'eft point de la main de fon alteffe royale, trop obfcure pour qu'elle y ait donné l'attention nécessaire à son intelligence; & dont l'historique même décele un administrateur embarrassé, proposant à son maître des tournures insidieuses, bonnes pour un faiseur d'affaires, mais indignés de la loyauté d'un grand prince.

10 *Juin*. Il est question de jouer incessamment le *Philoctete* de M. *de la Harpe*, tragédie en trois actes & en vers, qu'il a traduite de *Sophocle*, & dont plusieurs morceaux lus à l'académie françoise, ont donné une idée favorable.

11 *Juin*. Extrait d'une lettre de Bordeaux, du 7 juin.... Le sieur *Durand* n'étant plus à l'opéra de Paris, depuis 1781, & se sentant encore en état de travailler, étoit venu ici pour demander de l'emploi aux directeurs. Il avoit une lettre de recommandation pour M. *de Fumel*. Ce commandant a envoyé chercher les sieurs *Gaillard* & *Dorfeuil*, & leur a proposé d'admettre dans leur troupe le sieur *Durand* pour la basse-taille. Ils ont représenté à M. *de Fumel* qu'ils étoient fort contents de celui qui remplissoit cet emploi, & le public aussi, & qu'ils regarderoient comme une injustice de le lui ôter. M. *de Fumel* s'est alors désisté, & le sieur *Durand* étoit sur le point de repartir lorsqu'on l'a engagé à différer & à chanter dans un concert; ce qu'il a fait avec une telle satisfaction de l'assemblée, qu'on lui a fait les plus vives instances pour l'engager à rester. On lui a promis d'arranger cela avec les directeurs. C'est en conséquence de cette promesse que le public se disposoit à demander aux directeurs qu'ils fissent débuter ce postulant, lorsque, prévenus de l'objet de la réclamation du parterre, ils ont excipé

d'une défense sollicitée par eux des jurats pour être dispensés de se rendre sur le théatre.

Il paroît que ces directeurs seront dupes de leur obstination, car depuis ce temps ils n'ont pas fait dix écus par jour. Du reste, le tumulte est cessé.

11 *Juin.* Mlle. *Saint-Léger* est la fille d'un médecin de la faculté ; elle est encore jeune, mais point jolie ; en conséquence, elle a renoncé à la coquetterie & à toutes les frivolités de son sexe & de son âge. Elle se livre au commerce des muses. Elle a déja fait quelques ouvrages, entr'autres un roman intitulé *Alexandrine*. Elle s'essaie aujourd'hui dans le genre comique ; mais n'osant se produire encore sur un grand théatre, c'est *aux Variétés amusantes* qu'elle débute. Sa piece en prose a pour titre : *Les deux Sœurs*. Elle est dans le genre très-honnête ; ce sera la premiere fois qu'on verra une personne du sexe composer pour un spectacle forain. On en doit donner la premiere représentation samedi.

Fin du vingt-deuxieme Volume.